朱元璋傳

吳　晗　著

商務印書館

朱元璋傳

作　　者：吳　晗

責任編輯：何阿三

封面設計：涂　慧

出　　版：商務印書館 (香港) 有限公司

　　　　　香港筲箕灣耀興道 3 號東滙廣場 8 樓

　　　　　http://www.commercialpress.com.hk

發　　行：香港聯合書刊物流有限公司

　　　　　香港新界荃灣德士古道 220–248 號荃灣工業中心 16 樓

印　　刷：美雅印刷製本有限公司·

　　　　　九龍觀塘榮業街 6 號海濱工業大廈 4 樓 A 室

版　　次：2023 年 2 月第 1 版第 2 次印刷

　　　　　© 2020 商務印書館 (香港) 有限公司

　　　　　ISBN 978 962 07 4607 9

　　　　　Printed in Hong Kong

出版說明

　　吳晗，字辰伯，浙江義烏人，是中國著名的歷史學家，現代明史研究的開拓者和奠基者之一。吳晗 1931 年考入清華大學史學系，師從胡適，專治明史。1934 年吳晗畢業留校任教，開設明史和明代社會等課目，影響直追陳寅恪、張蔭麟這些史學大家。

　　在寫《朱元璋傳》前，吳晗就已經發表過一系列的明史研究文章，特別是明初的專題論文，如：《胡惟庸黨案考》、《明代靖難之役與國都北遷》、《明代之農民》，這批相當有見地的文章，在史學界產生過重大的影響。本書可以被看成是吳晗對於明初歷史的一個總結性著作，用他自己的話說就是「本書實際上是一部大明帝國的開國史」。難能可貴的是在由論文書寫向傳記表達的轉換過程當中，吳晗既堅持了自己研究的結論又體現了自己對明初歷史的獨到分析，並用流暢的文筆表達出來，而這一切都基於他對朱元璋心理的準確把握，可謂獨得其神。

　　吳晗從四十年代開始撰寫《朱元璋傳》，用力甚深，前

後二十年，四易其稿，一共寫了四個版本。第一個版本出版於 1944 年 6 月，書名叫《明太祖》；第二個版本寫於 1948 年 8 月，書名改為《朱元璋傳》。吳晗曾把第二個版本的《朱元璋傳》稿本呈送毛澤東親覽。毛澤東讀了《朱元璋傳》稿本後，兩次與吳晗晤談，最後還將對此書的意見寫了封信寄給吳晗。吳晗本人對於前兩個本子並不滿意，他認為「第一、第二個本子內容都有許多錯誤。有些地方甚至犯了嚴重的錯誤，例如以我自己當時的超階級思想來敍述堅強不屈的西系紅軍組織者彭瑩玉和尚，輕率地根據不充分的史料，以為他功成身退，讚嘆不絕，認為革命是可以半途而廢，無須革命到底的。這個錯誤的觀點在到了解放區以後，在理論上得到了啓發，我承認了錯誤。第二年二月回到北京以後，發憤重新讀書，果然發現過去所沒有注意的史料，彭瑩玉是戰鬥到底，被元軍所殺的；第二是我那時候不懂得列寧關於國家的學說，錯誤地以為國家機器只是官僚機構和軍隊，比喻為封建皇權的兩個輪子；第三是由於當時對反動統治蔣介石集團的痛恨，以朱元璋影射蔣介石，雖然一方面不得不肯定歷史上朱元璋應有的地位，另一方面卻又指桑罵槐，給歷史上較為突出的封建帝王朱元璋以過分的斥責。不完全切合實際的評價。」因此到了 1954 年 4 月，吳晗重新修訂《朱元璋傳》，與此同時毛澤東對修訂稿本也提出了意見。當時吳晗曾將稿本油印一百多冊分送給各方的朋友徵求意見，但是該書並沒有正式出版。1964 年，吳晗「為了糾正在讀者中曾經散佈的錯誤觀點，還給朱元璋這個歷史人物以本來面目」從 2 月初

開始對《朱元璋傳》作第四次的修改。這是 1964 年的版本。

　　《朱元璋傳》現時市面上比較流通的版本是 1949 年及 1964 年的版本，1949 年版本的問題，上述已做說明。1964 年的版本與 1954 年的版本，兩者在對朱元璋的歷史方面的評價並沒有不同，吳晗認爲「第三個本子的主要的缺點和錯誤，是對階級關係、階段矛盾、階級分析注意不够，對朱元璋這個歷史人物的評價也不够全面」。可以說 1954 年的版本是 1964 年本子的底本，兩者之間所不同的只是文字表述方面的不同。由此可見 1954 年的版本保留了更多吳晗對朱元璋歷史評價的原貌，文字表述方面也更接近吳晗心目中的歷史原貌。

　　本書的底本即採用從未出版過的 1954 年的油印稿本。

目 錄

第一章
流浪青年

一、小行童

元順帝至正四年（公元 1344 年，元順帝妥懽帖木兒在位的第十二年），淮河流域的人民遭受了嚴重的災難，旱災，蝗災，加上瘟疫。

好幾個月沒見過雨了，禾苗被曬得乾癟枯黃，大地裂成一條條的龜縫。到處在祈神求雨，老年人穿上白衣服，光着頭，跪在太陽地裏恭恭敬敬向龍王爺磕頭許願，孩子們戴着柳枝圈圈躥出躥進。正在焦急沒收成時，又來了漫天遍野的蝗蟲，把穗上稀稀的幾顆粟粒吃得一乾二淨。地方上有年紀的人都在唉聲歎氣，愁眉苦臉，說幾十年沒見過這樣的年成，這日子沒法過了。

不料禍不單行，又鬧瘟病，濠州（今安徽鳳陽）鍾離太平鄉的人，接二連三地病倒。人們已經吃了好些日子草根樹皮

了 [1]，病一起就挺不住，開頭只覺得渾身無力氣，發高熱，接着上吐下瀉，不到一晝夜便斷了氣。起初大家還不理會，到了一個村子一天死去十幾、幾十個人，家家戶戶死人，天天死人的時候，明白這是鬧瘟病，才着了慌，不管「在數的難逃」的老話，還是逃命要緊，各村莊的人攜兒帶女，像螞蟻搬家似的四下投奔親戚朋友家去了。不上十天功夫，太平鄉數得出的十幾個村子，鬧得人煙寥落，雞犬聲稀，顯出一片淒涼暗淡的景象。

孤莊村 [2] 朱五四 [3] 朱家一大家人，不到半個月時光，死了三

1　《明太祖實錄》卷三十九：「洪武二年三月丙申，上以旱災相仍，因念微時艱苦，乃祭告仁祖淳后曰：『因念微時皇考皇妣兇險年艱食，取草之可茹者雜米以炊，艱難困苦，何敢忘也。』」

2　《明太祖實錄》卷一，《明太祖文集》卷十四《御製皇陵碑》，光緒《鳳陽縣志》卷十《劉繼祖》三書都作孤莊村。沈節甫《紀錄匯編》本、《天潢玉牒》作太平鄉縣莊村是錯誤的。

3　古代封建社會裏平民百姓沒有職名的不能起名字，只用行輩和父母年齡合算一個數目作為稱呼。宋元（公元 960 年到 1368 年）兩代的例子：據俞樾《春在堂隨筆》卷五：「徐誠庵見德清《蔡氏家譜》有前輩書小字一行云：『元制庶人無職者不許取名，止以行第及父母年齒合計為名』，此於《元史》無徵。然證以明高皇所稱其兄之名，正是如此。其為元時令申無疑矣，見在紹興鄉間頗有以數目字為名者，如夫年二十四，婦年二十二，合為四十六，生子即名四六。夫年二十三，婦年二十二，合為四十五，生子或為五九，五九四十五也。以上並conveyed徐君說：『余考明勳臣開平王常遇春曾祖四三，祖重五，父六六。東甌王湯和曾祖五一，祖六一，父七一，亦以數目字為名。』又考洪文敏《夷堅志》所載宋時雜事，如云興國軍民熊二，又云劉十二鄱陽城民也，又云南城田夫周三，又云鄱陽小民隗六，又云符離人從四，又云楚州山陽縣漁者尹二，又云解州安邑池西鄉民梁小二，又云董小七臨川人，又云徽州婺源民張四，又云黃州市民李十六，其僕崔三，又云鄱陽鄉民鄭小五，又云金華縣孝順鎮農民陳二，諸如此類，不可勝舉。又載陽武四將軍事云，訪漁之家，無有知之，亦不曾詢其姓第，識者疑為神云。按言姓第，不言姓名，疑宋時里巷細民，固無名也。」

晗按：宋代平民姓第見於《清明集・戶婚門》的很多，如沈億六秀，徐

口。朱五四老爹六十四歲了，四月初六故去，初九大兒子重四也死了，到二十二那一天五四的老伴陳二娘又死了。五四的二兒子重六和小兒子元璋（小名重八，後名興宗），眼看着大人一個個死去，請不得郎中，抓不得藥，只急得相對痛哭。[4] 尤其為難的是家裏停了幾口屍，手頭沒有一貫鈔，一錢銀子，買不了棺木，更談不上墳地。想來想去，只好去哀求田主劉德，幾年的主客，總該施捨一巴掌地吧，誰知不但不理會，反而捱了一頓臭罵。[5] 正沒計較處，鄰居劉大秀[6] 妻大

宗五秀，金百二秀，黎六九秀之類。《明太祖文集》卷五《賜署令汪文、劉英敕》：「今汪姓劉姓者見勤農於鄉里，其人尚未立名，特賜之以名曰文，曰英。」汪文、劉英的年齡假定和朱元璋相去不遠，公元 1344 年約年十七八歲，到洪武初年已經四十多歲了，尚未立名，和俞樾所說印證，可見宋元以來平民無職不能起立名字的普遍情況。

　　據潘檉章《國史考異》卷一引承休端惠王《統宗繩蟄錄》，元璋的父親五四名世珍，大哥重四名興隆，二哥重六名興盛，三哥重七名興祖，元璋重八，原名興宗。這些名字大概都是後來追起的。

4　《明太祖實錄》卷一、卷十八。

5　《明太祖文集》卷十四《御製皇陵碑》。晗按：《皇陵碑》有二本，一危素撰，《明太祖實錄》卷三十七：「洪武二年二月乙亥，詔立皇陵碑。先命翰林侍講學士危素撰文，至是文成，命左丞相宣國公李善長詣陵立碑。」太祖御製：「洪武十一年四月，以皇陵碑記皆儒臣粉飾之文，特述艱難，明昌運，俾世代見之。」一散文，一韻文。二文並見郎瑛《七修類稿》卷七，後文收入沈節甫《紀錄匯編》卷一。

6　徐禎卿《翦勝野聞》作劉大秀，《天潢玉牒》及高岱《鴻猷錄》作劉繼祖，沈德符《野獲編補遺》義惠侯條，劉繼祖字大秀。

　　晗按：秀也是宋元以來的民間稱謂，上頁註②引《清明集‧戶婚門》之外，如洪邁《夷堅甲志》十一：「……問之曰：『五秀何為至此？』原註：何第五秀者其人呼秀才云。」明初南京有沈萬三秀。秀和郎有區別，王應奎《柳南隨筆》卷五：「江陰湯廷尉《公餘日錄》云：『明初閭里稱呼有二等，一曰秀、一曰郎。秀則故家右族，穎出之人，郎則微裔末流，羣小之輩。稱秀則曰某幾秀，稱郎則曰某幾郎，人自分定，不相逾越。』」光緒《鳳陽縣志》卷十：「繼祖父學老，仕元為總管。」是故家右族，行一，故稱大秀。

娘老兩口走上門來，埋怨元璋兄弟，怎麼不找劉大伯，倒去找別人，白討沒趣！原來劉大秀的兒子劉英和元璋常在一起玩耍，是好朋友，適才也在劉德家，看了元璋兄弟哭哭啼啼，心裏不服氣，回家告訴爹媽。劉大秀和朱五四緊鄰相住，同在一個社，又和五四年紀差不多，合得來，經常說個閒話兒。因此劉英一說，兩老一合計，就來找元璋兄弟了。[7] 當下元璋兩兄弟磕頭謝了，算是一樁大事有了着落。但是，衣衾呢？棺槨呢？還是沒辦法，也無處去求人，只好將就，把幾件破衣衫包裹了，抬到劉家地上安葬。兩兄弟一面抬，一面哭，好容易抬到山坡下，突然間風雨交加，雷轟電閃，整個天像塌下來似的，兩兄弟躲在樹下發抖，約夠一頓飯時，雨過天晴，到山坡下一看，大吃一驚，屍首不見了，原來山坡坡土鬆，一陣大水把坡上的土沖塌了，恰好埋了屍首，厚厚的一個土饅頭，俗話叫做「天葬」。[8] 三十五年後，朱元璋寫《皇陵碑》時，還覺得傷心：「殯無棺槨，被體惡裳，浮掩三尺，奠何肴漿！」

　　元璋吃了些日子草根樹皮，鄰居汪大娘娘兒倆看着他孤苦可憐，也不時招呼着吃一頓兩頓，胡亂混了一陣，想想不是久計，挨村子找零活做，誰知大戶人家都已逃荒避瘟走了，貧民小戶自己都在捱餓，怎麼僱得起人？一連奔波了好

7　《明太祖文集》卷一《追封義惠侯劉繼祖誥》：「朕昔寒微，生者為衣食之苦，死者急無陰宅之難，吁！艱哉！爾劉繼祖發仁惠之心，以己之沃壤慨然惠朕，朕得斯地，樂葬皇考妣於是，至今難忘。」光緒《鳳陽縣志》卷十，劉繼祖。

8　徐禎卿：《翦勝野聞》；王文祿：《龍興慈記》；王鴻緒：《明史稿·太祖紀》。

些天，到處碰壁。一天，從鄰村找活回來，路過父母墳地，懶得回家了，蹲在墳邊，沉思如何來打發日子，對付肚子。

他長得身材高大，黑黑的臉，下巴比上顎長出半寸多，高高的顴骨，大鼻子，大耳朵，粗眉毛，大眼睛。整個臉盤像一個橫擺着立體形的山字，腦蓋上一塊骨頭凸出，像個小山丘。樣子雖不好看，卻很勻稱，顯得威嚴而沉着。

小時候替田主看牛放羊，最會出主意鬧着玩，別的同年紀甚至大幾歲的孩子都聽他使喚。最常玩的遊戲是裝皇帝，你看，雖然光着腳，一身藍布短衣褲全是窟窿補丁，他卻會把棕櫚葉子撕成絲絲，紮在嘴上作鬍鬚，找一塊水車板頂在頭上作平天冠，土堆上一坐，讓孩子們一行行，一排排，畢恭畢敬，整整齊齊三跪九叩頭，同聲喊萬歲。

又最有擔當。有一天，忽然餓了，時候早又不敢回家，怕田主罵。同看牛的周德興、湯和、徐達許多孩子也都說餓，大家越說餓，肚子裏咕嚕得越兇。這個說有一碗白麵條吃才好，那個又說真想吃一塊白切肉，又說肉是財主們吃的，不知道是甚麼味道，說得個個人的嘴都流涎了。猛然間元璋一喊有了，大家齊聲問甚麼？元璋笑着說，現放着肉不吃，真是呆鳥！大家還不明白。元璋也不再作聲，牽過一條花白小牛娃，放牛繩捆住前後腿，周德興趕緊抄着斫柴斧子，當頭就是一斧，湯和、徐達也來幫着剝皮割肉，別的孩子們揀些乾柴樹葉子，就地生起火來，一面烤，一面吃，個個眉飛色舞，興高采烈。不一會兒，一條小牛娃只剩一張皮一堆骨頭一根尾巴了。這時太陽已經落山，山腳下村莊裏，炊煙裊裊，

是該回家的時候了。驀地有一個孩子省悟了，小牛吃了如何去見主人，大家面面相覷，想不出主意，互相埋怨，亂成一團。元璋一想，主意是自己出的，責任也該承擔起來，拍胸膛說我一個人認了，大家不要着急。也真虧他想得好主意，把小牛娃皮骨都埋了，小牛尾巴插在山上石頭縫裏，說是小牛鑽進山洞裏去了，拉了半天不出來。孩子們齊聲說好。當天晚上元璋捱了田主劉德一頓毒打，被趕回家。雖然吃了苦，丟了飯碗，卻深深得到夥伴們的信任，大家心甘情願把他當作頭腦。[9]

　　元璋是元天歷元年（公元 1328 年）九月十八日未時生的，虛歲十七，實在還不滿十六週歲。父親是老實本分人，做了一輩子佃客，頭髮鬍子全花白了，搬了一輩子家，從泗州盱眙縣（今安徽盱眙）遷到靈璧縣（今安徽靈璧），又遷到虹縣（今安徽泗縣），到五十歲時又遷到鍾離東鄉，種了十年地，被田主奪佃，再遷到西鄉，四年前才搬到這孤莊村來。[10]原來十個田主大戶十個是黑心的，窮人送上押佃，說盡好話才佃了幾畝地，天不亮就起牀，月亮出來了還在地裏做活，出氣力，流汗水，一年忙碌到頭，算算收成，十成裏頭竟有六成歸了田主。左施肥，右戽水，把地服侍得肥了些，正好多收一點糧食的時候，田主立刻就加租，劃算一下，只好搬家另覓大戶。忍下去吧，三兩年後還是得被攆走。因之，朱

9　《明太祖文集》卷五，《賜署令汪文敕》；王文祿：《龍興慈記》。
10　《明太祖實錄》卷一；《天潢玉牒》。

五四雖然拖兒帶女，在一個地方竟住不滿十年，而且，老是替大戶開荒地，好容易收成多了，就得走路。賣力氣，省吃儉用，低頭下氣，一輩子受田主作踐欺侮，到死後連一片葬身之處也沒有，要不，元璋兄弟怎麼會求劉大秀捨地？

　　兒女都大了。大哥二哥算是娶了媳婦，連花轎也請不起，喜酒也沒有一盅，娶的還不是一樣佃客人家的女兒。三哥重七，給人家招了上門女婿，得給人家種一輩子地，也好，家裏省一張嘴。大哥有兩個小的，二哥也養了一個男孩。大姊嫁給王七一，二姊遠了，還是在盱眙時候訂的親，男人叫李貞。[11] 只有自己沒成家。要是平常年景，一家子勤勤懇懇，佃上幾十畝田地，男耕女織，養豬餵雞，斫柴、拾糞，靠着人力多，節衣縮食，苦雖苦，總還勉強活得下去。偏又連年荒旱，二嫂三嫂先後病死，大侄兒和二房的孩子都夭折了，王家滿門死絕，嫁給李家的二姊也死了，姊夫帶着外甥保兒逃荒，不知去向。今年旱災蝗災加上時疫，一家子接連死了三口，偌大一家人家，只剩下大嫂王大娘和二侄文正，二哥重六和元璋自己四口人了。

　　一天三頓飯，糧食一顆也沒有，地裏的呢，收到的估計還不夠交租，哪來吃的！大嫂還有娘家，總可以有些辦法。二哥呢，這些天來氣色不好，動彈不得。自己食量又大，粗重活計雖幹得，卻苦於這年頭空有力氣無處賣。小時候雖跟

11　《明太祖實錄》卷五十三；潘檉章：《國史考異》，引《朱氏世德碑》；郎瑛：《七修類稿》卷七。

蒙館老師上過幾個月學，一來貪玩，二來農忙就得下地，哪曾好好唸過一天書，縱是靠着記性好，認得幾百個字，又做不得文墨勾當，寫不得書信文契。父親搬到本村來，本是為了這一鄉荒地多，人力少，日子可能好混些，沒想到天下烏鴉一般黑，田主的田地越多，心也越狠，對佃戶越刻薄，饒是三節送禮，按時交租，陪着笑臉，還是掂斤播兩，嫌糧食水分大，嫌秤不夠。這年頭能欠交一點租就是天大人情了，還敢開口向他借口糧？官家的賑濟糧呢？不敢指望。即使有了，還不是落在縣官的荷包裏，大戶的倉庫裏去，哪兒會有窮人的份。再說本家呢？伯父這一房還在泗州盱眙縣，聽說幾個哥哥、侄兒先後去世，只剩一個四嫂在守寡，看光景投奔不得。[12]

　　再往上，祖籍是句容（今江蘇句容），朱家巷還有許多族人。祖父在元朝初年是淘金戶，本地不出金子，官府不由分說按年照額定的數目要，只好拿穀子換錢鈔，到遠處買金子繳納。後來實在賠納不起，才丟了房屋田地，逃到泗州盱眙縣墾荒。句容那邊幾代沒來往，情況不明，再老的祖籍是沛縣（今江蘇沛縣），已經隔了幾百年，越發不用說了。[13]

　　舅家呢？外祖父陳公那一大把白鬍子，慣常戴上細竹絲箬帽，披着法衣，仰着頭，那扣齒唸咒的神氣，還依稀記得。想起來也真怪，只知道他叫外公，連甚麼名字也不知道。死

12　《朱氏世德碑》；《國史考異》，引《統宗繩蟄錄》。

13　《朱氏世德碑》；《國史考異》，引《統宗繩蟄錄》。

的那年已經九十九歲了。母親曾經翻來覆去地說外公的故事，這話已有五六十年了。那時外公在宋朝大將張世傑部下當親兵，蒙古兵進來，宋朝的地方全被佔了，文丞相也打了敗仗，被蒙古兵俘虜了。張世傑忠心耿耿，和陸丞相保着宋朝小皇帝逃到崖山（在廣東新會縣南大海中），那年是己卯年（公元 1279 年）。二月間，張世傑集合了一千多條大船，和蒙古兵決戰，不料崖山海口失守，斫柴取水的後路給切斷了，大軍只好吃乾糧，乾得忍不住，只好喝海水，弄得全軍都嘔吐病困。蒙古兵乘機進攻，宋軍船大，又都聯在一起，無法轉動。三軍絕望死戰，一霎時中軍被突破了，陸丞相仗劍叫妻子兒女都跳下海去，自己背着六歲的小皇帝也跳海殉國。張世傑帶了十幾條船，衝出重圍，打算重立趙家子孫，恢復國土，誰知船剛到平章山洋面上，一陣颶風把船吹翻，張世傑被淹死了。外公掉在海裏，僥倖被人救起，吃了許多苦頭才得回家。在本地怕又被抓去當兵，遷居到盱眙津里鎮。他原來會巫術，就靠當巫師，畫符唸咒，看風水，合年庚八字過活。到老年常含着一泡眼淚說這一段故事，惹得聽的人也聽一遍哭一遍。外公只生了兩個女兒，大的嫁給季家，小的就是母親，過繼了季家大表兄作孫子。外公死後，這些年也沒有和季家來往，料想這年頭，景況也不見得會好。[14]

　　元璋想來想去，竟是六親俱斷，天地雖寬，卻無投奔之處。越想越煩悶，無精打采走回家來，蒙頭便睡。

14　《明史》卷三百，《外戚‧陳公傳》。

又挨過了一些日子，遊魂似的晃來晃去，毫無辦法。大嫂帶着侄兒走娘家去了，常時在一起的幾個朋友周德興、湯和年紀都比自己大，有氣力，有見識，又都出外謀生去了，無人可商量。從四月一直呆到九月，有半個年頭了，還計較不出一條活路。和二哥商量，哭了半天，想想只有遠走他鄉，各奔前程。兄弟捨不得分離，相抱痛哭，驚動了鄰舍，隔壁汪大娘看重六不放心小兄弟，提起當年五四公在皇覺寺許願，捨重八給高彬法師當徒弟的事，如今何不一徑當和尚去，一來還了願，二來有碗淡飯吃，總比餓死強。二哥同意了。[15]

原來元璋少時多病，才生下，三四天不會吃奶。[16] 肚子脹得圓鼓鼓的，險些不救。朱五四做了一個夢，夢裏覺得孩子不濟事了，也許只有佛菩薩救得下，索性捨給廟裏吧，立刻抱着孩子進一個廟，不知怎的，廟裏和尚一個也不在，接不上頭，只好又抱回來。忽聽到孩子哭聲，夢醒了，孩子在哭，媽媽在餵奶，居然會吃奶了，過幾天，肚脹也好了。長大後還是三天風，四天雨，啾啾唧唧，病總不離身，父母着了慌，想起當年的夢，真的到寺裏許了願，給元璋捨了身。[17]

汪大娘娘兒倆替元璋預備了香燭，一點禮物，央告了高彬法師。九月裏的一天，皇覺寺多了一個小行童[18]，朱元璋剃

15　《御製皇陵碑》；危素撰：《皇陵碑》。

16　高岱：《鴻猷錄・龍飛淮甸》。

17　《皇朝本紀》。

18　光緒《鳳陽縣志》卷十四明太祖《御製龍興寺碑》：「彼時朕年十有七歲，方

成光葫蘆頭，披上一件師父穿爛的破衲衣，見人合十問訊，居然是佛門弟子了。掃地、上香、打鐘、擊鼓、煮飯、洗衣，是日常功課，見廟裏人叫師父、師兄、師娘，見俗人叫施主，連稱呼也改了。早晚聽着鐘聲、鼓聲、木魚聲、唸經聲，想想自己，想想不久前熱熱鬧鬧的家，想想孤單捱餓的二哥，想想四下裏出外營生的那一夥朋友，心中無限感慨。[19]

二、遊方僧

皇覺寺原來叫於皇寺，坐落在孤莊村西南角。照例一進門是四大金剛，橫眉怒目，中間坐着大肚子彌勒佛，背後韋馱菩薩拄着降魔寶杵，二進是大雄寶殿，三進是禪堂。左邊是伽藍殿，右邊是祖師殿。油漆已經剝落了，佛像金身蒙着一層厚厚的灰塵，殿瓦上滿是焦黃的枯草，院子裏鋪的石板已坎坷不平，顯出一副衰落樣子。一二十個和尚，平時靠常住田租米過日子，加上替本鄉死人唸倒頭經，做佛事，得一點襯錢。當和尚雖然吃不上大魚大肉，比當粗工墾田地出氣力安逸。原來那時候出家當和尚也是一門行業，有的人迷信，以為當了和尚真可以成佛作祖，這類人很少；有的人作了壞事，躲進佛門修來生；有的人殺人放火，怕官府刑法，剃了頭穿了袈裟，王法治不到；更多的呢，窮苦人家養不活

為行童五十日，於教茫然。」行童是僧侶的僕人，《睽車志》：「朱三有子，年十三四，傭於應天寺僧為行童。」

19 《御製皇陵碑》；《天潢玉牒》；高岱：《鴻猷錄・龍飛淮甸》。

孩子，和尚吃十方，善男信女的布施吃不完，開當舖，放印
子錢，而且，寺院裏多的是朝廷和有錢人捨的田地，鋤地種
田都要人力，多一個行童，強過僱長工，得力又省錢。朱元
璋年青力壯，正是使氣力的時候，高彬長老和住持德祝一合
計，便收留了他。[20]

　　元璋從小貪玩撒野，愛出主意，支使人。又是小兒子，
父母哥嫂都寵着些。兼之有點小聰明，會思考，看事情比別
人準，也來得快當，打定主意要做甚麼，一定要做到，也十
有九次做到，夥伴們都服他，聽他調度。可是一到皇覺寺，
景況便全不相同了，不說師伯師叔師父師兄，還有師娘師
弟，原來高彬長老是有家小的[21]，個個都是長輩，是主人，得
低聲下氣，成天陪笑臉侍候。就連打水煮飯的長工，也還比
小行童高一頭，當他作二把手，支使着作這作那。這麼一來，
元璋不單是高彬長老一家子的小廝，還帶着作全廟的雜役，
長工的打雜了，事情多，閒氣也就多，日子長了，堆滿一肚
子火氣，時刻要發作，卻可使勁按住，為的是吃飯要緊，鬧
決裂了沒處去。

20　《御製龍興寺碑》；袁文新：《鳳陽新書》卷八。

21　《元史》卷三十八《順帝本紀》：「至元元年，凡有妻室之僧令還俗為民，既而
　　復聽為僧。」葉子奇：《草木子‧雜俎篇》：「中原河北僧皆有妻，公然居佛
　　殿兩廡，赴齋稱師娘，病則於佛前首誶，許披袈裟三日，殆與常人無異，特
　　無髮耳。」《皇朝本紀》：「時師且有室家，所用弗濟。」談遷《棗林雜俎》僧
　　娶妻室條：「鳳陽大龍興寺，即皇覺寺，一曰於皇寺。太祖《敕僧律》：『有妻
　　室僧人，除前輩老僧，蓋因元末兵亂，流移他方，彼時皆有妻室，今已年老
　　無論外，其後進僧人有妻室者，雖在長上輩比肩及在下諸人，皆得凌辱，亦
　　無罪責。』今僧俱婚娶，亦無差累。」

　　對活人發作不了，有氣無處出，只好對泥菩薩發作了。一天，掃佛殿掃累了，掃到伽藍殿，已是喘吁吁的，不留神絆住伽藍神的石座，跌了一大跤，氣憤之極，順手就用笤帚使勁打了伽藍神一頓。又一天，大殿上供養的大紅燭給老鼠啃壞了，長老數說了元璋一頓。元璋想伽藍神是管殿宇的，菩薩不管老鼠，卻害行童捱罵，新仇舊恨，越想越氣，向師兄討了管筆，在伽藍神背上寫「發配三千里」，罰菩薩到三千里外充軍。這兩件事都被長老看在眼裏，也不說話。[22]

　　皇覺寺是靠收租米過日子的，這一年災情太大了，收不到租米，師父師叔成天輪班到佃戶家催討、吵架，恫嚇要送官，還是不濟事。師婆出主意，先打發掛單的和尚走路，接着師伯師叔們也出門雲遊去了。朱元璋當行童才滿五十天，末了一個被打發出門。沒奈何，雖然唸不得經，做不得佛事，也只好裝着個和尚的樣子，一頂箬帽，一個瓦缽，背上小包袱，拜別了師父和住持，硬着頭皮，離開了家鄉。

　　說遊方是和尚們的話，俗人的呢，就是叫化 —— 見大戶伸手要錢要米要飯吃，也叫化緣。大戶人家多半養狗看門，狗有宗狗德性，專咬衣衫破爛的窮人。遊方僧為着不讓狗咬，離大門幾步使勁敲木魚，高唱佛號。大戶的主人和狗一樣，也專打窮人的算盤，可是有一點和狗不同，為的是壞事作得太多，要修來世，求佛菩薩保佑，死後免入地獄，上刀山，下油鍋。還盼望多生兒女，生生世世享福。要得到佛

---

22 《龍興慈記》。

菩薩保佑，就得對和尚客氣一些，把從佃戶身上榨取來的血汗，豁出一星星作布施，算是對佛菩薩的賄賂。這樣，一聽見木魚響，就明白是作好事修來生的機會到了，一勺米，幾文錢，絕不吝惜。大戶對和尚客氣，狗也落得大方了。要是大戶不出來，只要有耐性，把木魚敲得更響，遲早會有人出來打發。

　　元璋雖然只住了幾十天廟，成天聽的是這一套，見的也是這一套，不會也會了。打定主意，聽人說往南往西一帶年景比較好，反正只要討得飯吃，不管甚麼地方都可去，也沒定規的日子，愛走多久就多久。就往南先到合肥（今安徽合肥），折向西，到固始（今河南固始）、光州（今河南潢川）、息州（今河南息縣）、羅山（今河南羅山）、信陽（今河南信陽），又往北到汝州（今河南臨汝）、陳州（今河南淮陽），東經鹿邑（今河南鹿邑）、亳州（今安徽亳縣），到潁州（今安徽阜陽）。游來游去，只揀繁富有飯吃的地方走，穿城越村，對着大戶人家敲木魚。[23] 軟化硬討，山棲野宿，受盡了辛苦，走遍了淮西一帶名都大邑，熟悉了這一帶河流、山脈、地理，尤其是這一帶的人情、物產、風俗。見了世面，懂得了學會了許多事情，豐富了人生知識，也鍛煉了、堅強了體力。這時期的景況，他在後來回憶：

23　《明太祖實錄》卷一；危素撰：《皇陵碑》。

> 眾各為計，雲水飄揚。我何作為，百無所長。依親自
> 辱，仰天茫茫。既非可倚，侶影相將。突朝煙而急進，暮
> 投古寺以趨蹌。仰窮崖崔嵬而倚碧，聽猿啼夜月而淒涼。
> 魂悠悠而覓父母無有，志落魄而俠佯。西風鶴唳，俄淅瀝
> 以飛霜。身如蓬逐風而不止，心滾滾乎拂沸湯。[24]

一直到至正八年，聽說家鄉一帶很不太平，不由得勾起想家的念頭，依然和三年前出來時一樣，一頂破箬帽，一個木魚，一個瓦缽，回到皇覺寺。

淮西在朱元璋遊方的幾年中，後來西系紅軍的開山祖師彭瑩玉正在這一帶潛伏活動，傳佈彌勒佛下生的教義，組織革命力量。彭瑩玉也是遊方和尚，朱元璋即使沒有見過彭和尚，也必然和彭和尚的門徒有過接觸。幾年後，這一帶地方又成為東系紅軍的根據地了。在這一個地區週遊了三四年，接受了新的宗教，新的看法，新的政治教育，加入了秘密組織，在智力和體力方面都已成熟的行童，回到皇覺寺以後，開始結交朋友，物色有志氣有膽量敢作敢為的好漢，不時進濠州城探訪消息，同時也打定主意要多認識一些字，多讀一些書，多懂一些道理，準備將來幹出一番事業。[25]

彭瑩玉秘密傳佈的宗教，是多元的，並且有外國來的成分。他們燒香誦偈，奉的神是彌勒佛和明王，主要的經典有

24　《御撰皇陵碑》。
25　《天潢玉牒》；《皇朝本紀》。

《彌勒下生經》、《二宗三際經》、《大小明王出世經》。彭瑩玉
出家於袁州（今江西宜春），佈教於淮西，可以說是南派。另
一個系統是北派，頭目是趙州欒城（今河北欒城）的韓家。
韓家幾代以來都是白蓮會會首，燒香結眾，很得鄉村農民的
信仰，潛勢力極大，被地方官府尋個題目，謫徙到廣平府永
年縣（今河北永年）居住。到韓山童家接手當會首以後，便
使人到處宣揚天下要大亂了，彌勒佛降生，明王出世，組織
力量，準備起事。這兩派起兵後，因為目標相同，信仰相同，
就混而為一了。教徒都用紅布裹頭，當時人稱之為紅軍、紅
巾；因為燒香拜佛，又稱為香軍，所奉的神是彌勒佛，也叫
彌勒教，宣傳明王出世，又叫作明教。[26]

　　明教的來源可以上溯到唐朝。原來叫摩尼教
（Manichaeism），是波斯人摩尼（Mani, 216-277A.D.）所創。
這個宗教是一個大雜燴，攙合了基督教、祆教、佛教成為新
宗教，主要教義是二宗三際：世界上有兩個不同的力量，叫
作明暗二宗，明是光明，是善，是理，暗是黑暗，是惡，是
欲。這兩種力量，對立鬥爭，經過三個階段：叫初際，中際，
後際。初際階段，還沒有天地，便已有了明暗，明性知慧，
暗性愚癡，形成對立狀態。中際階段，暗的力量發展擴大，
侵佔了壓迫了明的力量，恣情馳逐，造成「大患」，這時明王
就出世了，把黑暗趕走。後際階段，明暗二宗，各復本位，

26　《明史》卷一二二《韓林兒傳》：「時皆謂之紅軍，亦稱香軍。」參看《元史・順
　　帝本紀》；陸深：《平胡錄》；何喬遠：《名山藏・天因記》；高岱：《鴻猷錄》
　　卷七，《宋事始末》；錢謙益：《國初羣雄事略》卷一，宋小明王。

明既歸於大明，暗亦歸於積暗。初際明、暗對立，是過去，中際明、暗鬥爭，是現在，後際明、暗復位，是未來。明教的神叫明使，也叫明尊、明王。[27] 唐武后延載元年（公元 694 年）傳到中國，又傳到回鶻，回鶻朝廷和百姓極為尊信。[28] 教規不設偶像，不崇拜鬼神，吃齋，禁止殺生，教徒穿白衣服，戴白帽子，天黑了才吃飯。[29] 回鶻當時幫唐朝打仗有功，因此，回鶻人崇信的宗教，唐朝也加意保護。[30] 到九世紀中期，回鶻內亂，為唐軍所敗。武宗會昌五年（公元 845 年）禁止佛教，明教也被禁止了，教堂被封閉，不許傳播。[31] 從此明教便成為秘密宗教，暗地裏在民間活動，吸收了佛教和道教許多東西，又滲入民間的原始信仰，成為雜七雜八的混合宗教。

因為明教主張在現在階段，雖然黑暗勢力佔優勢，但是明王一定要出世，光明一定會戰勝黑暗，這對於長期忍受地主殘酷剝削的農民來說，是極大的鼓舞，明教教義深入民間，得到廣大農民的信仰和支持，成為組織農民起義的力量。五代時明教徒首先在陳州武裝起義，被政府軍打垮了[32]，一部分教徒逃到福建。北宋時福建南部是明教最重要的教區。明教的一部分經典，編入道教的《道藏》，安置在亳州

27　《摩尼教殘經》，《出家儀》第六。

28　李文田：《和林金石錄》，《九姓回鶻可汗碑》。

29　志磐：《佛祖統記》卷四十一；《冊府元龜》卷九十九。

30　《唐會要》卷十九。

31　《新唐書》卷二一七下。

32　《舊五代史・梁書・末帝紀》；《佛祖統記》卷四十一。

明道宮。[33] 又從福州傳到浙江，光是溫州（今浙江永嘉縣）一
地就有明教齋堂四十多個，齋堂裏的長老叫行者，執事有侍
者、聽者、姑婆、齋姊種種稱呼。[34] 到南宋初年，已經發展
到淮南、兩浙、江東、江西一帶地方了。[35] 教徒嚴格執行在
密日（日曜日）吃齋，神的畫像是摩尼和夷數（耶穌），高鼻
子，窪眼睛，黃頭髮，鄉下人看不慣，以為是魔鬼，以此，
這教在教外人說起來是「吃菜事魔」，吃菜指的是吃齋，事魔
指的是拜魔神，又叫作魔教。為了深入農村，廣泛吸引農民
參加，提倡素食，薄葬，節省消費，同教的人互相幫助，大
家湊錢來幫助新參加的和窮苦的教友，教徒每逢初一十五出
四十九文銅錢，給教頭燒香。錢匯齊後交給教主作教裏的經
費。一家有事，同教人有錢出錢，有力出力，萬一有人被捉
去坐牢，大家出錢幫着打官司。[36] 做到了有組織，團結、互
助、合作。窮苦的農民渙散經營沒有組織，就向來只有被官
府地主剝削壓迫、虐待、奴役的份兒，如今，有了這麼些和
自己一樣的人，穿一樣衣服，說一樣話，誠心誠意來幫助自
己，而且團結組織起來了。日後還大有好處，又怎麼肯不參
加。貧苦農民入教的愈來愈多，明教的教區跟着擴大，明教
的力量也日漸強大，暴動，武裝起義，各種反抗的行動，就
愈來愈多了。從北宋末年起，睦州（今浙江建德）、台州（今

33　徐鉉：《稽神錄》；洪邁：《夷堅志》；何喬遠：《閩書》卷七，《方域志》。
34　《宋會稿・刑法》。
35　陸游：《渭南文集》卷五。
36　莊季裕：《雞肋編》中；李心傳：《建炎以來系年要錄》卷七十六。

浙江臨海)、衢州 (今浙江衢縣)、東陽 (今浙江東陽)、信州
(今江西上饒)、涇縣 (今安徽涇縣) 都曾發生過明教徒的武
裝革命。[37]

但是，也正因為明教徒主張最後目標是明暗各復原位，
互不侵擾，黑暗的力量仍然存在，對農民剝削、壓迫、奴役
的制度也仍然存在，在領導思想上不但是妥協的，折衷的，
半途而廢的。而且鬥爭的結果，依然是地主對農民的統治。
因之也就不能把革命進行到底，取得勝利。歷史上所有的這
一類型的起義，都以失敗而告終。

明教又和民間流行的彌勒教、白蓮社兩種宗教混合。
彌勒教和白蓮教都出於佛教的淨土宗，一個叫彌勒淨土，
一個叫彌陀淨土。彌勒佛是佛教裏的著名人物，據佛教傳
說，彌勒過去為王，對百姓慈育，是一個好國王。釋迦牟尼
佛在世時，彌勒侍旁聽法，是個好學生。釋迦牟尼佛滅度後
五十六億七千萬歲，彌勒下降人世而成佛。[38] 佛教諸經都承
認彌勒是遙遠歲代後繼承釋迦的佛，並且說釋迦滅度 (死)
後，世界變壞了，種種壞事，全都出現，不但氣候壞，莊稼
收成壞，連人心也壞了，人的生活苦到不能再苦。幸得釋迦
牟尼佛在滅度前留下了話，再過若干年，彌勒佛就出世了。
這個佛一出世，世界立刻變了，土地又寬大又乾淨，刺人的
荊棘不見了，青青的山，綠油油的水，滿地鋪着金沙，到處

---

37 《建炎以來系年要錄》卷三十二、三十六、六十三、一百三十八、
　　一百五十一、一百七十。

38 《淨名疏》。

是清汪汪的水池，碧森森的樹林，美麗的花，芬芳的草，還有各種無名的寶貝。人心也變好了，搶着做好事，好事做多了，壽命也長了，太太平平過日子。人口一天天加多，城市越來越富庶了。種的稻麥，下一次種有七次的收成，用不着拔草翻土，自會成熟。[39] 自從出現了這個故事以後，成千萬的農民在期望着這一天的到來，幾十年，幾百年都過去了，依然在等待，在期望。一聽見甚麼地方有彌勒佛出世的話，搶着去參加起義。從隋唐一直到宋元，七八百年來，歷史上寫滿了彌勒教徒起義的記錄。關於彌勒佛若干部經典的翻譯，是兩晉時代的事，到南北朝時已發生很大影響。舉例說，那時的風氣，在山巖上挖洞刻佛像，一個山有好多石洞，一個洞有好多大石佛，往往要費時幾年以至幾百年才能刻成。刻的像最多的就是彌勒佛和阿彌陀佛。經典的傳播，佛像的禮拜，傳說的鼓動，無數次彌勒降生的號召，使得這一神秘親切的名字為樸質的貧苦農民所熟悉，信任，成為組織、發動反抗當時統治階級的力量。信仰彌勒教的人也穿白衣服，戴白帽子，也燒香，[40] 也相信世界上有明和暗、好和壞兩種力量，大體上和後起的明教很相像，結果這兩個教就混合在一起了。

　　白蓮社供養的是阿彌陀佛，勸人唸佛修行，多做好事，死後到西方淨土白蓮池上，過快活日子。這團體創始於五世

39　《法住記》，《彌勒下生經》。
40　《隋書》，《煬帝本紀》，卷二十三《五行志》。

紀初年，到十二世紀前期，又加進了天台宗的格言，忌蔥乳，不殺，不飲酒，衍變成白蓮教，因為儀式和戒條都和明教彌勒教相近，到十四紀前期這三個秘密宗教就合流為一了。[41]

明教和彌勒教都不滿現狀，都主張改變現狀，都相信不久以後會有而且必然地有更好或最好的世界出現。這幻想世界的出現有一個顯明的標識，就是「明王」或「彌勒佛」的出世。這一個美麗的幻想世界有力地吸引了陷於貧困絕境的樸質農民，用竹竿鋤頭武裝起來，進行不屈不撓的鬥爭。雖然每一次的起義都被鎮壓了，失敗了。但是，農民永不會屈服，跌倒了，舐乾淨血跡，再爬起來，再反抗，永遠反抗下去。人人的心目中，都憧憬着美麗而又肯定的遠景，相信總有一天會翻身，「明王」、「彌勒」會出世。

遠在朱元璋出生前三年，元泰定二年（公元 1325 年）六月，息州人趙丑廝、郭菩薩就宣傳彌勒佛要來治理天下了。[42] 十二年後，陳州人棒胡（閏兒）又宣稱彌勒佛已經降生了，燒香會齊教友，在汝寧府信陽州起事，打下歸德府、鹿邑，燒了陳州（陳州正是四百多年前明教徒起義的根據地）。[43] 這年朱元璋已經十歲了。第二年，元順帝至元四年戊寅（公元 1338 年），彌勒教徒周子旺在袁州起義，周子旺是袁州慈化寺和尚彭瑩玉（又叫彭翼）的徒弟，他們勸人唸彌勒佛號，每晚點着火炬，燒香禮拜，口宣佛偈，信從的極多。約定寅年

41　《佛祖統紀》卷四十七；重松俊章：《初期之白蓮教》。

42　《元史・泰定帝紀》。

43　《元史・順帝本紀》。

寅月寅日寅時起兵，參加的人背上都寫一佛字，以為刀兵不能傷。年月日時都湊齊了，周子旺自稱周王，改了年號，率領五千人起事。這一支沒有經過訓練的農民軍，雖然有勇氣有信心，打仗卻不中用，剛一動手，就被地方軍隊殘酷鎮壓了，周子旺被擒殺。

彭瑩玉經常用泉水替附近農民治病，袁州老百姓當他是活神仙，爭着蔭蔽他。官府搜緝得緊，逃到淮西，淮西老百姓早知道彭祖師的名聲，也搶着掩護他，索性在淮西住下，秘密傳教，組織力量，準備再幹。[44]

44　彭瑩玉的籍貫：

　　一、籍貫史料

　　甲、袁州說：

　　(一) 權衡：《庚申外史》上。

　　袁州妖僧彭瑩玉徒弟周子旺以寅年寅月寅日寅時反……瑩玉本南泉山慈化寺東村莊民家子。

　　(二)《明太祖實錄》卷八。

　　袁州慈化寺僧彭瑩玉以妖術惑眾，其徒周子旺因聚眾為亂。

　　(三)《明史》卷一二二，《陳友諒傳》。

　　元末盜起，袁州僧彭瑩玉以妖術與麻城鄒普勝聚眾為亂。

　　乙、瀏陽說：

　　(一) 葉子奇：《草木子》。

　　先是瀏陽有彭和尚能為偈頌，勸人唸彌勒佛。

　　(二) 陸深：《平胡錄》。

　　先是瀏陽人彭和尚名翼，號妖彭，能為偈頌，勸人念彌勒佛。

　　二、史源之比較

　　權衡，吉安人。元末兵亂 (至正十二年閏三月徐壽輝紅軍陷吉安)，避居彰

朱元璋這幾年內所到的地方，息州、陳州、信陽和淮西流域，前三個是彌勒教徒起義失敗的場所，淮西流域是彭瑩玉的傳教地區。[45]

三、紅軍起義

元順帝至正十一年（公元 1351 年）五月，江淮流域各地區的貧苦農民——元朝統治階級所特別歧視的南人，短衣草履，頭包紅巾，擎着紅旗，扛着竹竿鋤頭，長槍板斧，殺官僚，占城邑，開倉散糧，自立名號，敲響了元帝國的喪鐘，這就是歷史上有名的紅軍起義。

紅軍的隊伍，到處都是。揀重要的著名的說吧：東系在潁州發動的，頭目是杜遵道、劉福通，奉韓山童的號令，佔領了元朝的米倉朱皋（鎮名，屬光州固始縣），開倉散米，一下子就發展到十幾萬人，攻下汝寧（今河南汝南）、光州、息州、信陽；芝麻李的隊伍，控制了徐州（今江蘇銅山）附近縣份，和宿州（今安徽宿縣）、五河（今安徽五河）、虹縣、豐（今江蘇豐縣）、沛、靈璧，南邊到安豐（今安徽壽縣）、

德，明初歸江西。

葉子奇，龍泉人，明初曾上書處州總制孫炎。

陸深，上海人，弘治乙丑（公元 1505 年）進士。

權衡為江西吉安人，和彭瑩玉同時。《明實錄》、《明史》都據權衡說，今從之。（葉子奇也和彭同時，但他是浙江人。陸深則約後一百五十年。）

45　吳晗：《大明帝國與明教》，載《清華學報》十三卷一期。

濠、泗（今安徽臨淮）。西系起於蘄（今湖北蘄春）、黃（今湖北黃岡），由彭瑩玉和尚組織，推徐真逸（壽輝）作頭目，攻下德安（今湖北安陸）、沔陽（今湖北沔陽）、安陸（今湖北鍾祥）、武昌（今湖北武昌）、江陵（今湖北江陵）、江西（今江西九江南昌一帶）諸郡。起於湘水漢水流域的，推布王三、孟海馬為頭目，布王三的隊伍叫北瑣紅軍，佔領了唐（今河南唐河）、鄧（今河南鄧縣）、南陽（今河南南陽）、嵩（今河南嵩縣）、汝、河南府（今河南洛陽）；孟海馬率領南瑣紅軍，佔領了均（今湖北均縣）、房（今湖北房縣）、襄陽（今湖北襄陽）、荊門（今湖北荊門）、歸峽（今湖北秭歸）。這幾支紅軍都響應韓山童的號召，前後不過幾個月功夫，東邊從淮水流域，西邊到漢水流域，都插滿了紅旗，像腰斬似的把大元帝國攔腰切作兩段。[46]

大元帝國的崩潰，是由於蒙漢官僚地主對廣大農民殘酷的剝削和無情的壓迫，農民忍無可忍，被迫進行長期的壯烈的階級鬥爭；是由於蒙古、色目貴族對漢、南人的殘酷粗暴的民族壓迫，掠奪和殘害，廣大人民挺身而起，進行長期的英勇的民族鬥爭；是由於蒙古統治階級的腐化和階級內部矛盾的尖銳化，分裂，對立，自相殘殺，掘下自己的墳墓。階級鬥爭和民族鬥爭交互錯綜，階級鬥爭運用民族鬥爭的形式，民族鬥爭又反過來加強和推動了階級鬥爭的力量。終於推翻了異族統治，取得了勝利。

46　權衡：《庚申外史》上。

　　蒙古滅金以後，圈佔廣大土地作為牧場，有的竟至千頃以至十萬餘頃。[47] 滅宋以後，沒收了宋的官田和一部分貴族田地。諸王、后妃、公主和大官將帥以及漢、南人降附的文官武將，僧侶寺觀，都以侵佔或賞賜的方式佔有大量土地，把原來耕種土地的農民抑為佃戶。如諸王中晉王也孫帖木兒單是歸還朝廷的地就有七千頃[48]，西安王阿剌忒納失里有平江（今江蘇吳縣）賜田三百頃[49]，郯王徹徹禿有蘇州賜田二百頃[50]，沒收宋代后妃的田歸太后，專設江淮財賦都總管府掌管。另一大批沒收的田土歸皇后的，專設江浙財賦府掌管。[51] 文宗時（公元 1329-1332 年）魯國大長公主有平江等處賜田五百頃。[52] 順帝時公主奴倫引者思有地五千頃。[53] 大臣如伯顏有河南賜田五千頃[54] 和薊州寶坻縣稻田提舉司所轄田土[55]，脫脫有松江等處稻田提領所轄田土。[56] 金和宋的降臣不但保有原來的田土，而且還乘機兼併，有的一年收租數量竟達到二三十萬石，佔有佃戶二三千戶。[57] 寺觀往往佔田幾百頃、

47　《元史》卷一三四《和尚傳》，卷一三五《塔里赤傳》，卷一五四《鄭制宣傳》。

48　《元史》卷二十七，《英宗本紀》。

49　《元史》卷三十二，《文宗本紀》。

50　《元史》卷三十九，《順帝本紀》。

51　趙翼：《廿二史札記》卷三十，《元代以江南田賜臣》下。

52　《元史》卷三十四，《文宗本紀》。

53　《元史》卷三十九，《順帝本紀》。

54　《元史》卷一百三十八《伯顏傳》，卷三十九《順帝本紀》。

55　《元史》卷三十八，《順帝本紀》。

56　《元史》卷四十一，《順帝本紀》。

57　《元典章》新集，《戶部差發》；《元史》卷一百二十六《廉希憲傳》，卷一百四十六《耶律楚材傳》。

千頃，最多的如大承天護聖寺前後兩次共賜田三十二萬五千頃[58]，大護國仁王寺有水陸田地十萬多頃，佃戶三萬七千零五十九戶[59]，白雲宗和尚沈明仁強奪民田二萬頃。[60]江南寺院佃戶多到五十萬有餘。[61]

諸王后妃公主大臣還有食邑，從幾千戶到幾萬戶，一縣十幾縣以至一路到三路。最多的如孛兒帖可敦有真定食邑八萬戶[62]，元成宗以安西、平江、吉州三路為皇太子的食邑。[63]食邑的地方官由領主推薦，農民除了向領主繳納五戶絲和鈔以外，還要向元朝政府繳納賦稅。[64]

土地大量集中在少數蒙漢貴族官僚手裏，廣大農民和中小地主失去土地，或者被迫成為佃戶，或者被迫逃亡他鄉。江南的佃戶按規矩和田主對半或者四六分收成，趕上青黃不接，水旱災傷，向田主借貸口糧，立下契約，添答數目，以利作本，候收割時驗數歸還。才到秋成，所收子粒，除交給田主一份以外，有的佃戶合得的一份盡數還債，還不夠本利，被迫抵當人口，準折物件，連鋤頭鐮刀也給折走了。活不下去，只好逃走。佃戶逃移的越多，田土荒廢的也多，生

---

58 《元史》卷四十一《順帝本紀》：「至正七年十一月撥山東地土十六萬二千餘頃屬大承天護聖寺。」趙翼：《陔餘叢考》卷十八，《元時崇奉釋教之濫》。

59 程鉅夫：《雪樓文集》卷九，《大護國仁王寺恆產之碑》。

60 《元史》卷二十六，《仁宗本紀》。

61 《通制條格》卷三，《寺院佃戶》。

62 《元史》卷二，《太宗本紀》；屠寄：《蒙兀兒史記》卷五十六，《阿里不哥傳》。

63 《元史》卷二十二，《成宗本紀》。

64 吳晗：《元代之社會》，載《清華大學社會科學》一卷三期。

產的糧食也就越少。[65] 另一等佃戶繳納高額地租，還要承當地主家的雜泛差役，買不起農具肥料，地裏收成少了，就被田主奪佃，失去活路。即使人力多，侍候得地肥了，收成一多，田主就要加租，交不起，還是種不成地。有些地方的佃戶，生男供田主奴役，生女作田主婢妾，甚至計口立契，隨田地買賣，和買賣牲口一般。[66] 北方的農民比南方的剝削更重，賦稅更多，種的桑棗禾稼經常被蒙古駐軍和官僚地主的牧馬作踐，有的索性被佔作牧場。靠近大都（今北京）的畿內一帶地方為了長馬草，時常禁止農民秋耕。[67] 農民養的馬匹耕牛一碰上有戰事，就被官府搶走，有時給低價，有時不給一個錢。[68] 淮河以北一帶以至河南河北的農民，千百成羣地逃向南方，元世祖至元二十年（公元 1283 年）一次逃移的農民就有十五萬戶。[69] 二十三年以漢民就食江南者多，特派使臣盡徙北還。又專派官在黃河、淮河、長江的關卡津渡檢查，凡漢民沒有通行公文的，一律不許通過。又立下法令，逃民必須押解還鄉，並禁止聚眾到千人，犯禁罰杖一百。[70] 順帝元統元年（公元 1333 年）京畿大水，飢民四十多萬人。

---

65 《元典章》卷十九，《戶部》五，《種佃》。

66 《元典章》卷三，《聖政記》二，《減私租》；卷五七，《刑部》十九，《禁典》；卷四十二，《刑部》四。

67 《元史》，世祖、武宗、仁宗《本紀》。

68 《元史·世祖本紀》；《大元馬政記》。

69 《元史》卷一百七十三，《崔彧傳》。

70 《元史》卷十四《世祖本紀》，卷一〇三《忙兀台傳》；《元典章》卷六，《台綱》二，《體察》。

第二年江浙大飢，飢民五十九萬多戶[71]，剝削越重，百姓日子過得越苦，地主兼併土地的速度越快，農民逃亡的越多，田土拋荒的數目越大，糧食生產越少，鬧災荒的次數面積越多越大，階級矛盾越尖銳，達到不可調和的地步，爆發了一次接着一次的農民革命戰爭。

　　為了緩和階級矛盾，元朝政府也曾經使用減輕賦稅、賑濟、設常平倉、立勸農官等等辦法，但是免賦只免到田主，佃戶照樣交租。[72]賑濟佃戶輪不到，甚至像至正四年（公元1344 年）河南北大飢，第二年大疫，十成人死了五成那樣大災荒，朝廷說要賑濟災民，賣官爵得了一批鈔和糧食，後來又聽說還有幾成收成，就作罷論，把賑款吞沒了事。[73]常平倉有倉無米[74]，即使有米也落入大官、地主手裏，分不到農民。[75]勸農官除了多出一個剝削掠奪的官僚以外，沒有別的意義。

　· 和階級壓迫交織錯綜的是蒙古、色目人對漢、南人的民族壓迫。

　　蒙古貴族為了便於鞏固軍事統治，永遠剝削和奴役以漢人為主體的勞苦人民，製造種族間的矛盾、猜忌、分裂，把社會劃分為四個階層：蒙古人最貴，色目人第二，漢人第三，

71　《元史》卷三十八，《順帝本紀》。

72　《元史》卷十八，《成宗本紀》。

73　余闕：《青陽集》卷八，《書合魯易之作潁川老翁歌後》；《元史》卷四十一，《順帝本紀》。

74　《元史》卷二〇五，《盧世榮傳》；《元文類》卷四十，《經世大典序錄》。

75　《元史》卷九十六，《食貨志》。

南人最下。蒙古征服者在未侵入中國之前，已經征服了西域諸國，統稱西域各地降人作色目人，作為統治的輔助力量，被利用來壓迫較後被征服的漢人。漢人指的是金統治下的人民和高麗、契丹、女真等民族；南人指的是最後被征服宋統治下的以漢人為主體的各族人民。為了分化漢族的團結，蒙古統治者稍微給北方漢族地主一些政治上的小好處，使南人怨恨漢人。在四等人中間，劃分權利義務，極不平等，對漢、南人的防制，最為嚴刻，並賤稱漢人為「漢子」，南人為「蠻子」。

蒙古統治者在滅金滅宋的戰爭中，除攻城略地，大量屠殺以外，更掠奪人口，作為奴婢，叫作驅口，所生子孫，永為奴婢。[76] 蒙古、色目漢人官吏也多強佔民戶為奴隸。[77] 上都（今內蒙古自治區多倫縣）、大都設馬市、牛市、羊市、人市，人畜同樣買賣。江南販賣人口更盛，主人怕驅口奴隸逃走，或使飲啞藥，或用火烙足，驅役同禽獸。奴和驅在法律上待遇同等，實際區別是在軍前俘獲稱奴，掠賣人口稱驅；奴不得自立門戶，驅得自立門戶但不得自由遷徙。驅丁對國家每年納丁稅粟一石，對主人負耕田供役納貢賦，代主人服兵役的義務。[78] 如大將阿里海牙破湖南，沒收降民三千八百戶為

76　陶宗儀：《輟耕錄》卷十七，《奴婢》。

77　《廿二史札記》卷三十，《元初諸將多掠人為私戶》。

78　《元史》卷一六二《李忽蘭吉傳》，卷十《世祖本紀》，卷十九《成宗本紀》；《元典章》卷三十四，《軍役》。

家奴。[79] 十四世紀初年，江南官僚地主強佔民戶作奴隸動輒百千家，有多到萬家的。[80] 蒙古戍兵和居民生活窮困的，也被迫賣妻鬻子為奴婢。[81] 元代官私奴隸在人口總數中佔了很大比例。[82]

在政治地位上，元朝政府各個機構的長官，都是蒙古人做，一般漢人是不能做的。次要的官也大半是蒙古人和色目人。順帝至元三年四月又再次規定，省、院、台、部、宣慰司、廉訪司及部府幕官之長，並用蒙古、色目人。[83] 直到元朝末年，南人始終被排擠在政治圈外。[84] 兵權更不讓漢人掌管，漢人雖也有做軍政官的，但不能與聞軍政，參與機密，閱兵籍，知兵數。[85] 行省長官一般是蒙古人，其次是色目世臣，缺官才輪到色目和漢人。[86] 地方官以漢人做總管，色目人做同知，總攬實權的是蒙古的監督「達魯花赤」。[87] 宮廷的衛隊只用蒙古人、色目人，不許漢人、南人投充。[88] 蒙古貴族子弟從宮廷衛隊出身做官，升遷很快，漢、南人則只能從科

---

79 《元史》卷一六三，《張雄飛傳》。

80 《元史》卷二十三，《武宗本紀》。

81 《元史》卷一三四《和尚傳》，卷二十六《拜住傳》，卷二十五《仁宗本紀》；《元典章》卷五十七，《刑部》一九，《禁典賣蒙古子女》。

82 有高岩：《元代奴隸考》。

83 《元史》卷八十五《百官志序》，卷二十五《仁宗本紀》，卷三十九《順帝本紀》，卷一百八十六《成遵傳》，卷一百四十六《太平傳》。

84 《元史》卷一百九十二，《王艮傳》。

85 《元史》卷一百八十四《王克敬傳》，卷九十八《兵志》。

86 《元史》卷十九《成宗本紀》，卷三十二《泰定帝紀》。

87 《元史》卷六，《世祖本紀》。

88 《元史》卷一〇二，《刑法志·衛禁》。

舉或學校出身。科舉蒙古、色目人作一榜，漢人、南人作一榜，蒙古、色目人考二場，漢、南人須考三場；考試題目漢、南人比蒙古、色目人的難，授官則相反，蒙古、色目人比漢、南人高。[89] 學校的學生名額，也是以種族作標準的：國子監生蒙古五十人，色目二十人，漢人三十人。考試蒙古生從寬，色目生稍加嚴，漢人則全科場之制。授官蒙古生六品，色目生正七品，漢人從七品。[90]

文武官蔭敍和升遷，也規定蒙古、色目人特優一級，蒙古高於色目，色目又高於漢人和南人。[91] 官吏的懲罰，法令規定色目人和漢人不勤於職的，處死刑還要抄家，蒙古人則例外。[92]

除了政治地位不平等之外，元朝政府還特別制訂了壓迫漢族的法律，來保障和鞏固自己的統治權。順帝元統二年（公元 1334 年）下令蒙古貴族和色目人犯奸盜詐偽，由專管蒙古貴族的機關「大宗正府」處理，漢、南人犯法的歸普通法庭判處。蒙古人居官犯法定罪行杖，必須由蒙古人判刑和監杖。[93] 蒙古貴族和色目人不但受特殊法庭的保護，而且遇有重大刑事案件，最後裁決權屬於蒙古大臣[94]，更加了一層保障。蒙古

---

89 《元史》卷八十一，《選舉志・科舉》。

90 《元史》卷八十一，《選舉志・學校》。

91 《元史》，《成宗本紀》，卷八十二《選舉志》。

92 《元史》卷十，《世祖本紀》。

93 《元史》，卷三十八《順帝本紀》，卷一○二《刑法志・職制》。

94 《元史》卷二○五，《鐵木迭兒傳》。

人打死漢人，只判處當兵出征和罰交燒埋銀。[95]蒙古人員毆打漢兒人，不得還手，只能指定證人到官府起訴。反過來，如漢人打死或打了蒙古人，就要嚴行斷罪。[96]並禁止漢人聚眾與蒙古人互毆。[97]竊盜例須刺字，蒙古、色目人免刺。[98]

　　對漢、南人用軍事力量控制秩序，鎮壓起義。辦法是解除漢、南人的武裝，分兵駐防各地，建立社甲制度。元世祖至元十三年（公元 1276 年）元軍入臨安（今浙江杭州市）後，就下令沒收兵器。南人在軍中的尺鐵寸杖不得在手[99]，民戶有鐵尺、手撾和杖之藏刃的都一律交官。[100]有馬的拘入官。[101]私藏甲仗的處死。[102]把民間兵器最壞的銷毀，稍好的給色目人，最好的收歸武庫，留作蒙古人用。漢人出征所用兵器，回來後就要交官，完全解除漢、南人在軍中的非戰時武裝。[103]甚至漢人將領非經特許也不許執持武器。[104]各路府州縣為了捕盜的需要，所用弓矢也嚴格限制為各路十副，府七副，縣

95　《元史》卷一〇五，《刑法志・殺傷》。

96　《元典章》卷四十四，《刑部》六。

97　《元史》卷七，《世祖本紀》。

98　《元史》卷三十八，《順帝本紀》。

99　《元史》卷一百六十八，《陳天祥傳》。

100 《元史》卷十四，《世祖本紀》。

101 《元史》卷三十九，《順帝本紀》。

102 《元史》卷一〇五，《刑法志・禁令》。

103 《元史》，卷十《世祖本紀》，卷二十四《仁宗本紀》，卷二十九《泰定帝紀》，卷三十二《文宗本紀》。

104 《元史》，卷十五《世祖本紀》，卷四十三《順帝本紀》。

五副。[105] 不許漢人打獵。[106] 不許漢人學習武藝。[107] 不許漢人集眾祠禱[108]，祈賽神社，集場買賣。[109] 甚至學習蒙古色目文字，也不許可。[110]

鎮戍軍以蒙古軍和探馬赤軍（諸部族軍）為主力，分屯河、洛、山東，以探馬赤軍漢軍和新附軍（宋的降兵）鎮戍淮水以南到南海，都以宗王為大將。蒙古軍就營地住家，其他軍隊按時換防，都有一定制度。江南三行省凡設戍兵六十三處，鎮戍地區幾十年不改。[111] 元朝政府用蒙古軍和諸部族軍鎮壓淮水以北金地的漢人，用諸部族軍、漢軍輔以宋的降兵鎮壓淮水、長江以南宋地的南人，利用種族的矛盾來貫徹軍事控制，運用軍事力量來維持統治威權，加強階級和民族壓迫。民族的猜忌越大，仇恨也越深。

和鎮戍軍相結合的社甲制度，是蒙古統治機構的基層組織。元世祖至元七年下令諸縣所屬村疃，凡五十家立為一社，擇年高曉農事的一人為社長，增至百家的別設社長一員，不及五十家的與近村合為一社。[112] 社原來是貧苦農民為了反抗封建壓迫，自願結合的組織形式。歷代統治者因為它

---

105 《元史》卷十四，《世祖本紀》。

106 《元史》卷十六，《世祖本紀》。

107 《元史》卷二十七，《英宗本紀》。

108 《元史》卷一〇五，《刑法志・禁令》。

109 《元典章》卷五十七，《禁聚眾》。

110 《元史》卷三十九《順帝本紀》。

111 《元史》卷九十九，《兵志・鎮戍》；《元文類》卷四十一，《經世大典序錄・政典總序》。

112 《元典章》卷二十三，《戶部》九，《勸農入社事理》。

反抗封建壓迫，曾屢次加以禁斷，在禁斷無效的時候，又利用原來基礎，把它納入政府系統，成為官辦的社，通過這一組織，督促農民努力生產，來增加稅收。元朝政府繼承了這一制度，目的是為了加強統治和搜括，但同時也賦予了農民為了反抗階級壓迫的各種秘密組織以合法的形式，農民普遍組織起來，就有了強大的反抗力量了。三年後為了便於監視漢民，又令探馬赤軍隨處入社與編民等。蒙古、色目人雖然有隨便居住各地的權利[113]，蒙古軍卻不與漢兒人戶一處相合作社。[114] 蒙古軍雖不入社，卻作甲主，滅宋後編二十家為甲，以蒙古人為甲主，對編戶有絕對的威權，「衣服飲食惟所欲，童男少女惟所命」。城鄉到處編甲，糟蹋掠奪平民妻女，誰也不敢說話。[115] 夜間禁止通行，以鐘聲為號，一更三點鐘聲絕，禁人行，五更三點鐘聲動，聽人行。違者笞二十七。

江南地區，每夜禁鐘以前，曉鐘之後，才許市井點燈買賣，人家點燈讀書工作。[116] 元朝統治階級透過了社長、甲主，向農民施行兇殘的掠奪，在各種名目的苛捐雜徭下，逐年加重人民負擔，到元朝中葉以後，每年田稅賦役所徵調的數量比元初時增多到二十倍以上[117]，因而使全國農業生產下降，廣大農民陷入破產的深淵。

113《廿二史札記》卷三十，《色目人隨便居住》。

114《元典章》卷二十三，《戶部》九，《蒙古軍人立社》。

115 徐大焯：《燼餘錄》。

116《元史》卷一〇五，《刑法志‧禁令》。

117《元史》卷二〇五，《鐵木迭兒傳》；柯紹忞：《新元史》卷六十八，《食貨志序》。

從官書記載戶口的數字來看，宋的戶口嘉定十六年（公元 1223 年）戶數一千二百六十七萬，口數二千八百三十二萬。金的戶口，泰和七年（公元 1207 年）戶數七百六十八萬四千，口數四千五百八十一萬，兩國合計有戶約二千萬，口約七千四百萬。到元世祖至元十八年（公元 1281 年）全國合計戶數一千三百二十萬，口數五千八百八十三萬，可以看出長期戰爭破壞的結果，戶數減損了約七百萬，口數減損了約一千五百萬。到元文宗至順元年（公元 1330 年），全國戶數還是一千三百四十萬，和至元十八年的數字差不多。經過了五十年，戶數仍然停留在原來的基礎上，這說明了這五十年間戶口損耗情況，也說明了階級和民族壓迫的悲慘結果。

蒙古統治階級內部矛盾和腐化，為大元帝國自己掘下了墳墓。

大元帝國是由成吉思合罕子孫所分封的幾個汗國組織成功的，以蒙古合罕的宮廷作中心。自從忽必烈合罕（元世祖）破壞了蒙古合罕由召開大會選舉產生的習俗，採用漢人封建制度立嫡長子為皇太子以後，帝位繼承的爭奪造成統治階級上層矛盾的深化，政變內亂，接連不斷，削弱了帝國的統治力量。

事實上，帝國的分裂是元世祖即位以前的事。蒙古習俗遊牧生活，沒有一定住處，沒有城郭可以守護，終年隨牧草轉徙，如果沒有強有力善於指揮作戰的軍事領袖，突然遭遇強敵襲擊，就會崩潰不可收拾。多少世代以來，在蒙古的部族社會組織裏，部族酋長的選舉與罷免，對其他部族的

鬥爭，應付嚴重的天災和遷徙等大事，都由部族成員的全體
大會——庫利爾台來解決，部族酋長只有提議的資格。酋
長——合罕有提名繼承人之權，但大會也可以另選他人，因
之，各部族中軍力最強大的軍事領袖，對選舉的決定權也最
大。遇有意見不一致，堅持的雙方軍事力量又不相上下的時
候，就不可避免地各自承認一個合罕，造成分裂以至用武力
解決，陷於長期內戰的境地。從成吉思合罕以來，歷次大汗
的選舉都由幾個強大的軍事集團所操縱。長期內戰的結果，
蒙古大帝國瓦解了。忽必烈合罕和他的子孫所直接統治的只
是中國這一部分土地。[118]

　　元世祖以後的帝位繼承，又成為擁有軍事實力貴族的爭
奪戰，大會通過成為照例文章。元世祖太子真金早死，真金
子鐵木兒（元成宗）在北邊檢閱軍隊，大將玉昔帖木兒擁之
即位。成宗死，丞相哈剌哈孫擁真金孫武宗、仁宗先後即位。
仁宗立英宗為皇太子，英宗為鐵失所殺，世祖曾孫也孫鐵木
兒被立為泰定帝。泰定帝死，丞相倒剌沙立皇太子阿速吉八
為皇帝，樞密使燕鐵木兒立武宗子文宗，打敗了倒剌沙。文
宗讓位其兄明宗，燕鐵木兒殺明宗，仍立文宗為皇帝。文宗、
寧宗接連死去，皇后卜答失里派人接明宗長子妥懽帖木兒入
京，立為皇帝，就是元順帝。[119]

---

118 趙翼：《廿二史札記》卷二十九，《元代叛王》；《元史紀事本末》卷二，《北邊
　　諸王之亂》；箭內互：《蒙古庫利爾台之研究》。
119 《廿二史札記》卷二十九，《元諸帝多由大臣擁立》；《元史紀事本末》卷十九
　　至二十二。

統治階級內部矛盾發展到自相殘殺，軍人貴族利用武力爭奪政治權力，宮廷政變不到四五年就爆發一次，從公元 1328 年到 1333 年五年間換了六個皇帝，矛盾更加深化強化，殘殺更屬害，政局變化更快，統治階級的基礎也就進一步更加削弱了。

一面是統治階級內部的爭奪權利，自相殘殺，一面是統治階級的荒淫無恥，墮落腐化。

元世祖從平宋以後，為了積累更多的財富，發動了長期的海外侵略，至元十九年發兵十萬征日本，遭颶風大敗而回。又三次興兵打安南（公元 1284 年至 1294 年），兩次打緬國（公元 1282 年至 1287 年），打占城（公元 1282 年至 1284 年），打爪哇（公元 1292 年），越打敗仗，越不服氣。軍費的負擔天天擴大，財政困難，只好任命一批刮錢能手的商人做大臣，專門搜刮財富，增加賦稅，賣官鬻爵，剝削人民，造成了貪污腐化的政治風氣。[120]

軍費之外，還有對諸王貴族的定期巨額賞賜，額外賞賜，朝會賞賜，大會後的賞賜。歲賜如斡真那顏位銀一百錠（錠五十兩），絹五千九十八匹，綿五千九十八斤，緞三百匹，諸物折中統鈔一百二十錠，羊皮五百張，金十六錠四十五兩。特賜如中統四年（公元 1263 年）賜公主古巴銀五萬兩。朝會賞賜如元貞二年（公元 1296 年）定太祖位下金千兩，

120《元史》卷二〇五，《奸臣傳》；《元史紀事本末》卷七，《阿合馬桑盧之奸》；《廿二史札記》卷三十，《元世祖嗜利黷武》。

銀七萬五千兩。世祖位下金各五百兩，銀二萬五千兩等。成
吉思合罕的子孫遍佈歐亞兩洲，元朝歷年這筆開支是無法計
算的。庫利爾台大會後為了報答諸王貴族的支持，賞賜數目
更是驚人，如至大四年（公元 1311 年）仁宗即位後的賜與總
數是金三萬九千五百五十兩，銀一百八十四萬九千五十兩，
鈔二十萬三千二百七十九錠，幣帛四十七萬二千四百八十八
匹。這一年的額外賞賜是鈔三百餘萬錠。往往開一次大會，
把上都、大都的庫藏全給光了還不夠數。[121] 這種種不同名目
的賞賜，實質上都是為了爭取諸王貴族的支持所付出的賄
賂，漢、南人被奴役所付出的奴隸贖金。此外還有供養僧
侶的大量費用，因為要利用佛教麻醉人民和懷柔西域，元朝
歷代都崇奉佛教，歷帝在即位前都先受佛戒，尊番僧為帝師
國師，窮極供奉，內廷作佛事，一年多至五百餘次。各寺作
佛事，有的每天用羊萬頭。[122] 據至大三年（公元 1310 年）的
統計，國家經費用在寺院的竟佔三分之二。[123] 至大四年的歲
出入情形，歲出鈔約二千萬錠，歲入常賦卻只有四百萬錠，
內中上繳京師的只有二百八十萬錠，這年十一月國庫的存
款只有十一萬錠。[124] 用豫賣鹽引，加稅加賦，甚至動支鈔本

---

121 《新元史》卷七十八，《食貨志・賜賚》下；《元史》卷二十四，《仁宗本紀》。
122 陶宗儀《輟耕錄》二：「累朝皇帝先受佛戒九次，方受大寶，而近世陪位者
　　九人或七人，譯語謂之暖答世，此國俗然也。」《元史》卷三十一四《文宗本
　　紀》：「至順元年二月丁酉，帝及皇后燕王阿剌忒納答剌並受佛戒，已亥命
　　明宗皇子受佛戒。」「至順三年十月甲子皇弟燕帖古思受戒於西僧加兒麻哇
　　剌」。《陔餘叢考》卷十九，《元時崇奉釋教之濫》。
123 張養浩：《歸田類稿》卷二，《時政書》。
124 《元史》卷二十四，《仁宗本紀》；《新元史》卷六十八，《食貨志序》。

一切辦法，至順二年（公元 1331 年）的歲出入，還虧空鈔二百四十萬錠。[125] 元朝的鈔法原來有很好的制度，發行有定額，可以隨時兌現，和物價有一定的比例，通行全帝國，信譽極好。到了財政無辦法，支用完鈔本，變成不兌現紙幣，加上無限制發行，發的越多，幣值越跌，相對的物價愈高。到了十四世紀中期，整車、整船運鈔到前線，一張鈔還不值一文錢，貨幣失去效用，民間只好進行物物交換，國家財政和國民經濟總崩潰了。[126]

表現在政治方面的情況，從元武宗以來，用人不問才力，只要得到皇帝歡心，就可做大官，有做到中書左丞、平章、參政的；國公、司徒、丞相滿朝都是。諸王貴族隨便殺人，隨便薦人做官。地主豪民犯法該殺的，只要買通帝師、國師，就可以得到皇帝特赦。後來索性賣官鬻爵，賄賂公行了。[127] 尤其蒙古、色目的官吏，根本不知道有廉恥這回事，向人討錢，各有名目，例如：下屬來拜見有「拜見錢」，無事白要叫「撒花錢」，逢節要「節錢」，過生日要「生日錢」，管事要「常例錢」，送迎有「人情錢」，發傳票、拘票要「齎發錢」，打官司要「公事錢」。弄得錢多說是「得手」，除得美州縣說是「好地分」，補得職近說是「好窠窟」。甚至監察官都可以用錢買，出錢多的得缺。肅政廉訪司官巡察州縣，各帶

125《元史》卷一百八十四，《陳思謙傳》。

126 吳晗：《元史食貨志鈔法補》，載《中國社會經濟史集刊》第七卷第二期。

127 張養浩：《歸田類稿》卷二，《時政書》。

庫子，檢鈔秤銀，爭多論少，和做買賣一般。[128] 大官吃小官，小官吃百姓。民間有詩嘲官道：「解賊一金並一鼓，迎官兩鼓一聲鑼，金鼓看來都一樣，官人與賊不爭多。」[129] 地方官對百姓剝削太厲害了，元朝政府怕出亂子，有時也派大員出來宣撫，企圖緩和一下。宣撫剛出京時，四方震動，到了地方以後，也和地方官一樣，甚麼事也做出來。百姓給他們編了幾句口號：「奉使宣撫，問民疾苦，來若雷霆，去若敗鼓。」[130] 溫州、台州一帶的老百姓，給官府剝削苦了，在村子邊樹起旗子，上面寫着：「天高皇帝遠，民少相公多，一日三遍打，不反待如何！」[131]

軍隊從平宋之後，駐防在內地繁華都市，日子久了，生活腐化，忘記了怎樣打仗，也不願意打仗了。軍官們大都是世襲的貴族子弟，懂吃，懂喝，懂玩，會發脾氣，會剋扣軍糧，會奴役虐待兵士，更會搶劫百姓，就是不會打仗。蒙古初起時，叱咤風雲，勇敢慓悍健兒的子孫，到這時已經完全變了質了，失去戰鬥力量了。至正元年山東「強盜」縱橫至三百餘處，七年蔓延到濟寧、滕、邳、徐州等處。近畿的臨清、廣平、灤河也到處「盜」起。河南從至正七年「盜賊」出入不常，八年福建、海寧州、沭陽等處「盜」起。甚至每年運糧五百萬石到大都的運河也被騎「盜」阻劫，至正六年三

---

128 葉子奇：《草木子》卷四，《雜俎篇》。
129 葉子奇：《草木子》卷四，《談藪篇》。
130《明太祖實錄》卷六十。
131 黃溥：《閒中今古錄》。

月騎「盜」四十人，劫船三百艘，元軍不敢捕。至正七年十一月海「盜」剽掠沿江江陰、通、泰、鎮江、真州一帶，「劫賊」才三十六人，元軍萬數不能進討，反為所敗。通州在京城東面，至正七年「盜賊」蜂起。京畿從至元三年到至正六年都有「盜賊」四起。甚至連軍事重心的京城，至正二年也鬧到「強賊」四起了。[132] 蒙古統治階級壓迫漢、南人的工具腐朽了，再也經不起紅軍雷霆萬鈞的打擊。

階級的壓迫，民族的壓迫，重重疊疊壓在漢、南人身上，壓迫愈厲害，仇恨愈深，漢、南人的反抗力量也就越大。漢、南人各族人民都反對外來的壓迫，都要用反抗的手段解除這種壓迫。階級鬥爭和民族鬥爭結合一起，前仆後繼，從南宋亡國，一直到紅軍大起義，這七十年中漢人特別是南人的反抗，一直沒有停止過。從可歌可泣的崖山之役，張世傑、陸秀夫壯烈殉國以後，起兵復國，幾次失敗，百折不回的文天祥丞相終於在至元十九年十二月被殺於燕京，成仁取義，發揮了民族正氣，感動、號召了全民族和後代子孫，使他們明白，只有「驅逐韃虜，恢復中華」，才能翻身。文天祥死的第二年，建寧路總管黃華起義，用宋祥興年號。大足縣民韓法師起義，自稱南朝趙王，都用恢復趙宋作號召。此外如至元二十年廣州的羅平國，漳、邕、賓、梧、韶、衡諸州（福建、廣西、廣東、湖南）的農民暴動，二十三年婺州（今浙江金華）永康縣民陳巽四的起義，二十五年廣東、浙江，二十七年江

132《元史・順帝本紀》；《草木子・克謹篇》。

西，成宗元貞二年贛州的暴動，以至至元三年（公元 1337 年）廣州的大金國起義，都是南人英勇鬥爭的史實。至正八年（公元 1348 年）漢人也起事了，遼東鎖火奴和遼陽兀顏撥魯歡都自稱大金子孫，反抗元朝。同時，各地區各族人民也先後起義，起了削弱元朝軍力，瓦解元朝統治階級政權的巨大作用；從至順四年到至正十四年（公元 1333 年—1354 年）二十年中湖南、廣西瑤族人民不斷地起義，反抗元朝的統治。先後攻陷道州（今湖南道縣）、賀州（今廣西賀縣）、連州（今廣東連縣）、桂州（今廣西桂林）、靖州（今湖南靖縣）、潯州（今廣西桂平）、武崗（今湖南武崗）、沅州（今湖南芷江）、黔陽（今湖南黔陽）、寶慶（今湖南邵陽）、全州（今廣西全縣）、辰州（今湖南沅陵）、衡州（今湖南衡陽）等地。靖州瑤人領袖吳天保從至正六年到九年，四年中四陷武崗，五攻沅州，大量殺傷了元朝的軍力。從至元元年到至正十四年（公元 1335 年—1354 年）西北的西番族到處起兵，阻斷嶺北驛道，至正七年起兵的有二百多處，陷哈剌火州（新疆吐魯番城東，今作哈剌和卓）。東北遼陽「吾者野人」和「水達達」忍受不了元朝過重的剝削，至正六年起兵反抗。前面跌倒了，後面的跟上去，倒下一個兩個，起來了百個千個。這許多次的反抗運動，起因雖不完全相同，目標卻只有一個，解除階級的和民族的壓迫。漢、南人雖然同樣被壓迫奴役，但是，元朝的主要的強大的軍事力量，用在控制以大都為中心的腹裏地區，保護根本，江南地區的軍事控制力量是比較薄弱的，這樣，南人的武裝反抗就有可能一次接着一次爆發。到了北方

漢人也揭竿起義的時候，加上腹裏地區盜賊四起的時候，這是元朝腹裏地區軍事力量失去控制的信號，全面起義的條件成熟了，至正十一年的紅軍大起義，正是這一系列反抗運動的延續和發展。

紅軍爆發的導火線是蒙古統治階級對漢、南人的加重壓迫和歧視。

元順帝從廣西進京作皇帝，河南行省平章伯顏率領部下蒙古漢軍護送，太師燕鐵木兒殺明宗，又立明宗的兒子作皇帝，心懷疑懼，溺於酒色而死。伯顏升為丞相，仗着功勞大，擅權貪污，弟姪都作了大官。伯顏仇恨漢人，反對蒙古人讀漢人書，他告訴順帝：「陛下有太子，休教讀漢人書，解人。又其間好生欺負人，往時，我行，有把馬者久不見，問之曰往應舉未回，我不料科舉都是這等人，得了！」把至元元年禮部科舉停止了。更恨南人，為的是南人經常作反。又養着西番師婆叫界界，常問她來年好歹，自己身後事如何，界界說當死於南人之手，因之益發忌恨。下令禁漢人、南人、高麗人不得持軍器，凡有馬的都拘收入官。至元三年河南棒胡起義於汝寧信陽州，朱光卿、石崑山在廣南惠州起義，李智甫、羅天麟在漳州起義，至元四年彭瑩玉、周子旺在袁州起義，十一月河南范孟端反，伯顏益發氣憤，說造反的全是漢人，漢人有在朝廷作官，應該講求誅捕造反漢人的方案，表明態度。接着又提出要殺張、王、劉、李、趙五姓的漢人、南人，因為這五姓人最多，漢人、南人殺了大半，自然不能造反了。五年四月又重申漢、南、高麗人執持軍器的

禁令，還頒佈一條法令，蒙古、色目人毆打漢人、南人，漢人、南人只許捱打，不許還手。伯顏又和皇太后計較，要廢順帝，伯顏侄御史大夫脫脫知道了，暗地裏告訴順帝，趁伯顏出城打獵，收回兵權，關上城門，貶伯顏外地安置。伯顏自殺，弟馬札兒台繼為丞相，又下令禁民間藏兵器。脫脫嫌他父親擋住自己當權，勸他辭位，自己作了丞相。紅軍起義消息報到大都，中書省官員把報告文件加標題謀反事，脫脫看了，改題作河南漢人謀反事，把河南全部漢人都算作起義軍了。[133] 伯顏、脫脫一家人接着做首相，這一系列仇視敵視漢、南人的作為，反映了整個蒙古統治階級的脆弱和絕望的掙扎，蒙古統治階級這種瘋狂的鎮壓行動，逼使漢、南人團結起來，組織起來，逼使漢、南人非用武力反抗，非用自己的力量解除外來的壓迫不可。在這樣緊張對立的情況下，有人登高一呼，自然全國響應了。

至正三年五月，黃河在白茅口決口，四年五月大雨二十多天，黃河水暴溢，平地水深二丈，北決白茅堤，六月又北決金堤，曹、濮、濟、兗都遭了水災，不但農田民居，連鹽場也極為危險，政府稅收遭受很大損失。[134] 有人建議堵口，脫脫派人勘察，回來報告說河工太大開不得；而且河南一帶遍處都有農民起義隊伍，要開工，集合了幾十萬河工，萬一和起義軍結合起來，無法收拾。脫脫不聽，另用賈魯為工部

133《庚申外史》卷上。
134《元史》，卷四十一《順帝本紀》，六十六《河渠志》。

尚書兼河防使。至正十一年四月二十二日，發汴梁大名十三路民夫十五萬，廬州等地戍軍二萬，從黃陵岡南到白茅口，西到陽青村，開河二百八十里，把黃河勒回舊道。韓山童得了消息，叫人四處散佈童謠說：「石人一隻眼，挑動黃河天下反。」暗地鑿了一個石人，面門上只有一隻眼睛，偷偷埋在黃陵岡當挖處。朝廷發的河工經費，被修河官照例貪污，河工不能按時按數拿到錢，吃不飽，正在怨恨。[135] 韓山童又打發幾百個自己人去做挑河夫，宣傳天下要大亂了，彌勒佛已經降生了，不上幾天功夫，河南、江淮一帶的農民全知道了。韓山童和親信劉福通、杜遵道商量，農民是起來了，還得唸書的做官的一起來幹。至少也要做到讓唸書的做官的同情，不站在敵人方面去。劉福通說目下到處的農民隊伍都打着趙宋的旗子，我們的祖先都是宋朝的老百姓，只要提出復宋的旗號，說得切實些，唸書人沒有不贊成的。挑河夫挑河到黃陵岡，果然在當路處挖出一眼石人，幾萬挑河夫擠得水泄不通，駭得目瞪口呆，一霎時鬧得翻了天，人人口中唸佛，三個一堆，五個一羣，紛紛議論，大家心裏明白，出頭了，翻身的日子到了，是動手的時候了。

劉福通聚集了三千人在白鹿莊，斬白馬烏牛，祭告天地，宣稱韓山童是宋徽宗八世孫，當為中國主。劉福通是宋朝大將劉光世的後人，該輔佐舊主起義，恢復天下。大家齊

135《草木子・克謹篇》；《庚申外史》卷上。

心推奉韓山童為明王，克定日子起兵。[136] 四處派人通知，同時發動，以頭裹紅布為記號。正在歃血立誓，分配任務，舉杯慶祝，興高采烈的時候，不料消息走露了，永年縣的縣官帶領馬快弓手，冷不防團團圍住白鹿莊，韓山童脫身不及，被擒去殺了。山童妻楊氏帶着兒子林兒趁着慌亂，逃出重圍，躲入武安山中，隱姓埋名，等候外邊消息。劉福通苦戰逃出，事已破露，等不得克定的日子，整頓了隊伍，出敵人不意，攻佔潁州、羅山、上蔡、正陽、霍山，分兵取舞陽、葉縣等處。黃陵岡的挑河夫得了信號，吶喊一聲，殺了監工的河官，頭上包上紅布，漫山遍野一片紅，一股紅流和主力部隊會合在一起。不上十天，紅軍已是五六萬人的大部隊了。兩淮、江東西的貧困農民，等待了多少年月，這時晝夜不停地趕來入伍，到了隊伍裏就像到了自己家裏一樣。紅軍聲勢一天比一天浩大，佔領了汝寧、光、息，部隊發展到十幾萬人。[137] 各地的紅軍聞風響應，半個中國照耀着紅光。[138] 各別攻城佔地，開倉庫，救窮人，建立政權，嚴守教規，不殺平民，不姦淫，不搶劫，越發得到人民擁護。[139] 當時民間流傳着一闋《醉太平》小令，也不知道是誰寫的，從大都一直到江南，到處唱着，詞道：「堂堂大元，奸佞當權，開河變鈔

136 何喬遠：《名山藏・天因記》。

137 《庚申外史》卷上；《明史・韓林兒傳》；陸深：《平胡錄》；高岱：《鴻猷錄・宋事始末》；錢謙益：《國初羣雄事略》卷一，小明王。

138 陸深：《豫章漫鈔》。

139 《輟耕錄》卷二十八；《國初羣雄事略》卷一，小明王。

禍根源，惹紅巾萬千。官法濫，刑法重，黎民怨。人吃人，鈔買鈔，何曾見？賊做官，官做賊，混賢愚，哀哉可憐！」[140]另一首流傳的歌謠：「天遣魔軍殺不平（不公平人），不平人（不公平人）殺不平人（被壓迫人），不平人（被壓迫人）殺不平者（不公平人），殺盡不平（不公平人）方太平。」

　　朱元璋在寺裏接連不斷得到外邊的消息：前些日子佔了襄陽，元兵死了多少；某日又佔了南康，元兵不戰而逃；芝麻李、趙社長八個人打扮成挑河夫，一晚上佔了徐州。[141]說的人津津有味，聽的人心花怒放，紅軍檄文指斥元朝罪狀，最精彩的話是「貧極江南，富誇塞北」[142]。想着可不是種莊稼的收了糧卻吃草根樹皮，甚麼好東西，財帛糧食，珍寶財富，括空了運到北邊，這兩句真把幾十年來大夥兒心裏悶着的話全給說明白了。又聽說徐壽輝已在蘄水建都，作了皇帝，國號天完，年號治平，拜鄒普勝作太師，彭和尚、項奴兒帶的一支軍隊已進了江西。元兵到處打敗仗，好容易調了六千綠睛回回阿速軍和幾支漢軍來進攻潁上紅軍，阿速軍素號精悍，擅長騎射，只是紀律不好，到處剽掠。幾個將軍喝酒玩女人，昏頭昏腦，剛上陣，望見紅軍陣勢大，主將就揚鞭連叫「阿卜！阿卜！阿卜！」阿卜是走的意思，立刻全軍退卻，一敗塗地。淮東西人當作笑話，無人不曉。[143]又聽說脫脫調其弟御

140《輟耕錄》卷二十三。
141《庚申外史》卷上。
142《草木子‧克謹篇》。
143《庚申外史》卷上。

史大夫也先帖木兒為知樞密院事，統三十萬大軍收復汝寧，一支前鋒部隊幾萬人屯在汝寧沙河岸，將軍們白天黑夜沉溺酒色，都醉倒了，紅軍偷營，元軍大敗，大將也不見了，第二天在死人堆裏找到屍首，一退兵就是幾百里。[144] 也先帖木兒親自統軍，才到汝寧城下，尚未交鋒，便躍馬後退，地方官急了，挽住馬韁不放，也先帖木兒也急了，拔刀便砍，叫道：「我的不是性命！」飛馬先逃，三十萬大軍跟着潰散，軍資器械，盡數丟光。也先帖木兒只剩下萬把人，回到大都，仗着哥哥是丞相，依然做御史大夫。[145] 蒙古、色目、漢軍都不能打，一上陣就垮，真正和紅軍作戰的是各地官吏地主募集的義兵和民兵，官吏怕被紅軍殺害，地主要保家產，怕農民報復，出大價錢僱了城鄉遊民和鹽丁，拼死頑抗，到底力量少，抗不住。義兵、民兵為了和紅軍區別，穿戴朝廷規定的服裝，青衣帽的叫青軍。[146] 到十二年二月底，又聽說濠州也給紅軍佔了，頭目是郭子興、孫德崖、張天祐幾個人。

郭子興是定遠縣（今安徽）有名的土豪，原是曹州（今山東曹縣）人。他父親到定遠賣卦相命，有一家地主的瞎女兒，嫁不出去，他父親娶了，得了一份財產，生下三個兒子，子興是老二。兄弟幾個都會盤算生理，買田地，立字號，賤時買進，貴時賣出，一二十年間居然盤剝成地方上的中等地主了。只是一件事懊惱，門戶低微，靠不上大官府，三天兩頭

144《庚申外史》卷上。
145《草木子・克謹篇》。
146《元史》卷四十《順帝本紀》：「至元五年十月壬辰，許男子裏青巾。」

受地方官作踐，地方上派捐款，出民兵錢，供糧秣，總是頭一戶，連馬快弓手也成日上門要油水。氣憤不過，入了彌勒教，交結賓客，接納壯士，焚香密會，盤算有朝一日，要出這口氣。紅軍起義以後，鍾離、定遠的農民，背上鋤頭鎬鈀，一開始就會合起幾萬人，地方官平時只會要錢，這時毫無辦法，裝不知道，惹不起，也犯不着多事。二月二十七日郭子興帶了幾千人趁黑夜，裏應外合，偷入濠州，半夜裏一聲號炮，闖入州衙，殺了州官，在先有過杜遵道的號令，五個頭目都稱濠州節制元帥。[147] 元將徹里不花遠遠隔濠州城南三十里紮住營，怕紅軍厲害，不敢攻城，派兵到各村莊騷擾，捉了壯丁，包上紅布，算是俘虜，向上官報功請賞。老百姓給害苦了，呼親喚舊，魚貫入城，濠州聲勢越發壯大。

　　朱元璋盤算了又盤算，雖然相信彭瑩玉的話，韃子一定得趕走，漢人、南人一定要翻身，眼前就是翻身的時候了。只有一條路——投奔濠州。但是，這些日子又聽人說起城裏五個元帥，各作主張，甚不和睦，去不得。留在寺裏呢，遲早給官軍捆去請賞號，留不得。想了又想，決斷不下。[148]

　　一天，有人從濠州捎來一封信，是舊日兄弟寫的，催他快來入伍。背着人讀了，越發一肚皮心事。在大殿上踱過來，踱過去，以口問心，以心問口，反復計較。猛然省悟，把信就長明燈燒了，還是下不了決心。過了幾天，同房的師兄偷

---

147 《國初羣雄事略》卷二，滁陽王。
148 沈節甫：《紀錄匯編》卷五，明太祖：《御製紀夢》。

偷告訴他，前日那信有人知道了，要向官軍告發，催他快走。
元璋急得無法，到村子裏找着湯和，討一個主意。湯和推敲
了大半天，說不出道理，勸向菩薩討一個卦。元璋心頭忐忑
不定，慢慢踱回寺裏，還不到山門，就嗅到一股煙焰氣味，
大吃一驚，飛奔進去，只見東一堆瓦石，西一堆冒煙的木料，
大殿只剩下半邊，僧房齋堂全燒光了，只剩伽藍殿，隔着一
片空地還完整。滿院子馬糞，破衲衣，爛傢具，僧眾星散，
不知去向。冷清清只剩下幾尊搬不動、燒不爛的銅菩薩。原
來官軍以為僧寺裏供着彌勒佛，紅軍唸彌勒佛號，怕和尚替
紅軍作間諜，把附近的寺廟都搶光燒光了，這一天輪到皇覺
寺。元璋呆了一陣，知道寺裏再也停留不得了，下定決心到
紅軍隊伍裏去。向伽藍神磕了頭，討了卦。[149] 二十六年後他
寫《皇陵碑》回憶這時候的心情道：

> 住（皇覺寺）方三載，而又雄者跳梁。初起汝、潁，
> 次及鳳陽之南廂。未幾陷城，深高城隍，拒守不去，號令
> 彰彰。友人寄書，云及趨降，既憂且懼，無可籌詳。旁有
> 覺者，將欲聲揚。當此之際，逼迫而無已，試與知者相
> 商，乃告之曰，果束手以待罪，亦奮臂而相戕？知者為此
> 畫計，且默禱以陰相，如其言往卜去守之何祥，神乃陰陰
> 乎有警，其氣鬱鬱乎洋洋。卜逃卜守則不吉，將就兇而
> 不妨。[150]

149《紀錄匯編》卷十一，《皇朝本紀》。
150《御製紀夢》；《明太祖實錄》卷一；《皇朝本紀》。

　　友人寄信要他參加紅軍，可見他和紅軍是有經常聯繫的，既憂且懼的心情也是真實的，決心是下定了，卜卦只是加強了決心。但是，他在《皇陵碑》中卻把自己的決心完全歸功於神的啟示，表明他的行動是受命於天的，弄神弄鬼，故作玄虛，這一敍述和他一生利用佛道兩教的政治作用是一致的。

　　第二天，他離開皇覺寺，參加紅軍去了。

　　這一年，朱元璋二十五歲。

第二章
紅軍大帥

一、十夫長

　　至正十二年閏三月初一，元璋到了濠州城下。這時元軍仍然包圍濠州，雖不來攻城，紅軍還是不敢大意，城牆上佈滿守兵，堆滿了擂石石灰，弓滿弦，刀出鞘，巡邏哨探的川流不息。城門的守兵擋住一個穿得極破爛的和尚，盤問根腳，他只說要見郭元帥，更無別話，不由得引起了疑心，以為是元軍的奸細，三言兩語鬧翻了，把和尚一索子捆了，派人報告郭元帥，請令旗行刑。郭子興一想很怪，若是奸細，怎能這般從容？許是來投順的好漢，不要枉殺了好人。騎一匹快馬趕到城門口，遠遠看見二三十個兵圍着，人頭攢動，指手畫腳在罵着呢。連忙喝退眾兵，只見一個個子高大，長得怪頭怪腦的醜和尚，五花大綁，捆在拴馬椿上。衣服雖然襤褸，露出的肌肉卻很結實，眼睛裏充滿着火氣，神色鎮定，毫不害怕。子興心裏已有點喜歡，下馬問明底細，知是孤莊

村來的，入過教，喊人鬆開綁，收為步卒。[1]

元璋入了伍，參見了隊長，逐日跟弟兄們上操，練習武藝。他體格好，記性強，才十幾天功夫已是隊裏頂尖頂上的腳色。幾次出城哨探，計謀多，有決斷，態度沉着，臨機應變，同隊的都聽調度。每次出去，總是立了功，不損傷一人一卒。喜歡得連隊長也遇事和他商量，自然滿口應承。

不知不覺過了兩個多月。一日郭元帥帶着親兵出來巡查，經過元璋的營房，全隊排成一字向主帥行禮，元璋身材高大，排在隊頭。子興見了，記起那天的事，喚隊長問這投效的心地和能耐如何。隊長滿口稱讚，誇是千中選一的人才，子興大喜，就吩咐升元璋作親兵十夫長，調回帥府當差。

元璋作事小心勤謹，又敢作敢為。得了命令，執行很快，辦理得好。打仗時身先士卒，得到戰利品，不管是銀子，是衣服，是牲口糧食，掃數獻給元帥。得了賞賜，又推說功勞是大夥兒的，公公平平分給同出去的戰友。說話不多，句句有斤兩。又認得一些字，隊伍上一有文墨的事情，元帥的命令，杜遵道、劉福通的文告，以至戰友們的書信，夥伴們都找他解說。幾個月後，不但在軍中有了好名聲：勇敢、能幹、大方、有見識、講義氣、人緣好，甚至郭元帥也當他作心腹人，逐漸和他商量事情，言聽計從了。

郭元帥的第二夫人張氏，撫養了一個孤女，原是子興的

1　《皇陵碑》；《御製紀夢》；張來儀撰：《滁陽王廟碑》；《明太祖實錄》卷一；《天潢玉牒》。

老友馬公托付的。馬公是宿州人，子興起兵時，馬公回宿州，
圖謀起兵響應，不料回去不多久就死了。子興十分感念，看
待孤女甚好。子興愛重元璋，要他出死力，和張夫人商量要
招贅作上門女婿。張夫人也聽說元璋才能出眾，子興脾氣不
好，和四個元帥都合不來，得有個細心能幹的身邊體己人幫
着些，一力攛掇，擇日替兩口子成婚。元璋平白地作了元帥
嬌客，前程有了靠山，更何況是元帥主婚。

　　從此軍中就改稱元璋為朱公子，有了身份了，起一個官
名叫元璋，字國瑞。[2]

　　孫德崖一夥四個元帥，都是農民出身，性情直爽，有甚
麼說甚麼。除了種莊稼以外，別的事情懂得少，也說不上
來。郭子興家是地主，他嫌孫德崖一夥人粗里粗氣，說話做
事沒板眼，沒個體統，雖然名位都在子興之上，卻看不上眼，
相處久了，益發嫌惡。兩下裏面和心不和，議事時孫德崖四
個人一個見識，子興另外一個看法，還經常說些帶刺的話傷
人，使人受不了。孫德崖四人也不高興，索性遇事都先商量
好了。每次議事，孫德崖四人按時來，子興總是遲到，談不
攏時，子興發怒走開，四人就把事辦了。子興越發不耐煩，
有時幾天才公會一次，子興一來，四個人都瞪着眼睛看他。
子興覺着不對頭，心裏不安，也想不出主意，索性閒住在家，
不管事了。五個元帥誰也管不了誰，誰也不服誰，各自發號
施令，佔了濠州大半年了，除了向四鄉要糧秣牲口，竟不能

2　《明太祖實錄》卷一；談遷：《國榷》。

出濠州一步。子興知道四帥合在一起對付他，和元璋商量，元璋勸他打起精神，照常和四帥公會，商量辦事，假如自己不管事，卻怪不得別人管事。事情搞壞了，大家吃苦頭。子興聽了，第二天就出去公會，過不了三幾天，又鬧決裂了。兩邊的感情越搞越壞，都怕對方下毒手，互相猜忌提防。元璋勸不動子興，背地裏向孫德崖賠小心，說好話，着意聯絡，以免真個決裂。[3]

九月間元丞相脫脫統番漢兵數十萬攻徐州，招募當地鹽丁和趫勇健兒三萬人，穿黃衣，戴黃帽，號為黃軍，令作先鋒，用巨石作炮，晝夜猛攻，城破，下令屠城，見人便殺，見屋便燒，芝麻李落荒逃出，被元兵逮住殺了。[4]彭大、趙均用率領殘兵投奔濠州，脫脫命賈魯領兵追擊。[5]彭大、趙均用的兵勢大，到了濠州以後，濠州五帥都受節制。彭大勇悍有膽略，有智數，敢作敢為，和郭子興相處得很好，趙均用出身社長，孫德崖一夥都向着他，兩邊明爭暗鬥，都不服氣。孫德崖拿話來挑撥趙均用，說郭子興眼皮淺，只認得彭將軍，百般趨奉，對將軍卻白眼看待，瞧不起人。趙均用大怒，孫德崖即時帶領親兵，徑來火併，在大街上冷不防把子興俘虜了，鎖閉在冷屋裏。這時朱元璋正好出差在外，得信奔回，郭家大小正在忙亂。他估計這一樁禍事准是因為郭子興厚彭薄趙，禍頭是趙社長，要解這個結，非彭大出頭不可。

3　《明太祖實錄》卷一；《皇朝本紀》。

4　《庚申外史》；《元史》，《脫脫傳》、《也速傳》。

5　《明太祖實錄》卷一。

第二天陪着小張夫人和子興二子天敍、天爵，一徑到彭大處央告。彭大聽了，勃然大怒說：他們太胡鬧了，有我在，誰敢害你元帥。立刻喊左右點兵，元璋也全身盔甲，帶軍團團圍住孫家，掀開屋瓦，救出子興。只見子興項帶木枷，腳帶鐵靠，渾身打得稀爛。當下打開枷靠，背回私宅將息。趙均用知道彭大出頭，怕傷了和氣，只好隱忍着了事。[6]

　　賈魯進圍濠州，大敵當頭，紅軍的頭領們才着了慌，暫時放下嫌怨，一心一意堅守城池。從這年冬天一直到第二年春天，整整被圍了七個月，幸得城高濠深，糧食充足；元軍不明城中虛實，以為只要斷絕糧道救兵，自然困死，不用損折兵將，便可取勝，因此沒有出事。一日元將賈魯病死，元軍圍疲了，軍無鬥志，主將一死，便解圍他去。濠州方面，雖然鬆了一口氣，也折損了不少人馬，吃了大虧。

　　元璋奉命領兵攻五河，取定遠，在元兵合圍以前，又出兵攻懷遠、安豐，招收壯丁。合圍以後，又領奇兵突圍出來，攻克含山縣，靈璧縣和虹縣。

　　元兵他去，彭大、趙均用興高采烈，彭大自稱魯淮王，趙均用自稱永義王，郭子興和孫德崖等五人仍然是元帥。[7]

6　《皇朝本紀》；《明太祖實錄》卷一。
7　《元史·賈魯傳》；《國初羣雄事略》卷二，滁陽王。

二、小軍官

　　濠州缺糧，兵力也缺。元璋想法子弄了幾引鹽，到懷遠賣了，換了幾十石糧食，獻給子興。[8] 回到鍾離，豎起招兵大旗，少年夥伴和鄉里徐達、湯和、周德興、郭興、郭英、張龍、張赫、張興、陳德、王志、唐勝宗、費聚、唐鐸、陸仲亨、鄭遇春、曹震、張翼、陳桓、孫恪、謝成、李新、何福，以及耿君用、炳文父子，李夢庚、單安仁、郁新、郭景祥、胡泉、詹永、顧時等人，聽說元璋作了紅軍頭目，都來投效。不過十天功夫，招募了七百人，子興大喜。至正十三年六月，升元璋作鎮撫，從此，元璋就一躍成為帶兵官了。[9] 一年後，又以軍功升作總管。[10]

　　彭、趙二王的部隊凌辱百姓，紀律不好。元璋看出毛病，把新兵交代了，稟准主將，帶領貼身夥伴徐達、湯和等二十四人，南略定遠。使個計策，招降了張家堡驢牌寨三千民兵，向東夜襲橫澗山元知院老張，收降民兵男女七萬口，挑選得二萬壯士，成為浩浩蕩蕩一支大隊伍，用元璋自己的話來形容，真是：「赤幟蔽野而盈崗。」[11]

　　元璋得了這支生力軍，立刻重新編制，加緊訓練。他最看重紀律，在檢閱新軍時，特別指出這一點，懇切地訓誡將

8　《皇明本紀》。

9　《御製紀夢》；《明太祖實錄》卷一；光緒《鳳陽縣志》。

10　《國初羣雄事略》卷二，引俞本：《紀事錄》。

11　《紀夢》；《御製閱江樓記》；《皇明本紀》；《御製皇陵碑》。

士說：「你們原來是很大的部隊，可是毫不費事就到我這邊來了。原因在哪裏呢？一是將官沒有紀律，二是士卒缺乏訓練。現在我們必須建立嚴格的紀律，做到嚴格的訓練，才能建功立業，大家有好處。」三軍聽了，無不喜歡。[12]

定遠人馮國用、國勝（後改名勝，又名宗異）兩兄弟，有幾百畝田地，幾十家佃戶，喜歡讀書，通兵法，國勝雄勇多智略。紅軍兵起，兩兄弟團結地方上的地主鄉民，結寨自保。力量小，怕被大隊伍吃掉。聽說元璋軍隊紀律好，帶領部隊來投效，甚見親信。元璋問以攻戰方向，國用以為建康（元集慶路，今南京）形勢險要，書上有「龍蟠虎踞」的話，是歷代帝王建都的地方。先取作根據地，以後逐步發展，擴充地盤。不貪子女玉帛，多做好事，取得人民的支持，建功立業不是難事。元璋大喜，派作幕府參謀。[13]

在南下攻滁州（今安徽滁縣）的路上，定遠人李善長到軍門求見。善長是地方上有名人物，讀書有智謀，善於料事，治法家學問，和元璋談得很投機。元璋問四方兵起，甚麼時候才能太平？善長勸他學漢高祖，以為漢高祖是平民出身的，氣量大，看得遠，也看得寬。會用人，不亂殺人，五年功夫，便平定了天下。元朝不得人心，已到土崩瓦解地步，濠州和沛相去不遠，如能學習這位同鄉，天下太平也就快了。元璋連聲叫好，留下掌書記，囑咐他：「如今羣雄四起，

12　《明太祖實錄》卷一。

13　《明史》卷一二九，《馮勝傳》。

天下糜爛，仗要打好，要緊的是要有好參謀人員。我看羣雄
中管文書和作參謀的幕僚，總說左右將士的壞話，將士施展
不了才能，自然非失敗不可。將士垮了，去了羽翼，主帥勢
單力孤，也非滅亡不可。你要作一個橋樑，調和和幫助將士，
不要學他們的壞樣。」從這時候起，元璋心目中時時有個老
百姓出身作皇帝的同鄉在，說話，辦事，打仗，事事都刻心
刻意地學習。[14] 善長也一心一意作調和工作，溝通將士和主
帥、幕僚，以及將士間的意見。提拔有能力和有功的，使大
家都能人盡其才，安心做事。[15]

　　滁州守軍力量單弱，元璋的前鋒黑將軍花雲單騎衝破敵
陣，戰鼓打得震天價響，大軍跟着進攻，把滁州佔了。元璋
親侄文正，姐夫李貞帶着外甥保兒（後起名文忠）得到消息，
奔來投靠。才知道二哥三哥都已去世了，大家哭了一場。又
傷心又歡喜，傷心的是一大家人只剩了這幾口，歡喜的是這
樣亂世，還能團聚：「一時會聚如再生，牽衣訴昔以難當。」[16]
定遠人沐英，父母都已死去，孤苦可憐。元璋把三個孩子都
收養作義子，改姓為朱。原來收養義子是當時流行的風氣，
帶兵的將領要培養心腹幹部人才，收養俊秀勇猛的青年在身
邊，不但打仗時肯拼死命，在要緊關頭，還用來監視諸將。
沐英在軍中稱為周舍，又叫沐舍，舍是舍人的簡稱（文武官
員的兒子叫舍人）。元璋義子除文正、文忠、沐英以外，還

14　《明太祖實錄》卷一；《明史》卷一三五，《孔克仁傳》。

15　《明史》卷一二七，《李善長傳》。

16　《御製皇陵碑》；《明太祖實錄》卷一；《明史》卷一二六，《李文忠傳》。

有二十幾個，後來所佔城池，專用義子作監軍和將官同守：
如得鎮江用周舍，得宣州用道舍，得徽州用王駙馬，得嚴州
用保兒，得婺州用馬兒，得處州用柴舍、真童，得衢州用金
剛奴、也先。此外還有買驢、潑兒、老兒、朱文遜等人。柴
舍即朱文剛，在處州死難；道舍即何文輝，馬兒即徐司馬，
保兒即平安，朱文遜小名失傳，在太平陣亡。王駙馬、真童、
金剛奴、也先、買驢、潑兒、老兒，復姓後的姓名都失傳
了。[17] 至正十八年胡大海、李文忠佔領嚴州後，兩人意見不
和，元璋派帳前都指揮使司首領郭彥仁告誡李文忠說：「保指
揮我之親男，胡大海我之心腹，前者曾聞二人不和。且保指
揮我親身也，胡院判（大海官銜行樞密院判官的簡稱）即我
心腹也，身包其心，心得其安，心若定，身自然而定。汝必
於我男處丁寧說知，將胡院判以真心待之，節制以守之，使
我之所圖易成。」李文忠代表元璋監視大將胡大海，並有節
制之權，這一個例子說明了義子的作用，也說明了元璋馭將
的策略。[18]

　　除用義子監軍以外，另一辦法是規定將士家眷必須留在
後方居住。這法子在剛渡江時便實行了。元璋統兵取集慶，
馬夫人和諸將家屬留在和州（今安徽和縣）。[19] 取集慶後，定

17　《國初事跡》；孫宜：《洞庭集》，《大明初略》三；王世貞：《弇山堂別集・詔
　　令雜考》；《明史》，卷一二六《沐英傳》，一三四《何文輝傳》，一四四《平
　　安傳》。

18　《國初事跡》。

19　《明史》，《高皇后傳》，卷一二五《常遇春傳》，卷一三〇《康茂才傳》；宋濂：
　　《宋文憲公集》卷四，《開平王神道碑銘)》、《蘄國武義康公神道碑銘》。

下制度：「與我取城子的總兵官，妻子俱要在京住坐，不許搬取出外。」「將官正妻留於京城居住，聽於外處娶妾。」這樣，將官顧慮妻子安全，自然不敢投敵以至反叛，平時徵調差遣，也方便得多了。

此外，還提防將官和讀書人勾結，規定「所克城池，令將官守之，勿令儒者在左右議論古今。止設一吏，管辦文書，有差失，罪獨坐吏」。凡是元朝官吏和儒士，都要由朝廷選用，逃者處死，不許將官擅用。[20]

當元璋進攻滁州時，彭大、趙均用率領濠州紅軍主力，攻下了盱眙、泗州。兩人為郭子興的事結下怨恨，竟鬧決裂了。均用和孫德崖四帥合成一氣，彭大孤立，手下得力的人也逐漸被均用收買過去，氣悶不過，發病死了。兒子早住接着也稱魯淮王，均用沒把他看在眼裏，倒也相安無事。郭子興原來倚仗彭大作靠山，彭大一死，孫德崖幾次尋題目要害子興，礙着元璋在滁州有幾萬部隊，不好下手，攛掇均用下令牌調元璋來守盱眙，一箭雙雕，一窩子收拾掉。元璋明白這道理，委婉地推辭，說是元軍要來進攻，部隊移動不得。又使錢買通王府的人勸均用不要聽小人挑撥，自剪羽翼。萬一火併了，他部下不服，也不得安穩。均用無可如何，說話的人又勸好好地看待子興，讓他出氣力佔地方，保疆土。成天有人替說好話，均用信了，竟放子興帶本部人馬到滁州。元璋把兵權交出，三萬多兵強馬壯的隊伍，旗幟鮮明，軍容

20　《國初事跡》；《洞庭集》。

整肅，子興大喜。[21]

　　至正十四年十一月，元丞相脫脫統兵大敗張士誠於高
郵，分兵圍六合。

　　張士誠原名九四，淮南泰州（今江蘇泰縣）白駒場人。泰
州在海邊，居民都靠曬鹽過活，苦於官役過重，過日子艱難，
怨恨官府。士誠充鹽場綱司牙儈，有膂力，會武藝，從小潑
皮講義氣，和兄弟士義、士德、士信一家子都靠運官鹽販私
鹽過舒服日子，販私鹽利大，士誠輕財好周濟窮困，很得人
心，私鹽販子推他作頭目。當地地主揀便宜買私鹽，又欺侮
他們，有時賴賬不給錢，也告不得狀。弓兵丘義專和私販作
對，受了士誠的賄賂，還不時尋事，三天兩頭攔截鹽船。士
誠氣憤不過，趁各處兵起，帶着兄弟和李伯昇、潘原明、呂
珍等十八壯士，殺了丘義和仇家地主們，一把火燒了房子。
事情鬧大了，索性招兵買馬，鹽丁都來跟從，攻下泰州高郵，
佔了三十六鹽場，自稱誠王，國號大周，改年號為天祐。這
是至正十四年正月間的事。[22]

　　元兵圍六合，六合守將到郭子興處求救。六合在滁州東
面，是滁州屏障。要保滁州，就非守住六合不可。郭子興和
六合守將有嫌怨，不肯出兵，元璋費盡脣舌才說服了。元兵
號稱百萬，諸將不敢去，推托求神不吉。子興派元璋領兵出
救。元兵排山倒海似來攻，城防工事全被摧毀，拼死抵住，

21　《明太祖實錄》卷一；《國初羣雄事略》卷二，滁陽王；錢謙益：《太祖實錄辨
　　　證》一。
22　《輟耕錄》卷二十九；《國初羣雄事略》卷七；《明史》卷一二三，《張士誠傳》。

趕修了堡壘，又給打平了。眼看守不住，只好把老弱婦孺掩
護撤退到滁州。元璋在中途埋伏，令耿再成假裝敗陣逃走，
元兵追擊遇伏，滁州守軍鼓噪迎擊，元兵大敗，元璋得了好
多馬匹。卻顧慮到孤城無援，恐元兵增兵圍困，忍氣打點牛
酒，派地方父老把馬匹送還，只說全是良民，團結守護，是
為了防禦寇盜，情願供給大軍軍需給養，請併力去打高郵，
饒了老百姓吧。元兵打了敗仗，丟失馬匹，正沒主張，怕受
上官責備。一見來人說好話求情，馬也送回來了，正好下場，
就引兵他去，滁州算是保全了。[23]

元兵一退，郭子興喜歡極了，打算在滁州稱王。元璋勸
說：滁州山城，不通船隻商賈，沒有險要可守。一稱王目標
大了，元兵再來怕保不住，子興才放棄了作王爺的念頭。[24]

脫脫大軍用全力攻高郵，外城已被攻破，城中支持不
住，想投降又怕不肯赦罪，正在兩難，張士誠急得唉聲歎氣，
準備突圍下海。突然間元順帝頒下詔旨，責備脫脫，說他：
「往年征徐州，僅復一城，不久又丟掉了。這回再當統帥，
勞師費財，過了三個月，還無功效。可削去兵權，安置淮安
路。弟御史大夫也先帖木兒安置寧夏路。如膽敢抗拒，即時
處死。」宣讀後全軍忿恨大哭，一時四散，大部分投入紅軍，
紅軍越發強大。張士誠趁機出擊，不但轉危為安，而且從此
基礎鞏固，地盤日漸擴大。

23　《明太祖實錄》卷一；《皇朝本紀》。
24　《明太祖實錄》卷一。

脫脫交出兵權，被押解西行，鴆死於吐蕃境上。[25]

這一變化，是元朝統治階級內部矛盾尖銳化的必然結果。脫脫是元朝貴族世臣，有能力，有辦法，元順帝極為信任，付以軍政大權。從徐州平定後，順帝以為天下太平了，該好好享樂。寵臣哈麻背着人引進會房中運氣之術的西天僧，能使人身之氣，或消或脹，或伸或縮，號演撲兒法，也叫秘密佛法，多修法。順帝大喜，封西天僧為司徒，大元國師。國師又薦了十個皇親貴族會這佛法的，叫作十倚納，內中有叫老的沙是順帝的母舅。君臣共被，互易妻室，男女裸處，名為「些郎兀該」，華言「事事無疑」。上都穆清閣修成，連延幾百間房子，千門萬戶，朝朝宴會，夜夜笙歌，君臣都玩昏了。哈麻的母親是寧宗乳母，出身宮廷禁衛，深得順帝寵愛，依附脫脫兄弟，作了中書右丞，有地位了，和脫脫的親信鬧意見，被調官為宣政院使，位居第三。哈麻恨極，向奇皇后和皇太子愛猷識里達臘挑撥，說立皇太子後好久沒有行冊命和告廟之禮，都是脫脫兄弟在阻撓。脫脫出師在外，失去宮廷的支持，被貶毒死，哈麻代為丞相。

脫脫使計謀排斥伯父伯顏，取得相位，在對待漢、南人的政策上，卻和伯顏一致。當紅軍初起時凡議軍事，不許漢、南人參預。有一天脫脫進宮報告軍事，中書官（中書省的屬官，機要秘書一類的官職）兩人照例隨後跟着，因為這兩人是漢人，脫脫忙叫禁衛喝住，不許入內。又上奏本說，如今

25　《元史》卷一百三十八《脫脫傳》；《國初羣雄事略》卷七，周張士誠。

河南漢人反，該出佈告，一概剿捕漢人；諸蒙古、色目犯罪
貶謫在外的，都召回來，免得吃漢人殺害。這榜文一出，不
但河南，連河北的漢人也不能不參加紅軍了，紅軍聲勢因之
日益浩大。[26]

脫脫死後，順帝越發無所忌憚，為所欲為。這時東南產
米區常州、平江、湖州（浙江吳興）一帶都被張士誠佔領，
浙東沿海地區被方國珍佔領，往北運河沿線被紅軍控制，陸
運和內河運輸線全被切斷了。另一糧食補給區湖廣（湖南北）
也早已失去。南方的糧食不能北運，大都過百萬軍民立刻缺
糧鬧飢荒，加上中原連年鬧蝗災、旱災、兵災，老百姓餓極
吃蝗蟲，大都軍民連蝗蟲也吃不上，餓死的每天成千上萬，
又鬧瘟疫，慘到人吃人。[27] 在這樣境況中，元順帝毫不在意，
卻在內苑造龍舟，親自打圖樣，龍舟長一百二十尺，寬二十
尺，前面瓦簾棚穿簾兩暖閣，後面五殿樓子龍身並殿宇，用
五彩金裝，前有兩爪。水手二十四人，身衣紫衫，金荔支帶，
於船兩旁下各執篙一。從後宮到前宮山下海子內往來遊戲，
駛動時龍的頭眼口尾都跟着動，內有機括。龍爪自會撥水。
順帝每登龍舟，用彩女盛妝，兩岸牽挽。[28] 又自製宮漏，約高
六七尺，寬三四尺，造木為櫃，陰藏諸壺其中，運水上下。
櫃上設西方三聖殿，櫃腰立玉女捧時刻籌，到時候自然浮水
而上。左右站兩金甲神，一懸鐘，一懸鉦，到夜裏金甲神會

26　《庚申外史》上；《元史・脫脫傳》；《元史》卷二〇五，《哈麻傳》。

27　《草木子》三，《克謹篇》。

28　《庚申外史》下；《元史》卷四十三，《順帝本紀》。

按時敲打，不差分毫。當鐘鉦打響時，兩旁的獅子鳳凰會飛舞應和。櫃的東西面有日月宮，飛仙六人立宮前，到子午時飛仙排隊渡仙橋到三聖殿，又退回原處，精巧準確，的確是空前的科學製品。[29] 又喜歡搞建築，自畫屋樣。愛造宮殿模型，高尺余，棟樑楹檻，樣樣具備，匠人按式仿造，京師人叫作魯班天子。內侍們想得新殿的金珠裝飾，一造好就批評不夠漂亮，比某家的不如，馬上拆毀重造，內侍們都發了財。[30] 他愛好機械製造，愛好建築藝術，愛好音樂歌舞，成天搞這樣，修那樣，政事懶得管；成天游船飲宴，打仗的事也不在意了。老百姓成批餓死，更是漠不關心。還想出新鮮玩意，以宮女十六人按舞，名為十六天魔，新奇打扮，頭垂髮數辮，戴象牙佛冠，身被纓絡，着大紅銷金長短裙、金雜襖、雲肩、合袖天衣，綬帶鞋襪，唱金字經，舞雁兒舞，各執「加巴剌般」之器，內一人執鈴杵奏樂。又宮女十一人，練槌髻，勒帕，常服，或用唐帽、窄衫，所奏樂用龍笛、頭管、小鼓、箏、篥、琵琶、胡琴、響板，遇宮中贊佛，按舞奏樂。宮官除受秘密戒的以外不得參預。[31] 照舊例五天一移宮，還覺得不夠暢快，在宮中掘地道，隨時往來。和十倚納一起，以晝作夜，行大喜樂法，跟天魔舞女混成一團。國庫的存糧全運到女寵家裏，百官俸祿只好折支一點茶紙雜物。宮廷裏充滿

---

29 《元史》卷四十二，《順帝本紀》。
30 《庚申外史》下。
31 《庚申外史》下；《元史》卷四十三，《順帝本紀》。

了腐臭淫亂的生活，裝點出一片繁麗升平的氣象。[32]

滁州在戰亂後，突然增加幾萬大軍，糧食不夠吃，軍心不安。元璋建議南取和州（今安徽和縣）移兵就食。虹縣人胡大海長身鐵面，智力過人，帶全家來歸附。至正十五年正月，子興得到佔領和州的捷報，派元璋作總兵官鎮守。

元璋在子興諸將中，名位不高，年紀又輕，奉命總兵，怕諸將不服。尋思了半天，想出主意。叫人撤去大廳上主將的公座，只擺一排木凳子。次日五鼓，諸將先到，當時座位高低按蒙古習慣以右首為尊，元璋故意後到，一看只留下左末一席，不作聲就坐下了。到談論公事時，諸將只會衝鋒陷陣，要判斷敵情，決定大事，卻說不出話，面面相覷。元璋隨事提出辦法，合情合理，有分寸，有決斷，諸將才稍稍心服，末後議定分工修理城池，各人認定地段丈尺，限三天完工。到期會同諸將查驗工程，只有元璋派定的一段作完，其餘的全未修好。元璋沉下臉，擺公座朝南坐下，拿出子興檄文，對諸將說：「奉主帥令總兵，責任重大。修城要事，原先各人認定，竟不齊心，如何能辦好事！從今說明白，再有不遵軍令的就要執行軍法，可顧不得情分了。」一來確是子興的令牌，元璋是和州的主將，違拗不得；二來諸將誤了軍機，理虧，作聲不得。大家只好謝罪求饒。儘管如此，諸將還仗着是子興老部下，面子上認輸，心裏仍然不服氣。只有湯和小心謹慎，最聽話守紀律，作出一個榜樣，李善長左右

32　《庚中外史》下。

溝通，盡心調護，元璋的地位才算鞏固下來。這樣，元璋又從總管升成總兵官，從帶領幾千人的小軍官成為鎮守一方的大將了。[33]

一天，元璋出外，有一小兒在門外啼哭，元璋問為甚麼，說是等他父親。問父在何處，說在官養馬。母親呢？也在官人處，和父親不敢相認，但以兄妹相呼。他不敢進去，只好在門外等着。原來紅軍數量發展大了，民兵、義兵和地主私軍都摻雜進來，攻破城池，亂殺人，還俘虜丁壯，鬧得老百姓妻離子散，家破人亡。元璋覺得這樣作法不行，召集諸將，申明約束：「大軍從滁州來此，人皆隻身，並無妻小。入城後亂搞一起，虜人妻女，使老百姓夫婦離散。軍隊沒有紀律，怎麼能夠安定地方。以後取城子，凡有所得婦人女子，惟無夫未嫁者許之，有夫婦人不許擅有。」第二天召喚闔城男子、婦女在衙前集會，讓男子分列門外大街兩旁，婦女從門內一個接一個走出，下令是夫婦即相認，一時夫妻父子紛紛相認，鬧哄哄擠成一團。有哭的，有笑的，有先哭後笑的，也有又哭又笑的，一霎時有多少家庭團圓，也有多少孤兒寡婦在啜泣。原來慘慘淒淒路上無人行，商賈罷業的景象，登時改變，和州城稍稍有了生氣，不光是一個有駐軍的城子，也是一個有人民的城子了。[34]

孫德崖因濠州缺糧，一徑率領部隊到和州就食。將領

33　《明太祖實錄》卷二。

34　《明太祖實錄》卷二；《皇朝本紀》。

兵士攜妻挈子，不由分說，佔住和州四鄉民家。德崖帶了親兵，進駐州衙，元璋無法阻攔，正在叫苦。郭子興得了消息，也從滁州趕來，兩個死對頭擠在一處，多時積聚的怨恨集中爆發了。

　　子興性情暴躁，耳朵軟，容易聽人閒話，開頭有人說元璋多取婦女，強要三軍財物，已是冒火。又聽說孫德崖和元璋合伙去了，越發怒氣沖天，也不預先通知，黑夜裏突然來到。一進門，子興滿面怒容，好半晌不說話。元璋跪在下面。突然子興問是誰，答說總兵朱元璋。子興大喊：「你知罪嗎？你逃得到哪裏去！」元璋放低了聲氣說：「兒女有罪，又逃得到哪裏去。家裏的事遲早好說，外面的事要緊，得趕緊辦。」子興忙問是甚麼事，元璋站起來，小聲說：「孫德崖在此地，上回的事結了深仇。目前他的人多，怕會出事，大人得當心，安排一下。」子興還將信不信，把元璋喝退，獨自喝酒解悶。

　　天還不亮，孫德崖派人來說：「你丈人來了，我得走了。」元璋知道不妙，連忙告訴郭子興，又勸孫德崖：「何必這樣匆忙呢？」德崖說：「和你丈人相處不了。」元璋看德崖的神色，似乎不打算動武，就勸兩軍在一城，提防兩下裏有小衝突，最好讓部隊先出發，元帥殿後好鎮壓，德崖答應了。元璋放心不下，出來替孫軍送行，走了十多里，正要回來，後軍傳過話來，說是城裏兩軍打起來了，死了許多人。元璋着急，忙喊隨從壯士耿炳文、吳禎靠近，飛馬奔回。孫軍抽刀攔住去路，揪住馬銜，簇擁回來，見了許多將官，都是舊友，大家七嘴八舌叫喊，以為城內火併，元璋一定知情，元璋矢口

分辯，邊說邊走，趁人不注意，勒馬就逃。孫軍的軍官幾十
人策馬追趕，槍箭齊下，僥倖衣內穿了連環甲，傷不甚重，
逃了十幾里，馬力乏了，中槍墜馬，鐵索鎖住脖子。有人就
要殺害，有人主張孫元帥現在城裏，如此時殺了朱元璋，孫
元帥也活不了，不如派人進城看明白再作道理。立時有一軍
官飛馬進城，見孫德崖正鎖着脖子，和郭子興對面喝酒呢。
郭子興聽說元璋被俘，也慌了，情願走馬換將。可是兩家都
不肯先放，末後有人想個主意，郭子興先派徐達到孫軍作抵
押，換回元璋，元璋回到城裏才放回孫德崖，孫德崖回去了，
再放回徐達。元璋被孫軍拘囚了三天，幾次險遭毒手，虧得
有熟人保護，才能平安脫身回來。[35]

　　元至正十五年（宋龍鳳元年）二月，紅軍統帥劉福通派
人在碭山（今江蘇）夾河訪得韓林兒，接到亳州，立為皇帝，
又號小明王，臣民稱為主公。建國號為宋，年號龍鳳。拆鹿
邑太清宮木材，建立宮殿。小明王尊母楊氏為皇太后，以杜
遵道、盛文郁為丞相，劉福通、羅文素為平章政事，福通弟
劉六為知樞密院事。軍旗上寫着鮮明的聯語：「虎賁三千，直
抵幽燕之地；龍飛九五，重開大宋之天。」杜遵道出身元樞
密院掾史，做了丞相，得寵擅權。劉福通不服氣，暗地裏埋
伏甲士，搠殺遵道，自為丞相，不久又改作太保，紅軍軍政
大權全在他手裏。宋剛剛建國，還未立定腳跟，內部就發生

35　《明太祖實錄》卷二；《皇朝本紀》。

衝突，自相殘殺，削弱了自己的力量。[36]

　　郭子興深恨孫德崖，逮住了正要殺害，出一口氣，為了交換元璋，只好放走。心中怏怏不快，成天憂鬱發脾氣，得了重病，三月間不治身死，葬在滁州。軍中軍務由子興子天敍、婦弟張天祐和元璋共同擔承。正擔心着主帥新死，萬一元兵來攻，孤軍無援，又怕孫德崖要來接管兵權。正好杜遵道派人來計較立帥，軍中公推張天祐到亳都面議，不久帶回杜遵道文憑，委任郭天敍為都元帥，張天祐為右副元帥，朱元璋為左副元帥，軍中文告都用龍鳳年號。[37]

三、大元帥

　　都元帥府三個元帥，依軍中階級說，郭天敍是主帥，張天祐和朱元璋是偏裨，一切軍務都應該由都元帥發號施令。但是，一來郭天敍年輕，沒有軍事經驗，出不了主意，張天祐一勇之夫，逢事無決斷；二來朱元璋不但有大批勇猛善戰的貼身夥伴，徐達、湯和等戰將，更重要的是他有自己系統的軍隊，這一支軍隊佔郭子興軍力很大的比重；第三，元璋處心積慮，要自立門戶，又有李善長、馮國用弄文墨的作幫手，越發施展得開。以此，元璋雖然坐第三把交椅，卻作得主，辦得事，儼然是事實上的主帥。

36　《輟耕錄》卷二十七；《元史》卷四十四，《順帝本紀》；陸深：《平胡錄》；《國初羣雄事略》卷一，宋小明王。

37　《皇朝本紀》；《國初羣雄事略》卷一，宋小明王。

　　虹縣人鄧愈，十六歲就跟父兄起兵。父兄都陣亡了，鄧愈帶着部隊，每戰挺身當前，先登陷陣，軍中都服其勇武。懷遠人常遇春，勇力絕人，猿臂善射，做了些時強盜，看那些首領們打家劫舍，沒出息，不成氣候，決心自找出路。兩人都來投奔，鄧愈有隊伍，作管軍總管，常遇春作前鋒。[38]

　　和州東南靠長江，城子小，屯駐的軍隊多。元兵幾次圍攻之後，又鬧糧荒了。過長江，正對面是太平（今安徽當塗）。太平南靠蕪湖，東北達集慶（今南京），東倚丹陽湖。湖周圍的丹陽鎮、高淳、溧水、宣城都是產米區。發愁的是眼看着對岸有成倉成庫的米糧，只是被長江隔斷了，浪花起伏，怒濤洶湧，沒船隻如何過得去？船少了也不濟事，總得上千條才行，一時又怎麼打造得起來？即使有了夠用的船隻了，沒有水手又怎麼駛得過去？

　　正好巢湖水軍頭目李扒頭（國勝）派部將俞通海來商量軍事。原來從潁上紅軍起義以後，巢湖周圍一帶彭瑩玉門徒金花小姐、趙普勝、李國勝紛起響應。至正十二年李扒頭據無為州，雙刀趙（普勝）據含山寨，聯結俞廷玉、通海、通源、通淵父子，廖家永安、永忠兄弟，趙仲中、庸兄弟，桑世傑，張德勝等人。金花小姐敗死，李扒頭、雙刀趙退屯巢湖，建立水砦，有千多條大小船隻，萬多人水軍，稱為彭祖家，也叫彭祖水寨。推舉李扒頭作大頭目，雙刀趙坐二把交椅。和廬州（今安徽合肥）左君弼結下怨仇，吃了好多回敗仗，勢力

38　《明史》，卷一二五《常遇春傳》，卷一二六《鄧愈傳》。

孤單，三次派人來求救兵。元璋大喜，親自到巢湖聯絡，勸以與其死守捱打，不如併力渡江。正好五月間霉雨季，一連下了二十天雨，河流都漲滿了水，毫不費事，船隻魚貫出了巢湖。雙刀趙不願和元璋合伙，半路率所部逃歸彭瑩玉，餘下大小船隻掃數到了和州。[39]

龍鳳元年六月初一，元璋率領水陸大軍乘風渡江，直達採石，常遇春跳上岸，奮戈奔向元軍，諸軍鼓勇續進，元兵驚潰，緣江堡壘，一齊歸附。紅軍將士餓了多時，一見糧食牲口，歡天喜地，搶着搬運，打算運回和州慢慢享用。元璋和徐達商量，決計乘勝直取太平。把船纜都斫斷了，推入急流，霎時間大小船隻順流東下，江面上空空片帆不見，諸軍慌亂叫苦。元璋下令，前面是太平府，子女玉帛，無所不有，打下了順意搬回家。軍士聽了，飽餐後徑奔太平城下，攻開城正要大殺大搶。元璋事先叫李善長寫了禁約：「不許擄掠，違令按軍法處置。」四處張貼，調一班執法隊沿街巡察，軍士看了詫異，都住了手。有一小兵犯令，立時斬首。太平一路的百姓頓時安定下來。又怕軍心不穩，叫當地大財主獻出些金銀財帛，分賞將士，大小三軍無不歡喜。[40]

從和州渡江是巢湖水軍的功勞，李扒頭起意要吞併元璋的部隊，在船上擺酒慶功，陰謀殺害。桑世傑背地裏告訴元璋，元璋推病不去。隔幾天，元璋設宴回請，李扒頭不防，

39 《明太祖實錄》卷二、卷十八；《皇朝本紀》；《國初羣雄事略》卷二，滁陽王；
　　高岱：《鴻猷錄‧龍飛淮甸》；《明史》卷一二三，《廖永安傳》、《俞通海傳》。
40 《皇朝本紀》。

被灌醉捆住手腳，丟在江裏。扒頭部下諸將，只好投降，元璋從此又有了水軍。[41]

太平地方儒士李習、陶安率領地方父老出城迎接紅軍，陶安建議：「如今羣雄並起，不過搶子女玉帛。將軍若能一反羣雄所為，不殺人，不擄掠，不燒房屋，東取集慶，據其形勝，出兵以臨四方，可以作一番大事業。」元璋很以為然，留在元帥府作令史。改太平路為太平府，以李習為知府。置太平興國翼元帥府，元璋作大元帥，以李善長為帥府都事，潘庭堅為帥府教授，汪廣洋為帥府令史。點鄉下老百姓作民兵，居民積蓄掃數運進城來，命諸將分守各門，修城浚濠，準備固守。[42]

元兵分兩路包圍太平：水路以大船封鎖採石，堵住紅軍的歸路，陸路由民兵元帥陳野先率軍數萬進攻，形勢急迫。元璋親自領死士拼命抵住。新討的二夫人孫氏，勸把府庫的金銀抬到城上，分給有功將士。徐達別出一軍，繞到敵人背後，前後夾擊。元軍大敗，生擒陳野先，元璋勸他投降，宰白馬烏牛，祭告天地，結為兄弟。第二天野先全軍歸降，合軍攻取集慶。

野先的妻子被留在太平作質，部下被張天祐領去攻集慶。他家是大地主，極恨紅軍，暗地裏囑咐部下，只裝做打仗的樣子，千萬別認真打，三兩日內自己脫了身，就回來打

---

41 《國初事跡》；《明太祖實錄》卷二；《明史》卷一三三，《桑世傑傳》。

42 《國初事跡》；《明太祖實錄》卷三。

紅軍。這話給元璋的心腹檢校[43]探到了，元璋心中有數，也不告訴張天祐。兵到集慶城下，元朝守將福壽力戰，張天祐的部隊只有小半人在打，大半人在看，吃了大敗仗，回來好生沒趣。

元璋索性放了陳野先，讓他帶領舊部，和郭天敍、張天祐合軍再攻集慶。野先早已和元將福壽約好，城內外表裏夾攻，邀天敍吃酒，席間殺死天敍，生擒張天祐，送給福壽即時被殺。元軍合兵反攻，紅軍大敗，死了二萬多人。陳野先追擊紅軍到溧陽，當地元朝民兵不明底細，聽說他投降了紅軍，設埋伏也把他殺了。部隊由從子兆先接管。[44]

郭、張二帥一死，郭子興的舊部全歸元璋指揮，成為名實一致的都元帥，小明王麾下一員大將了。子興三子天爵，小明王命為中書右丞，在元璋底下作官，無兵無權，經常發牢騷，和子興一部分舊部合謀叛變，被發覺給殺了。子興的小女兒，小張夫人生的，元璋收作小妾。[45]

元璋率領大軍渡江，馬夫人和將士的家眷仍留在和州。和州是後方基地，得有親人鎮守、將士家眷有人照看，也可以使將士放心作戰。和州和太平的交通只有水路，雖然七八個月來陸續佔領了溧水、溧陽、句容、蕪湖一些城子，集慶孤立，三面被包圍，可是水路卻被元軍切斷了，消息不通。一直到龍鳳二年（元順帝至正十六年，公元 1356 年）二月，

43　元璋的秘密諜報人員，專門偵察將士的私事。
44　《國初事跡》；《明太祖實錄》卷三；《國初羣雄事略》卷二，滁陽王。
45　《國初群雄事略》卷二，滁陽王。

元璋大敗元水軍，盡俘其舟艦以後，兩地的交通才完全暢通，有了信息，軍心也安定了。

三月初一，元璋水陸大軍並進，三攻集慶。城外屯兵陳兆先戰敗投降，得兵三萬六千人。集慶城破，守將福壽戰死，水寨元帥康茂才和軍民五十餘萬歸降。元璋入城後，召集官吏民眾大會，剴切宣告：「元朝這個壞政府，政治腐爛，到處在打仗，百姓吃夠了苦頭。我是來替你們除亂的，大家只要安心作事，不要害怕。好人我用他，壞制度、壞辦法替你們除掉。作官的不許胡搞，叫百姓吃苦。」幾句話安定了人心，建立了秩序。老百姓非常高興，互相慶賀。當下改集慶路為應天府，設天興建康翼統軍大元帥府，以廖永安為統軍元帥，以趙忠為興國翼元帥，守太平。儒士夏煜、孫炎、楊憲等十幾人進見，先後錄用。小明王得到捷報後，升元璋為樞密院同僉。不久又升為江南等處行中省書平章，李善長為左右司郎中，以下諸將都升元帥。[46]

元璋據應天後，他的疆域以應天作中心，西起滁州，劃一直線到蕪湖。東起句容到溧陽。西邊長，東線短，一塊不等邊形，橫擺着恰像個米斗，西線是斗底，東線是斗口。四面的形勢是：東邊元將定定扼守鎮江；東南張士誠已據平江，破常州，轉掠浙西；東北面青衣軍張明鑒據揚州（今江蘇江都）；南面元將八思爾不花駐徽州（今安徽歙縣），另軍屯寧國（今安徽宜城）；西面池州（今安徽貴池）已為徐真逸

---

46 《國初事跡》；《明太祖實錄》卷四；《國初群雄事路》卷二，滁陽王。

所據；東南外圍則元將石抹宜孫守處州（今浙江麗水），石抹厚孫守婺州（今浙江金華），宋伯顏不花守衢州（今浙江衢縣）。元璋局面小，兵力不強，處境四面受敵。

幸虧這時元兵正用全力和小明王作戰。前一年十二月元將答失八都魯大敗劉福通於太康，進圍亳州，小明王奔安豐。察罕帖木兒和紅軍轉戰河南，一時顧不到南面。紅軍主力軍的威力暫時消沉，張士誠又猖獗起來了，徐壽輝在湘漢流域大肆活動，元兵兩面捱打。龍鳳二年秋天，小明王的紅軍兵力經過整頓補充，決定整個戰略，分兵出擊：一路破武關（在今陝西商縣東），陷商州，進攻關中（今陝西省）；一路侵佔了山東北部。第二年劉福通分兵三路：關先生、破頭潘、馮長舅、沙劉二、王士誠一路趨晉、冀（今山西、河北），白不信、大刀敖、李喜喜一路攻關中，毛貴一路由山東北上。第一路軍又分兩路：一出絳州（今山西新絳縣），一出沁州（今山西沁縣），過太行山，破遼、潞（今山西遼縣、長治縣），陷冀寧（今山西太原），攻保定（今河北清苑），下完州（今河北完縣），掠大同興和（今山西大同，內蒙古自治區張北縣）塞外部落，攻下上都、轉掠遼陽（今遼寧遼陽），直到高麗。從西北折到東北，兜了一個半圓圈。第二路軍陷鳳翔（今陝西鳳翔）、興無（今陝西南鄭），南進四川；別部又陷寧夏，掠靈武諸邊地。第三路軍盡佔山東西北部、河北南部，北取薊州（今河北薊縣），犯漷州（今河北通縣南四十五里），略柳林（今河北通縣南，故漷縣西），逼大都。福通自己統軍佔山東西南角和河南北部，出沒河南北。龍鳳四年五月，攻下汴

梁（今河南開封），建作都城，接小明王來定都。[47] 紅軍所到地方，攻無不取，戰無不勝，元朝地方官吏嚇破了膽，一聽有紅軍來攻，抹回頭就跑。當時有童謠形容道：

> 滿城都是火，府官四散躲，城裏無一人，紅軍府上坐。[48]

二三年間，紅軍長驅深入，轉戰萬里，來回地兜圈子，元朝主力軍隊使盡力量抵抗和進攻，大敵當前，就顧不到東南地區新起的紅軍小頭目了。朱元璋在這期間，逐步鞏固後方，擴充實力，逐步消滅羣雄，開闢疆土。他的地理位置在東南地區說是四面皆敵，但在全國範圍說，和元朝主力軍的對峙形勢上，恰好隔着三個割據政權，東面是張士誠，北面是小明王，西面是徐壽輝，東西兩面雖是敵國，卻起了屏障元朝進攻的作用，北面是紅軍主力，這三個大衞星保護着朱元璋，給他以發展壯大的機會。等到小明王的軍事力量已被元朝消滅的時候，兩敗俱傷，元朝的軍力也削弱了。相反的，朱元璋卻已經廣土眾民，成為最強大的從戰鬥中鍛煉出來有組織有訓練的軍事力量，可以和元軍打硬仗，比高下了。

在這一斗形地區所處的軍事形勢，東邊鎮江如落在張士誠手裏，便可以直搗應天；南邊寧國如給徐壽輝佔了，像背

47　《庚申外史》；陸深：《平胡錄》；《國初羣雄事略》卷一，宋小明王；《明史》卷一二二，《韓林兒傳》。

48　《輟耕錄》卷九。

上插一把尖刀，也不得安穩。要確保應天，就非取得這兩個據點不可。元璋在應天才安頓停當，便派徐達統兵攻下鎮江，分兵佔領金壇、丹陽等縣，向東線伸出一個觸鬚。到六月又派鄧愈攻下廣德路，把住後門。在出兵時，為了整頓軍隊紀律，和徐達計較，故意找出徐達錯處，綁了請王命牌要殺，李善長和一輩幕僚再三求情，說好說歹，才放了綁。當面吩咐，這次出兵，攻下城子，不燒房子，不搶東西，不殺百姓，才准將功折罪。徐達破鎮江時，號令嚴肅，百姓安安靜靜，照常過日子作買賣，像不曾打過仗似的，別的城子聽說朱元璋的軍隊不殺人，軍紀好，放了心。這名氣傳遍了，元璋軍事上的成功和鞏固有了保障，把元軍和一些地主軍孤立了，一個勝利接着一個勝利，地盤跟着一天天擴大，經濟力量和軍事力量也隨着日益強大了。[49] 接着分遣諸將攻克長興、常州，親自攻下寧國，又先後佔領江陰、常熟、池州、徽州、揚州。在龍鳳三年這一年中，把應天周圍的軍略據點全數取下，作為向外進攻的前哨基地。在戰略上，東起江陰，沿太湖南到長興，劃一條直線，構成防線，堵住張士誠西犯的門路；寧國、徽州屯駐大兵，安排進入浙東；西線和天完（徐壽輝國號）接境，以守為攻；北面是友軍，不必操心。元璋摸清了周圍情況，集中力量，先伸出南面的鉗子，吞併和本部完全隔絕，孤立無援的浙東元軍，形勢已和一年前大大不同了。

49　《皇朝本紀》；《明太祖實錄》卷四。

　　元璋明白讀書的好處，祖先許多好經驗都寫在上面，也苦於自己讀書不多，許多道理還說不明白，以此，他很尊敬有學問的讀書人。也懂得讀書人能替人出主意，辦事，誰對他們客氣，給面子，給好處，養得好，吃得飽，就替誰出力作事，這種辦法叫作「養士」。要想辦好自己的事業，管好自己的地方，就非養士不可。而且，假如不養，儒生跑到敵人方面或者被別人養去了，削弱自己，壯大敵人，就會壞事。並且，儒生掌握着知識，在地方上有聲望，和老百姓有聯繫，把他們養了，老百姓也就好管了。因之，每逢新佔領一個地方，必定訪求這地方的讀書人，軟硬方法都用，非來不可，羅致在幕府裏作秘書、顧問、參謀。徽州的老儒朱昇告訴元璋三句話：「高築牆，廣積糧，緩稱王。」意思要他第一鞏固後方，第二發展生產，第三有遠大計劃，對元璋後來事業極有影響。[50]

　　從渡江以後，還是遭遇到糧食缺乏的困難。幾年來到處戰亂，農村壯丁大部分從軍去了，土地上的勞動力大感缺乏，加上戰爭破壞，堤壩失修，糧食收成減少。各處軍隊的給養，形式上書押大榜，招安鄉村百姓繳納糧草，叫作寨糧。農民收的糧食被徵發得多了，懶得深耕細作，糧食產量因之減少，軍隊更加吃不飽。[51] 揚州的青衣軍甚至拿人作糧食。[52] 在行軍的時候，出征軍士概不支糧，按照元璋軍令：「凡入敵

50　《明史》卷一三六，《朱昇傳》。

51　《國初事跡》。

52　《輟耕錄》卷九；《明太祖實錄》卷五。

境，聽從捎糧。若攻城而彼抗拒，任從將士檢括，聽為己物。若降，即令安民，一無所取。如此則人人奮力向前，攻無不取，戰無不勝。」[53] 捎糧也就是寨糧。檢括這一詞的來源，是同時苗軍創的，苗軍打仗，靠檢括供給，檢括的意思就是抄掠，不過比較重一些，重到括乾淨不留一點兒的地步。[54] 胡大海和常遇春先後提出意見，以為寨糧這辦法行不通：佔領地區政權的鞏固主要依靠老百姓的支持，要糧要稅都出在老百姓身上，老是捎糧下去，老百姓生產少了或是逃亡了，都不是經久之計。元璋想了又想，和幕僚們研究出一個老辦法，要「廣積糧」，除了向老百姓要，還得部隊自己來生產。古書上有過屯田的例子，是個好經驗。幾年來兵荒馬亂，農田圩圍堤壩都壞了，老百姓修不起，龍鳳四年二月用元帥康茂才為都永營田使，要他興修水利堤防，分巡各處，做到高地不怕乾，窪地不鬧澇，務使用水蓄泄得宜，恢復農田生產，供給軍需；又分派諸將在各處開荒墾地，立下規矩，用生產量的多少來決定賞罰，且耕且戰，除了供給本部軍餉以外，還要做到有存糧。一年後，康茂才的屯區得谷一萬五千石，餘糧七千石，元璋下令褒獎，指出要解決糧食缺乏的困難，減輕農民負擔，強兵足食，必須做好屯田工作。幾年工夫，到處興屯，倉庫都滿了，軍食夠了。龍鳳六年五月才明令禁止各郡縣徵收寨糧，農民負擔減輕了，又興修水利，生產量大

---

53 《國初事跡》。
54 《輟耕錄》卷八。

大提高，足食強兵，兩方面全做到了。在設置營田使的同一年，又立管領民兵萬戶府，抽點民間壯丁，編作民兵，農時則耕，閒時練習戰鬥，作為維持地方安寧的力量，抽出正規軍專門進攻作戰。這樣，把作戰力量和生產力量合而為一，把進攻作戰軍隊和保衞地方武裝力量分開，不但加強了生產力，也同時加強了戰鬥力。這一番作為，說明了為甚麼當時羣雄都先後失敗，唯獨後起的朱元璋所以成功的原因。[55]

　　外圍的威脅解除，內部的糧食生產有了辦法之後，元璋的進攻矛頭立刻指向土地肥沃盛產糧食絲綢的浙東西穀倉。先取皖南諸縣，再由徽州進取建德路，改為嚴州府。先頭部隊東達浦江，構成側面包圍婺州的形勢。龍鳳四年十二月元璋親自統率十萬大軍，軍旗上掛着金牌，刻着「奉天都統中華」字樣。攻下婺州，置中書浙東行省。於省門建二大黃旗，上面寫着：「山河奄有中華地，日月重開大宋天。」兩傍立兩個木牌，寫着：「九天日月開黃道，宋國江山復寶圖。」[56] 一入城就下令禁止軍士剽掠，有親隨知印黃某搶了百姓財物，立刻斬首號令。隔了幾天，又召集諸將大會，申明軍紀說：「要平定天下必須講仁義，光靠軍事威力是不能取得人民支持的。打仗占城子要用兵，安定民心要用仁。前時進集慶，做到秋毫無犯，百姓很喜歡。這回新佔婺州，百姓喘了一口氣，

55　《明太祖實錄》卷六、卷八、卷十二。

56　《國初羣雄事略》卷一，宋小明王，引俞本：《紀事錄》。《國初事跡》作：「於南城上豎大旗，上寫『山河奄有中華地，日月重開大統天』。」大宋作大統。大統無意義，顯然是後來竄改的。

要用心撫恤，使人民樂於歸附，這樣，其他郡縣就會聞風歸順了。我每回聽到諸將下一城，得一郡，不亂殺人，就喜歡得不得了。百姓是喜歡寬厚的政治的，作將帥的能做到不亂殺人，於國於己，都有好處。能夠做到這一條，也就可以建功立業，平定天下了。」[57]

　　婺州是兩百多年來的理學中心，出了很多著名學者，號為小鄒魯。經過多年戰亂，學校關門，儒生四散，沒有人講究學問了。元璋聘請當地著名學者十三人替他講解經書、歷史，建立郡學，請學者當五經師和學正、訓導，內中最著名的是宋濂。他開始和儒學接觸了，受宋儒的思想影響了。[58]

　　龍鳳五年五月，小明王升元璋為儀同三司江南等處行中書省左丞相。[59] 八月，元將察罕帖木兒攻陷汴梁，劉福通奉小明王退保安豐。元璋的浙東駐軍先後佔領諸暨和衢州、處州，東南被孤立的元朝據點，次第消滅。他的領土遂成為東面北面鄰張士誠，西鄰陳友諒，東南鄰方國珍，南鄰陳友定的局面。四鄰的敵國，比較起來，張士誠最富，陳友諒最強。方國珍、陳友定志在保土割據，並無遠大企圖。因之，元璋的軍事計劃，適應新的軍事形勢，又改變重點，採取對東南取守勢，東北和西線取攻勢的策略。以張士誠和陳友諒相比，士誠出身牙儈，遇事斤斤計較，顧慮多，疑心重；友諒打魚出身，慣在風浪裏過日子，野心大，慾望高，一個保守

57　《明太祖實錄》卷六、卷七。

58　《明太祖實錄》卷六；《明史》卷一二八，《宋濂傳》。

59　《國初事跡》；《國初羣雄事略》卷一，宋小明王。

持重，一個冒險進取。以此，在東北面和西面的攻勢又分先
後緩急：對士誠以守為攻，扼住江陰、常州、長興幾個據點，
使士誠不能向西進一步；對友諒則以攻為守，使友諒分兵駐
守可能被攻擊的要塞，軍力分散，不能集中運用。區別不同
的敵人，運用不同的戰術，在軍事上取得主動有利的優勢。

　　浙東雖已大部平定，地方上有名望的幾家豪族劉基、葉
琛、章溢等人還躲在山裏不肯出來。元璋派人禮請，只一味
用好話辭謝。劉基是青田大族，元至順進士，做過高安丞、
江浙儒學副提舉。方國珍起兵，行省薦劉基為元帥府都事，
和元將石抹宜孫守處州。劉基主張用兵力平定方國珍，方國
珍賄賂京中權要，元朝決定用官爵招安，劉基被奪去兵權，
回到青田。地主們怕被方國珍擾害，都來投靠，劉基組織武
裝力量，方軍不敢進犯。麗水人葉琛也在石抹宜孫幕府，官
行省元帥。龍泉人章溢是理學大師許謙再傳弟子，組織鄉兵
和蘄、黃紅軍作戰，累官浙東都元帥府僉事。元璋平處州，
葉琛、章溢避走福建。[60] 處州總制孫炎奉元璋命令，再三邀
聘，反復說明利害，不出來怕不得安穩，三人才勉強於三月
間到應天。[61] 元璋大喜，蓋了一所禮賢館，作為賢士的住處。[62]
這幾個人都是地主出身，都做過元朝的官，都是地方上的豪
紳巨室，在思想上繼承宋儒的傳統，都仇視紅軍，罵紅軍是

60　《明史》卷一二八，《劉基》、《葉琛》、《章溢傳》。

61　《明史》卷二百八十九，《孫炎傳》。

62　《國初禮賢錄》；《明太祖實錄》卷八。

「妖寇」、「紅寇」、「紅賊」。[63] 在行動上組織地主軍隊，建立鄉兵、「義」兵，修築堡砦，保衞身家產業，幫助元朝政府抗拒紅軍。一直到元朝在浙東的軍事力量完全被消滅，失去了倚靠，怕紅軍不能相容，逃避山谷。經過元璋多次派人禮聘，講明不算舊賬，不但可以保全身家，還可以作官辦事，共治天下。他們知道這個政權是和自己的階級利益完全一致的，再加上元璋的重視和優厚待遇，傾聽他們的意見，才死心塌地做朱元璋的官。他們指望依靠朱元璋的強大軍力，建立統一的國家，享受和平安定的生活；指望通過新政權，繼續維持幾千年來的封建秩序和文化、習慣，保持和發展地主階級的利益。過去他們為了這些要求，堅決和元朝合作反抗紅軍，現在也正因為朱元璋能夠實現這些要求，反過來和朱元璋合作，進行推翻元朝的民族鬥爭了。在朱元璋這方面，由於得到舊地主階級的合作，元朝的抵抗力量日益減少了，隨着軍事勝利和佔領地區的日益擴大，地主階級參加的越來越多，取得了更多更大的勝利。同時，元璋部下諸將，雖然大部分出自明教，對舊地主階級有着強烈的仇恨，但是，隨着軍事勝利所取得的莊田奴隸和其他財富，諸將本身也已經從農民轉化為新興的地主階級了。舊地主階級的合作和新地主階級的成長，從根本上改變了朱元璋政權的性質，宋濂、劉基、葉琛、章溢等舊地主階級代表人物的參加，標識着朱元璋政權性質改變的轉折點。政權的本質改變了，鬥爭的目

63　徐勉：《保越錄》；陳基：《夷白齋稿‧精忠廟碑》。

標自然也非轉變不可，這樣，階級鬥爭就自然而然地被民族解放鬥爭所代替；另一面，從策略上說，為了爭取和團結具有民族意識的地主、農民和知識分子，從而加速全面勝利的取得，也必然使民族鬥爭成為當前的首要任務。元璋決心爭取地主階級的合作，孔孟儒術理論的支持，來加強和建立自己的基業。他在小明王的軍事力量還相當強大，在北線還可以起掩護自己和牽制元軍作用的時候，對宋是君臣關係，發命令辦事都用「皇帝聖旨」；但是到小明王軍力被元軍消滅以後，他的態度就改變了，日益倒向地主階級這一邊，在文字上口頭上公開斥責紅軍為「妖寇」，「妖賊」，談孔說孟，引經據典，自命為恢復舊秩序，保存舊文化的衛道者了。從此以後，他受了這些舊地主階級知識分子的深刻影響，思想作風和「大宋」日益疏遠，和儒家日益接近。[64]

64　吳晗：《明教與大明帝國勞，載《清華學報》十三卷一期。

第三章
從吳國公到吳王

一、鄱陽湖決戰

　　彌勒教徒彭瑩玉從元順帝至元四年袁州起義失敗以後，逃避淮西一帶地方，依靠當地人民掩護，秘密傳佈教義，組織武裝力量，準備更大規模的起義。這人信仰堅定，有魄力，有口才，善於宣傳鼓動，說出老百姓的苦處，給受苦難的人民以希望和信心，辛辛苦苦工作了十四年，成千成萬的窮苦人民團結在他的周圍。至正十一年，他和鐵工麻城鄒普勝，漁人黃陂、倪文俊組織西系紅軍，舉起了革命的旗幟。

　　徐壽輝是羅田的布販，又名真逸、真一。長得魁梧奇偉，相貌出眾，入了教，彭瑩玉推為首領，說是彌勒佛下生，當為世主。這年八月間起兵，九月佔領蘄水和黃州路，以蘄水為都城，取意於西方靜土蓮台，號為蓮台省。[1]立壽輝為皇帝，國號天完，年號治平。分兵兩路，一路由鄒普勝、倪文俊率

1　《草木子・克謹篇》。

領，佔領漢陽、武昌、安陸、江陵、沔陽、岳州等地；一路
由彭瑩玉、項甲（項奴兒、項普、項普略）率領，攻陷江州（今
江西九江）、饒州（今江西都陽）、信州（今江西上饒）、袁州、
徽州。至正十二年七月，由饒、徽集中兵力，入昱嶺關，取
杭州路。疆域擴充到湖北、湖南、江西、安徽南部和浙江西
北部。天完軍隊紀律好，不殺百姓，不姦淫擄掠，口唸彌勒
佛號。登記歸附的人民姓名，運走府庫裏的金帛，很得人民
擁護。[2] 彭祖師的威名，嚇得元朝官吏心驚膽戰。

　　彭瑩玉連下徽、杭，分兵取浙西、浙東州縣，突然遭遇
到元軍襲擊。這支元軍主力在攻陷安豐後，進攻濠州，中途
奉急檄援救江南，趁彭瑩玉在杭州還沒有站穩腳，軍力分
散，出其不意，乘虛突擊，紅軍大敗，彭瑩玉、項甲戰死，
杭州、徽州又為元軍所佔。[3]

2　《國初羣雄事略》卷三，天完徐壽輝。

3　《元史》卷一百八十八《董搏霄傳》：「至正十一年除濟寧路總管，奉旨從江浙
　　平章教化征進安豐……遂復安豐。十二年有旨命搏霄攻濠州，又命移軍援
　　江南，遂渡江至湖州德清縣。而徽、饒賊已陷杭州。教化問搏霄計，搏霄
　　曰：賊皆野人，見杭州子女玉帛，非平日所有，必縱慾，不暇為備，宜急攻
　　之……遂進兵杭城，賊迎敵至鹽橋，搏霄麾壯士突前斬殺數級，而諸軍相繼
　　擊之，凡七戰，追殺至清河坊，賊奔接待寺，塞其門而焚之，賊皆死，遂復
　　杭州。已而餘杭、武康、德清次第以平。」錢謙益《牧齋初學集》卷八十《答
　　鳳督馬瑤草書》：「徐壽輝之眾，久而彌熾，歐普祥陷袁州，妖彭、項甲陷
　　徽、饒。」《回金正希館丈書》：「嘗觀元末，盜起汝、潁」，「而襄、漢、蘄、
　　黃應之。蘄、黃之賊既陷江州，旋略南康、都陽，即由婺源犯休寧，一夕而
　　陷徽州，由是而陷昱嶺關，破杭州，蔓延吳興、延陵，江南之塗炭從此始。
　　當時克復徽、杭，殺妖彭、項奴兒諸盜魁，遏楚賊方張之勢，董搏霄、三旦
　　八輩督師剿禦（之功）。」

　　彭瑩玉死於至正十二年（公元 1352 年）七月，至元四年（公元 1338 年）他
　　在袁州起義，假定起義時三十歲，彭瑩玉存年約為四十五歲。（公元 1308

彭瑩玉失敗的原因，主要的是：彌勒教的未來天國是幻想，是神話，它吸引了組織了大量的農民來參加鬥爭，對當時封建統治起了打擊作用。但是，它認為封建統治一經推翻，不必再努力勞動，就會出現所期望的幻想世界了。在這種束手等待好日子到來的懶漢思想指導下，攻占城邑以後，只是發放庫糧給窮人，搬運金帛回老家，吸引更多的農民和遊民來壯大自己的隊伍，不能夠鞏固和發展所得到的勝利果實，也不可能解決當時社會的主要矛盾，建立新的社會。其次，各地紅軍的力量雖然很大，但沒有統一指揮和通盤的軍事調度，「各有其眾，各戰其地」[4]。龍鳳和天完的部隊人自為

年一 1352 年)

柯紹志《新元史》卷二二六《徐壽輝傳》記彭瑩玉於至正十三年六月被殺於瑞州：「初袁州有妖僧彭瑩玉用泉水治病多愈，遠近神之，至正十年其徒周子旺以妖術惑眾，從者五十餘人，僭稱周王，官軍獲而殺之，瑩玉遁去，匿淮西民家，日夜密構異圖。壽輝浴於池，瑩玉之徒見其有赤光，異之。十一年八月乃擁壽輝為王，聚眾剽掠……其眾以紅巾裹首，與汝、穎妖賊同……十二年二月彭瑩玉陷瑞州……未幾項普略陷饒州、信州……十三年六月行省左丞火你赤復瑞州，執彭瑩玉，斬而臠之。瑩玉攻城略地，所至無噍類，至是就戮，天下快之。七月項普勝陷婺源州、徽州，自昱嶺關人浙西，遂陷杭州……是年元帥董搏霄復杭州，受代去。壽輝兵復入昱嶺關，陷於潛，行省檄搏霄禦之，事具《搏霄傳》。口」按《元史》卷四十二《順帝本紀》：「至正十二年三月丁未，徐壽輝偽將陶九陷瑞州。」《新元史》卷二十五《順帝本紀》同，由此可知陷瑞州的是陶九，不是彭瑩玉。項普略陷杭州年月，《新元史》也作：「至正十二年七月庚辰，項普略陷杭州路，參知政事樊克敬死之。濟寧路總管董搏霄復杭州路，遂復徽州。」和同書《徐壽輝傳》自相矛盾。按王逢《梧溪集》：「至正壬辰七月十一日徽寇犯杭，樊時中執敬為浙省參政，亟禦於橋，死之。」《輟耕錄》也記蘄、黃軍於七月初十日人杭州城，《元史》卷一百八十八《董搏霄傳》同。由此可定《新元史》的記載，不但自相矛盾，而且是錯誤的。今不取。

4　《初學集》卷八十《答鳳督馬瑤草書》：「元季盜之初起，先自汝、穎，而後徐壽輝起蘄、黃，布三王起鄧州，孟海馬起襄陽，各有其眾，各戰其地。」

戰，不能互相支持、配合，有時還發生內部衝突，以致抵銷、削弱了自己的力量。因此，在反抗腐朽的元朝統治的鬥爭中，當紅軍力量集中的時候，很容易取得勝利；相反，當紅軍軍力分散的時候，也極容易遭致失敗，勝利得快，失敗得也快。佔地方雖多，卻守不住。第三是江浙一帶土地特別集中，大地主人數多，軍力強，頑強地抵抗紅軍，這股力量和元軍主力結合，就造成紅軍局部的軍事劣勢了。[5]

彭瑩玉雖然失敗了，但他的威名和事跡仍然為淮西、蘄、黃一帶的農民所傳誦歌唱。記錄紅軍起義的歷史家也片斷地敍述他的活動。[6]十四年後，羅田縣的彌勒教徒還假冒他的名字，鑄印章，設官吏，反抗朱元璋的統治。[7]洪武六年（公元 1373 年）羅田縣又有人自稱彌勒佛降生，傳寫佛號。[8]蘄州彌勒教徒燒香聚眾[9]，都為明兵擒殺，也可見其影響入人之深了。

徐壽輝是以相貌好被推作皇帝的，庸庸碌碌，沒才幹，沒見識。彭瑩玉一死，失去倚靠，越發手足無措。嫌蘄水形勢不好，遷都到漢陽。丞相倪蠻子（文俊）掌握兵權，壽輝

5　《初學集》卷八十《回金正希館文書》：「當時克服徽、杭，殺妖彭、項奴兒諸盜魁，遏楚賊方張之勢，雖董搏霄、三旦八輩督師剿禦，而汪同、程國勝、俞茂結集民兵，誓死血戰，恢復城柵，其功尚多。」

6　《庚申外史》；《草木子》卷三，《克謹篇》；《國初羣雄事略》卷三，引俞本：《紀事錄》；《明太祖實錄》卷八，《徐貞一本傳》；陸深：《平胡錄》；《明史》卷一二三，《陳友諒傳》。

7　《明太祖實錄》卷十五。

8　《明太祖實錄》卷八十一。

9　《明太祖實錄》卷七十八。

為其所制，毫無實權。治平七年（元至正十七年，公元 1357 年），文俊謀殺壽輝不成，出奔黃州。文俊部將沔陽人陳友諒，家世打魚為生，膂力過人，會一手好武藝，在縣裏當貼書，不甘心埋沒，投奔紅軍，立了戰功，做領兵元帥。文俊逃到黃州，正是他的防區，用計襲殺文俊，奪過軍隊，自稱平章。向東侵佔安慶、池州、南昌諸地，和朱元璋接境。兩軍對峙，打仗互有勝負。龍鳳六年五月陳友諒挾徐壽輝統大軍攻下太平，進駐採石。志得意滿，以為克日可以佔領應天了，使人殺了壽輝，等不得擇日子，挑地方，就以採石五通廟為行殿，在暴風雨裏，即皇帝位。國號漢，改年號為大義，盡有江西、湖廣之地。[10]

　　羣雄中陳友諒的軍力最強，疆土最廣，野心也最大。朱元璋在應天，友諒看來是碗裏的肉，伸手就拿到。使人和張士誠相約，東西夾攻。友諒水軍大艦名為混江龍、塞斷江、撞倒山、江海鼇等共一百多艘，戰舸幾百條，浩浩蕩蕩，真是「投戈斷江，舳艫千里」。應天文官武將都嚇慌了，有人主張投降，有人主張放棄應天，躲過風頭再看。主戰的提出主動出擊太平，牽制友諒兵力。七嘴八舌，亂成一團。膽子小的竟背地裏收拾細軟，盤算城破後的去處了。[11]

　　元璋和劉基兩人在臥室內商議：投降不是辦法，逃走更不是辦法，目前的出路祇有抵抗。抵抗有兩種打法：一種是

10　《國初羣雄事略》卷三，天完徐壽輝；《明史》卷一百二十三，《陳友諒傳》。
11　《明太祖實錄》卷八。

兩線同時作戰，東西兼顧，兵力一分，拿自己的一半兵力去對付陳張的全部軍力，必敗無疑；一種是迅速集中全部兵力，看準敵人弱點，作致命的一擊，然後再回師來對付另一線，這也還是兩線作戰，不同的是以自己的全軍集中攻擊敵人一部分兵力，先打垮一個，再勻出手來打另一個。關鍵在於爭取主動。仔細研究兩線形勢，斷定主要的敵人是陳友諒，論兵力陳強張弱，論士氣陳驕張餒，論水軍陳多張少，那麼，就很明白，只要先集中力量打敗陳軍，張軍勢孤，連進攻都不可能了。[12]

要先打擊陳軍，最好使它先來進攻。元璋部將康茂才和陳友諒極熟，茂才的老門房也侍候過陳友諒。茂才受命使老門房偷跑到友諒軍中，帶了茂才的親筆降書，告訴許多軍事，情報，自願裏應外合，勸友諒分兵三路取應天。友諒喜極，問康將軍現在何處，說現守江東橋，問是石橋還是木橋，答是木橋。約好友諒親自進軍江東橋，以喊「老康」作信號。[13]

陳友諒的進軍路線和軍力分配都弄清楚了。元璋一面調胡大海軍進取廣信（今江西上饒），搗友諒的後路，一面按友諒進軍路線，設下重兵埋伏。連夜把江東木橋改成石橋，一切準備停當，只等友諒自投羅網。

元璋親自在山頂指揮，規定信號，發現敵人舉紅旗，伏兵出擊舉黃旗。友諒興匆匆帶領主力軍趕到江東橋，一看是

12　宋濂：《平漢錄》；《國初禮賢錄》。

13　《明太祖實錄》卷八；《平漢錄》。

大石橋，大吃一驚，再使勁連喊「老康」，嗓子都啞了無人答應。山上黃旗招展，四周伏兵高聲吶喊，團團圍住，山上、水裏、平地一齊打，這一仗把友諒的主力全軍殲滅，殺死、淹死不計其數，俘虜了兩萬多。友諒水軍正值潮退擱淺。動彈不得，全被俘獲。元璋乘勝收復太平，下安慶，取信州、袁州。[14]

友諒吃了大虧，張士誠也不敢出兵了。

龍鳳七年正月，小明王封元璋為吳國公。[15]

友諒不服輸，七月間又遣將攻下安慶。元璋大怒，召開軍事會議，決定溯江西伐。龍驤巨艦上建立大旗，寫着「弔民伐罪，納順招降」八個大字。

友諒為人忌能護短，從殺徐壽輝後，壽輝的將帥不服，紛紛投降元璋。部下驍將雙刀趙（普勝）又被元璋使反間計，友諒一怒把他殺了，雙刀趙的將佐必懷怨恨，不肯出力死戰。元璋趁友諒將帥不安，軍心離散，大舉進攻。親自統軍一鼓攻下安慶、江州，守將丁普郎、傅友德全軍歸附，友諒逃奔武昌。江西州縣和湖北東南角，都歸元璋版圖，一個擴大，一個縮小，幾年來的軍事局面，完全倒轉過來，元璋的兵力已經可以和友諒一決雌雄了。[16]

當江南朱、陳兩軍血戰正酣的時候，江北的軍事局面也起了極大的變化，紅軍接連失敗，形勢很危急。元朝大將察

14　《平漢錄》；《國初禮賢錄》。

15　《國初羣雄事略》卷一，宋小明王，引俞本：《紀事錄》。

16　《明太祖實錄》卷九。

罕帖木兒收復關隴，趁着山東紅軍內部分裂，自相殘殺，招降紅軍丞相花馬王田豐，平定山東，軍威極盛。

幾年來山東在小明王大將毛貴的治下，擴大疆土，建立制度，局面日漸穩定。毛貴招降了元義兵萬戶田豐、俞寶、王信，立賓興院，選用元朝故官分守諸路。於萊州立三百六十屯田，每屯相去三十里，造大車百輛，往來運糧。無論官田民田，收成十分止取二分。冬則陸運，夏則水運，供給前方軍需。[17] 原來在濠州的趙均用、彭早住，駐軍淮泗一帶，早住病死，均用被元軍攻逼，北上和毛貴合伙。均用最恨元朝官吏，毛貴不但選用元朝官吏作地方官，還先後招降從黃軍出來的紅軍死對頭田豐一夥大地主武裝力量，均用十分氣憤，龍鳳五年四月冷不防襲殺毛貴。七月間毛貴部將續繼祖從遼陽回兵益都（今山東益都），殺了趙均用。田豐和掃地王王士誠，兩軍自相仇殺，山東大亂。察罕帖木兒乘機進兵，攻下宋都汴梁，小明王退保安豐。龍鳳七年六月察罕帖木兒總兵進攻山東，遣使招降田豐、俞寶、王士誠，進圍益都。

北邊的軍事形勢發生變化，山東失去後，不但小明王的都城安豐保不住，連元璋的根據地應天也隨着暴露，岌岌可危了。元璋幾年來的安定形勢和軍事發展，全靠小明王的紅軍主力在北邊掩護，如今局面突變，萬一安豐失守，就得直接面對元軍的主力進攻，估計雙方實力，相差太遠，實在抵

---

17 《元史》卷四十五，《順帝本紀》；《明史》卷一百二十二，《韓林兒傳》。

擋不住。遠交近攻，得和察罕帖木兒聯絡一下，派了兩次使臣去見察罕，送上重禮和親筆信，要求通好。使臣回來，知道益都紅軍正在奮死拒守，一時還不致失陷，察罕在取下這個據點之前，還沒有餘力進攻安豐。元璋正確估計了兩軍形勢，才敢抓住這一間隙，西攻陳友諒。

察罕的使臣戶部尚書張昶帶了御酒、八寶頂帽，和任命元璋為榮祿大夫江西等處行中書省平章政事的宣命詔書，於龍鳳八年十二月由江西到應天。這時察罕已被田豐、王士誠刺殺，養子擴廓帖木兒（察罕帖木兒的外甥，原名王保保）繼為統帥。不久，又得到情報，擴廓和另一大將孛羅帖木兒在爭奪地盤，打得正熱鬧，眼見得元軍不會南向了，這才放下心，準備下一步軍事發展計劃。[18]

當察罕的使臣帶着元朝官誥到應天的時候，寧海人葉兌寫信給元璋，勸他不要受元朝官爵，自創局面，立基業，並且指出戰略步驟說：

> 愚聞取天下者必有一定之規模，韓信初見高祖，劃楚、漢成敗，孔明臥草廬，與先主論三分形勢是也。今之規模，宜北絕李察罕，南併張九四，撫溫、台，取閩、越，定都建康，拓地江、漢，進則越兩淮以北征，退則劃長江而自守。夫金陵古稱龍蟠虎踞，帝王之都，借其兵力資財，以攻則克，以守則固，百察罕能如吾何哉！江之所

18　《國初事跡》；《明太祖實錄》卷九；《國初羣雄事略》卷一，宋小明王。

備，莫急上流，今義師已克江州，足蔽全吳，況自滁、和至廣陵（今江蘇江都），皆吾所有，匪直守江，兼可守淮也。張氏傾覆，可坐而待，淮東諸郡，亦將來歸，北略中原，李氏可併也。今聞察罕妄自尊大，致書明公，如曹操之招孫權。竊以元運將終，人心不屬，而察罕欲效操所為，事勢不侔。宜如魯肅計，定鼎江東，以觀天下大釁。此其大綱也。

至其目有三：張九四之地，南包杭、紹，北跨通、泰，而以平江為巢穴。今欲攻之，莫若聲言掩取杭、紹、湖、秀，而大兵直搗平江。城固難以驟拔，則以銷城法困之：於城外矢石不到之地，別築長圍。分命將卒，四面立營，屯田固守，斷其出入之路；分兵略定屬邑，收其稅糧以贍軍中。彼坐守空城，安得不困？平江既下，巢穴已傾，杭、越必歸，餘郡解體，此上計也。張氏重鎮在紹興，紹興懸隔江海，所以數攻而不克者，以彼糧道在三斗江門也。若一軍攻平江，斷其糧道，一軍攻杭州，斷其援兵，紹興必拔。所攻在蘇、杭，所取在紹興，所謂多方以誤之者也。紹興既拔，杭城勢孤，湖、秀風靡，然後進攻平江，犁其心腹，江北餘孽，隨而瓦解，此次計也。

方國珍狼子野心，不可馴狎。往年大兵取婺州，彼即奉書納款。後遣夏煜、陳顯道招諭，彼復狐疑不從。顧遣使從海道報元，謂江東委之納款，誘令張昶齎詔而來，且遣韓叔義為說客，欲說明公奉詔。彼既降我而反欲招我降元，其反復狡獪如是，宜興師問罪。然彼以水為命，一

閩兵至，挈家航海，中原步騎，無如之何。夫上兵攻心，彼言寧越（婺州）既平，即當納士，不過欲款我師耳。攻之之術，宜限以日期，責之歸順。彼自方國璋之沒，自知兵不可用。又叔義還稱義師之盛，氣已先挫，今因陳顯道以自通，正可脅之而從也。事宜速，不宜緩。宣諭之後，更置官吏，拘其舟艦，潛收其兵權，以消未然之變，三郡可不勞而定。

福建本浙江一道，兵脆城陋，而浙既平，必圖歸附，下之一辯士力耳。如復稽遲，則大兵自溫、處入，奇兵自海道入，福州必克。福州下，旁郡迎刃解矣。威聲已震，然後進取兩廣，猶反掌也。[19]

葉兌不知道元璋兩次遣使通好察罕的事，不知道張昶之來是元璋通好的結果，更不知道元璋因為察罕之死和擴廓與孛羅的內戰，已經改變了主意。不過他所計劃的攻取戰略，卻是深思熟慮，確有見識。後來幾年元璋平定東南和兩廣的計劃和先後，果然和他所建議的差不多。葉兌的舉動正也代表了當時要求統一，要求享受和平生活的地主階級知識分子的看法。

張昶懂得朝章典故，元璋告訴劉基、宋濂說：「元朝送一大賢人與我，爾等可與議論。」命為行中書省都事。同來的

19　《明史》卷一百三十五，《葉兌傳》。

副使都被處死。[20]

　　小明王從稱帝以後，軍政大權完全由劉福通掌握。福通勇悍慓捷，善於衝鋒陷陣，卻不會作軍事上的通盤調度，統一指揮；性情剛決，不善於調和諸將；佔領了很多城池，卻不會定立制度有效地加以管理；領兵在外的大將，原來都是福通的同伴兄弟，不大聽調度；軍隊數量雖多，號令不一；打了勝仗，得不到主力部隊的支援，繼續擴大戰果甚至孤軍前進太遠太突出了，反被敵人消滅掉；打了敗仗，到處亂竄，到處被包圍；佔的地方雖多，不久又被元軍攻下；有的大將打了敗仗，怕受處分，索性投降敵人，翻臉打紅軍；龍鳳七年五月李武、崔德叛降於李思齊，破頭潘、關先生攻入高麗的一軍，被高麗軍民圍殺，沙劉二、關先生戰死，逃出的一部分還攻上都，被孛羅帖木兒擊敗投降。李喜喜的一支，東西轉戰，喜喜死，部隊也垮了。其餘的零星隊伍也被察罕帖木兒和孛羅帖木兒兩支地主軍打垮了。只剩下山東一部軍力，作安豐的掩護。到益都被擴廓帖木兒包圍以後，情勢危急，劉福通親自率軍救援，大敗逃回。益都陷落，安豐孤立。龍鳳九年二月，張士誠部將呂珍乘機攻圍安豐，糧盡援絕，軍民餓困，不但人吃人，甚至吃腐爛的屍首，實在支持不下去了，劉福通只好派人到元璋處徵兵解圍。

　　在元璋出兵之前，劉基極力阻止，以為大兵不宜輕出。如救得小明王出來，當發放何處？而且，萬一陳友諒乘虛來

20　《國初事跡》；《國初羣雄事略》卷一，宋小明王。

攻，便進退無路。元璋則以為安豐如失守，應天失去屏蔽，救安豐即是保應天。遂親自統兵擊破呂珍。劉福通趁黑夜大雨突圍逃出，元璋擺設鑾駕傘扇，迎小明王到滁州居住，建造宮殿，供養極厚，把宮中左右宦侍都換上自己的人。[21]

三月十四日，小明王內降制書，封贈元璋三代：曾祖九四資德大夫江西等處行中書省右丞上護軍司空吳國公，曾祖妣侯氏吳國夫人；祖初一光祿大夫江南等處行中書省平章政事上柱國司徒吳國公，祖妣王氏吳國夫人；父五四開府儀同三司上柱國軍國重事中書右丞相太尉吳國公，母陳氏吳國夫人。[22]

當元璋出兵救援安豐的時候，陳友諒果然乘虛進攻，以大兵圍困洪都（今江西南昌），佔領吉安、臨江、無為州。這一次倒真是兩線夾攻了，雖然張士誠並沒有搞清楚。漢軍進攻規模比上一次更大，友諒看着疆土日漸縮小，氣憤不過，特造大艦數百艘，高數丈，一色丹漆，上下三層，每層都有走馬棚，下層設板房，有櫓幾十支，櫓箱用鐵裹。上下層人相互聽不見說話。大的容三千人，中的容二千五百百人，小的容二千人。自以為必勝，載着家小百官，空國而來，號稱六十萬。洪都城本來緊挨着大江，上次友諒攻城，趁着水漲船高，漢軍從船上攀附登城，以致失守。洪都收復，元璋立刻下令把城牆改建，去江三十步，這次友諒再來進攻，大艦

---

21 《國初事跡》；《國初羣雄事略》卷一，宋小明王，引俞本：《紀事錄》。
22 《國初羣雄事略》卷一，宋小明王，引《龍鳳事跡》；郎瑛：《七修類稿》卷七，《朱氏世德碑》。

靠不攏城牆了，只好登岸圍攻。洪都守將朱文正死守，友諒用盡攻城的方法，文正也用盡防禦的方法。八十五天的攻守戰，城牆被攻破了多次，敵兵勇進，都被火銃擊退，文正連夜趕修工事，用木柵掩護築城，敵兵奪柵，守軍且戰且築，攻城守城的人都踩着屍首作戰。一直打到七月，元璋親統二十萬大軍來救，友諒才解圍，掉過頭來到鄱陽湖迎戰。

這一次水戰，兩軍主力苦戰三十六天之久，是一次決定生死存亡的大會戰。

在決戰開始前四天，元璋派出伏兵，封鎖鄱陽湖到長江的出口，堵住敵人的歸路，關起大門來打。兩軍的形勢，一邊號稱六十萬，一邊是二十萬；水軍船艦，漢軍的又高又大，聯舟佈陣，一連串十幾里，元璋的都是小船，要仰着頭方能望見敵人；論人力和裝備，元璋居劣勢。但是，元璋也佔有優勢：就士氣說，漢軍在南昌城下苦戰了三個月，不能前進寸步，精疲力竭，動搖了必勝的信心；元璋方面則是千里救危城，生死存亡決於一戰，士氣高漲。就船艦說，漢軍數十條大艦用鐵索聯在一起，轉動不便；元璋方面雖是小船，卻操縱靈活進退自如，體積方面居劣勢，運動方面卻佔優勢。就作戰指揮說，友諒性情暴躁多疑，將士不敢陳說意見，上下隔絕，彼此疑忌，內部發生裂痕；元璋虛心謹慎，有經驗豐富的謀臣和作戰勇敢的將帥，上下一心，謀定後戰。更重要的是給養的補充，漢軍的後路被切斷了，糧盡兵疲，元璋軍隊數量少，有洪都和後方的源源接濟，吃得飽，自然仗也打得好。

　　元璋軍的主要戰術是火攻，用火器焚燒敵方的大艦，火器有火炮、火銃、火箭、火蒺藜、大小火槍、大小將軍筒、大小鐵炮、神機箭；還有一種叫「沒奈何」，用蘆席作圈，圍五尺，長七尺，糊以布紙，纏以絲麻，內貯火藥捻子及諸火器，用竿挑頭桅之上，和敵船相遇點燃火線，割斷懸索，「沒奈何」落於敵船，同時元璋軍火器齊放，敵船焚毀無救；另外還用火藥和蘆葦裝滿幾條船，敢死隊駛着衝進敵陣，點起火來和敵艦同歸於盡。元璋的指揮信號是，白天用旗幟，黑夜用燈籠，遠的用信炮，近的用金鼓。接戰時分水軍為十一隊，火銃、長弓、大弩分作幾層，先發火銃，再射弓弩，最後是白刃戰，短兵相接，喊殺連天，箭如雨點，炮如雷轟，波浪掀天，江水都紅了，兩軍戰士從這船跳到那船，頭頂上火箭炮石交飛，眼睛裏一片火光刀影，只聽見斫擊喊殺的聲音，湖面上漂流着屍首和在掙扎着的傷兵。漢軍船紅色，元璋船白色，一會兒幾十條白船圍着紅船，一會兒又是紅船追趕着白船，一會兒紅船白船夾雜追趕。有幾天白船像是佔了上風，有幾天紅船佔了優勢。元璋激勵將士堅持戰鬥，多少次身邊的衞士都戰死了，坐艦被炮石打碎，換了船擱淺動彈不得，險些被俘。一直打到最後幾天，漢軍已經絕糧，在軍事會議上，友諒的右金吾將軍主張燒掉船，全軍登陸，直走湖南，左金吾將軍主張繼續打下去。友諒同意走陸路的辦法，左金吾將軍怕得罪，領軍來降，右金吾將軍看情形撐不下去了，也跟着投降。友諒軍力越發削弱，決定退兵，打算衝出湖口，不料迎面全是白船，前後受敵。在激戰中，

友諒要親自看明情況，指揮作戰，剛把頭伸出船窗外，就被飛箭射死，全軍潰敗。部將載友諒屍首和太子陳理連夜逃回武昌。[23]

元璋軍雖然取得決戰最後和完全的勝利，但是也付出了極大的代價，單是七月二十一日這一天，紅船損失六萬人，白船也損失七千多人，驍將宋貴、陳兆先、張志雄、韓成、丁普郎等戰死。友諒戰死的第二天，元璋焚香拜天，慰勞將士，答應將來天下一家，和巴都兒[24]們共享富貴，做大官。[25]後來又對劉基說：「我真不該到安豐去，假如友諒趁我遠出，應天空虛，順流而下，直搗應天，我進無所據，退無所歸。幸而他不直攻應天，反而去圍南昌，南昌堅守了三個月，給了我充分的時間來集中兵力，這一仗雖然打勝，可是也真夠僥倖的了。」[26]

陳友諒戰死，漢軍殘部指日可以肅清。張士誠局促自守，不能為害。北邊的擴廓帖木兒和孛羅帖木兒兩軍爭奪地盤，正在打得熱鬧。元璋疆土日廣，政事日益繁多，吳國公的名號已經和現有局面不相稱了，尋思也得稱王才好，問題是在稱甚麼王，張士誠在九月間已經自立為吳王了，應天正是歷史上孫權吳國的都城，而且幾年前民間就有童謠：「富

23　《明太祖實錄》卷十二；宋濂：《平江漢頌序》；《國初羣雄事略》卷四，漢陳友諒；《明史》卷一百二十三，《陳友諒傳》。

24　即拔都、巴圖魯，蒙古語勇士的意思。

25　《國初羣雄事略》卷四，漢陳友諒，引俞本：《紀事錄》

26　《國初事跡》。

漢莫起樓，貧漢莫起屋，但看羊兒年，便是吳家國。」[27] 非得稱吳王不可。龍鳳十年正月，元璋自立為吳王，設置百官，建中書省，以李善長為右相國，徐達為左相國，常遇春、俞通海為平章政事，汪廣洋為右司郎中，張昶為左司都事。立長子標為世子。[28] 發佈號令，用「皇帝聖旨，吳王令旨」的名義。[29] 同時有兩個吳王，民間叫張士誠作東吳，元璋作西吳。[30] 軍隊服裝原先只是用紅布作記號，穿的五顏六色，也給劃一了。規定將士戰襖、戰裙和戰旗都用紅色，頭戴闊檐紅皮壯帽，插「猛烈」二字小旗。攻城系拖地棉裙，取其虛胖，箭射不進去。箭鏃開頭是用銅作的，現在疆土廣大，有了鐵礦，改用鐵的。並且大批製造鐵甲、火藥、火銃、石炮，武器更犀利耐用。[31]

　　二月，元璋親率水陸大軍征武昌，陳理請降，立湖廣行中書省。到年底，友諒疆土，漢水以南，贛州以西，韶州（今廣東曲江）以北，辰州（今湖南沅陵）以東，都為元璋所有。[32]

27　《庚申外史》上；《元史》卷五十一，《五行志》二；錢謙益：《太祖實錄辨證》卷一。

28　《明太祖實錄》卷十四。

29　陶安：《陶學士文集》；祝允明：《九朝野記》。

30　《國初羣雄事略》卷七，引《月山叢談》。

31　《國初事跡》。

32　《明太祖實錄》卷十四。

二、取東吳

陳友諒兵強地廣，雄踞長江上流，用全力要吞併朱元璋，結果反被消滅。西線敵人解決了，朱元璋的軍力更加壯大了，第二個進攻目標，便是東吳張士誠。

元璋和幕僚們分析當時軍事形勢，指出：「天下用兵，河北有孛羅帖木兒，河南有擴廓帖木兒，關中有李思齊、張良弼。河北軍隊數量多而沒有紀律，河南的稍有紀律而軍力不強，關中的一部分道途不通，糧餉接濟不上。江南只有我和張士誠，士誠多奸謀，會用間諜，可是部隊全不講紀律。我有幾十萬大軍，固守疆土，修明軍政，建立嚴格軍事紀律，委任將帥，抓住有利時機，逐個消滅，統一天下是有把握的。」[33] 便一心一意整頓軍隊，加強紀律教育，練習攻城本領，準備下一個戰役的攻堅戰。

元末南方羣雄，分作兩個系統：一是紅軍系，一是非紅軍系。紅軍系分東西兩支，東支以淮水流域作中心，小明王是東支的共主，郭子興是滁、和一帶的頭目，子興死，朱元璋代起，日漸強大。西支以漢水流域作中心，從徐壽輝到陳友諒，以及壽輝部將割據四川的明玉珍。非紅軍系如東吳張士誠，浙東方國珍。紅軍有鮮明的政治目標，要推翻元朝政府；有響亮的民族解放口號，要驅逐蒙古統治集團，他們和蒙古政府是勢不兩立的，決不妥協的，鬥爭到底的。非紅軍

33　《明太祖實錄》卷十四。

系便不同了，領導人物和基本隊伍主要的是牙儈、鹽丁、中小地主和搖擺不定的中農。沒有政治目標，沒有民族思想，割據地方以後，貪圖生活享受，日漸腐化，他們和蒙古政府可以妥協，以至合作。蒙古政府招撫的條件合適就投降，不滿意就背叛，每反復一次，個人的名位就高一等，地盤也擴大一些，向蒙古政府討價錢的資本也愈大。但是對紅軍的態度恰正相反，決不妥協，鬥爭到底：張士誠對小明王和朱元璋始終處在敵對狀態，十年連兵不解；方國珍地小兵弱，雖然沒有力量進攻，但也不肯真心講和修好。

張士誠對元朝政府的臣服關係是不穩定的，正像他作牙儈一樣，賤時買進，貴時賣出，反反覆覆，時臣時叛。至正十三年元朝招降，授以官職，派他出兵進攻濠、泗紅軍，士誠怕吃虧不肯去；知道泰州守軍虛弱，襲取泰州，破興化，據高郵，十四年自稱誠王，國號大周。十七年八月又降元朝，授官太尉。元朝招降士誠，是為了解決南糧北運的問題。大都缺糧，支持不下去，幾年來元江浙右丞相達識帖木兒千方百計勸士誠歸附；士誠之再次投降，是因為和朱元璋打拉鋸戰吃了虧，西線連失長興、常州、江陰、常熟等重要據點，弟士德（九六）為元璋所擒，士德有勇有謀，禮賢下士，幫助士誠創基立業，被俘後堅決不降，秘密帶話給士誠，要他投降元朝，為元璋所殺。東邊元朗苗軍楊完者在嘉興，是一支猛衝猛打的潑辣部隊，幾次打敗士誠的進攻。士誠兩面受敵，估計抵擋不住，聽了兄弟的話，又作起元朝的官來了。達識帖木兒大喜，安排士誠出糧，方國珍出船，接濟大都。

兩人心裏都懷着鬼胎，張士誠怕把糧食交給方國珍，被吞沒了，賠了錢不見功勞。方國珍卻怕船出海被扣。張士誠乘虛進攻，達識帖木兒兩面說好話作保人，費了多少事，從至正二十年到二十三年算是每年運了十幾萬石。楊完者的部隊紀律極壞，搶錢搶人，姦淫燒殺，無惡不作，駐防過的地方比經過戰爭還慘，民間有民謠形容道：「死不怨泰州張（士誠），生不謝寶慶楊（完者）。」[34] 仗着有實力，不聽達識帖木兒約束。達識帖木兒要除掉楊完者，和士誠暗地定計，攻殺完者，苗軍將士大部投降元璋。達識帖木兒沒有軍隊的支持，政權也跟着失去了，事事受士誠挾制，不久便被拘禁。士誠名義上算受元朝官爵，楊完者一死，接收苗軍防區。逐出稱雄淮西的趙均用，六七年功夫，一意擴充地盤，南到杭州紹興，北到濟寧（今山東），西達汝、潁、濠、泗，東邊到海，有地二千餘里。二十三年九月又自立為吳王，達識帖木兒自殺，元朝徵糧，再也不肯答應了。[35]

士誠所佔地方盛產糧食，又有魚鹽桑麻之利，人口眾多，最為富庶。他生性遲重，不多說話，待人寬大，沒有一定主見，只想守住這塊基業，怕冒險吃虧出差錯。大將大臣們都是當年走私的江湖兄弟，如今成局面了，有福同享，作錯事以至打了大敗仗，士誠也不忍責備。將軍大臣們築宮室，修園池，養女優，玩古董，和詩人文士們宴會歌舞，上

34　《輟耕錄》卷二十八；姚桐壽：《樂郊私語》。

35　《輟耕錄》卷八、卷二十九；《元史》卷一百四十，《達識帖木兒傳》；《明太祖實錄》卷二十；吳寬：《平吳錄》。

下都腐化了。甚至大將出兵，也帶着妓女清客解悶，損兵失
地，回來照樣帶兵作官。張九六重待文學之士，當時有名的
詩人陳基、饒介、王逢、高啟、楊基、張羽、楊維楨等人都
和他來往，有的在他幕府作事，浙西地區的開闢和國事的決
策，九六很起作用。九六被擒死，九七（士信）作丞相，貪污
無能，疏遠舊將，上下隔絕。士誠也懶得管事。元璋着人打
聽了這情形，對人說：「我諸事無不經心，法不輕恕，尚且被
人所瞞。張九四終歲不出門，不理政事，豈不着人瞞！」[36] 士
信任用姓黃、姓蔡、姓葉的三個人作參謀，弄權舞弊，東吳
有一民謠道：「丞相做事業，專憑黃、蔡、葉，一朝西風起，
乾癟！」[37]

　　士誠從龍鳳二年（公元 1356 年，元至正十六年）起和元
璋接境，便互相攻伐，士誠要奪回失地，元璋進攻湖州、杭
州、紹興，都佔不到便宜，邊境上沒有一時安閒。直到朱元
璋從武昌凱旋以後，集中軍力，進攻東吳，局面才發生劇烈
的變化。[38]

　　元璋對東吳的攻勢，分作三個步驟：第一步攻勢起於
龍鳳十一年十月，攻擊目標是東吳北境淮水流域，到十二年
四月間，盡取通州、興化、鹽城、泰州、高郵、淮安、徐
州、宿州、安豐諸州縣，孫德崖早已死去，濠州四面被攻，

36　《國初事跡》。

37　《明太祖實錄》卷二十；《平吳錄》；《明史》卷三十，《五行志》。《實錄》文
　　字有不同：「黃蔡葉，作齒頰，一夜西風來，乾癟。」

38　《明史》卷一百二十三，《張士誠傳》；《國初羣雄事略》卷七，周張士誠，引
　　逸名：《農田餘話》。

也投降了。半年工夫，完成預定任務，使東吳軍力侷促於長江之南。

第二步攻勢起於十二年八月，分兵兩路，進攻湖州、杭州，切斷東吳的左右兩臂，到十一月間湖、杭守軍投降，造成北西南三面包圍平江的局勢。

第三步攻勢是平江的攻圍戰，從十二年十二月到吳元年九月，前後一共十個月，才攻下平江，俘執士誠，結束了十年來的拉鋸戰。

元璋於盡佔淮水諸城之後，龍鳳十二年五月，傳檄聲討張士誠，檄文詳細說明元末形勢，和自己起兵經過，檄文說：

> 蓋聞伐罪弔民，王者之師，考之往古，世代昭然……近睹有元之末，主居深宮，臣操威福，官以賄成，罪以情免，憲台舉親而劾仇，有司差貧而優富。廟堂不以為慮，方添冗官，又改鈔法，役數十萬民，湮塞黃河，死者枕藉於道，哀苦聲聞於天。致使愚民，誤中妖術，不解偈言之妄誕，酷信彌勒之真有，冀其治世，以蘇困苦，聚為燒香之黨，根據汝、潁，蔓延河、洛。妖言既行，兇謀遂逞，焚蕩城郭，殺戮士夫，荼毒生靈，千端萬狀。元以天下兵馬錢糧而討之，略無功效。愈見猖獗，然而終不能濟世安民。是以有志之士，旁觀熟慮，乘勢而起，或假元氏為名，或託鄉軍為號，或以孤兵自立，皆欲自力，由是天下土崩瓦解。
>
> 予本濠梁之民，初列行伍，漸至提兵。灼見妖言，不

能成事，又度胡運，難與立功，遂引兵渡江。賴天地祖宗之靈，及將帥之力，一鼓而有江左，再戰而定浙東。陳氏稱號，據我上游，爰興問罪之師，彭蠡交兵，元惡授首，父子兄弟，面縛輿櫬，既待以不死，又封以列爵，將相皆置於朝班，民庶各安於田里，荊襄湖廣，盡入版圖，雖德化未及，而政令頗修。

　　惟茲姑蘇張士誠，為民則私販鹽貨，行劫於江湖，兵興則首聚兇徒，負固於海島，其罪一也。又恐海隅一區，難抗天下大勢，詐降於元，坑其參政趙璉，囚其待制孫撝，其罪二也。厥後掩襲浙西，兵不滿萬數，地不足千里，僭稱改元，其罪三也。初寇我邊，一戰生擒其親弟，再犯浙省，揚矛直搗其近郊，首尾畏縮，乃又詐降於元，其罪四也。陽受元朝之名，陰行假王之令，挾制達丞相，謀害楊左丞，其罪五也。佔據江浙錢糧，十年不貢，其罪六也。知元綱已墜，公然害其丞相達識帖木兒、南台大夫普化帖木兒，其罪七也。恃其地險食足，誘我叛將，掠我邊民，其罪八也。凡此八罪……理宜征討，以靖天下，以濟斯民。爰命中書左丞相徐達率領馬步官軍舟師，水陸並進，攻取浙西諸處城池。已行戒飭軍將，征討所到，殲厥渠魁，脅從妄治，備有條章。凡我逋逃居民，被陷軍士，悔悟來歸，咸宥其罪。其爾張氏臣僚，果能明識天時，或全城附順，或棄刃投降，名爵賞賜，予所不吝。凡爾百姓，果能安業不動，即我良民，舊有田產房舍，仍前為主，依額納糧，余無科取，使汝等永保鄉里，以全室

家。此興師之故也。敢有千百相聚,抗拒王師者,即當移
兵剿滅,遷徙宗族於五溪、兩廣,永離鄉土,以禦邊戎。
凡予所言,信如皎日,咨爾臣庶,毋或自疑。[39]

和這篇檄文同時,還有性質相同的一道宣諭徐州吏民的
文告說:

　　近自胡元失政,兵起汝、潁,天下之人以為豪傑奮
興,太平可致。而彼惟以妖言惑眾,不能上順天意,下悦
民心,是用自底滅亡。及元兵雲集,其老將舊臣,雖有握
兵之權,皆無戡亂之略,師行之地,甚於羣盜,致使中原
版蕩,城郭丘墟,十有餘年,禍亂極矣。[40]

這兩篇文字,充滿了儒家的思想,可以明白看出是劉
基、宋濂等人的策略,甚至可能出於他們的手筆。檄文末段
分化東吳軍民,說明只殺首惡,不追究從犯;東吳臣僚投降
的都給官做;逃亡居民和投降軍士,都許他們回來;百姓能

39　檄文全文見《平吳錄》、祝允明《前聞記》、《野記》、陸深《續停驂錄》四書。
　　《前聞記》和《平吳錄》文字不同處很多,有事後竄改的,如元璋在發此檄文
　　時為吳王,皇帝指小明王,《前聞記》元璋自稱朕,《平吳錄》稱予稱我,顯
　　然《平吳錄》是比較可靠的。也有些地方如鄉軍指地主軍,《前聞記》作香軍,
　　《平吳錄》作鄉軍,也據《平吳錄》。檄文開始「皇帝聖旨,吳王令旨,總兵
　　官准中書省咨,敬奉令旨。」結尾:「敬此,除敬遵外,敬請施行,准此,合
　　行備出文榜曉諭,故依令旨事竟施行。所有文榜,須議出給者。龍鳳十二年
　　五月二十二日本州判官許士傑賫到。」
40　《明太祖實錄》卷十六。

夠安業的許其保有原來田產房舍，爭取東吳治下官僚地主的歸順，減少大軍進攻的抵抗力量。為了消除東吳官僚地主對紅軍的疑懼，在第一段特別強調指斥彌勒教為妖術、妖言、兇謀，列舉殺人放火，特別是殺戮士大夫的罪狀，並申明自己已經灼見妖言不能成事，不相信這一套了。陳友諒父兄子弟歸降，都封列侯，將相都作大官，地主和農民各安生理，就是他不相信彌勒教的證據。這兩篇文字公開宣告了朱元璋對彌勒教的斥責，否定了自己和全軍過去對彌勒教的信奉，脫去宗教迷信的外衣，進一步宣稱進軍的任務是為了伐罪救民，是為了使民庶各安於田里，使百姓永保鄉里，以全室家。保證給官僚地主和庶民以和平安定的生活，這是朱元璋一生中劃時代的轉變。劉基、宋濂這一地主儒生集團幾年來所起的作用，到這時具體化了，宋的軍隊沒有了，將領都已死亡，小明王寄居滁州，僅存名號，紅軍的招牌已沒有號召作用，應該提出新的口號爭取地主巨紳的支持，士大夫的同情和擁護。這兩篇文字把朱元璋的一生劃作兩個時期，前一時期他是彌勒教徒，是貧農和窮人的頭目，要破壞舊有社會秩序；此後則和地主巨紳聯合，成為他們的保護人，儒家的護法，要鞏固既得的利益，要建立並維持新的社會秩序了。

這年年底，元璋派大將廖永忠到滁州迎接小明王、劉太保，於瓜洲渡江，中流把船鑿沉，永忠徑回應天覆命。韓林兒、劉福通死，宋亡。[41] 此後，元璋不再提龍鳳的話，連當

---

41 《庚申外史》；朱權：《通鑑博論》；高岱：《鴻猷錄・宋事始末》；潘檉章：《國

年鎮江西城打敗東吳的紀功碑，因為有龍鳳年號，也槌毀滅跡。[42] 文書上的龍鳳史料，更是消毀得乾乾淨淨。元璋死後所編的《明太祖實錄》，不提元璋和龍鳳臣屬關係一字，這一段歷史被湮滅，被歪曲了幾百年。

元璋對東吳的第二步攻勢，動員了二十萬大軍，統帥是大將軍徐達，副將軍常遇春。在出師前商討戰略，常遇春堅決主張直取平江，以為巢穴既破，其餘諸郡可以不戰而下。元璋卻決定用葉兌的次策，指出：士誠出身鹽梟，和湖、杭諸郡守將都是不畏死之徒，同甘共苦。如先攻平江，湖、杭守軍必然齊心併力，來救老家，援兵四合，不易取勝。不如想法分散他的兵力，先取湖、杭，士誠無法援救，我軍集中力量個別擊破，枝葉一去，根本動搖，使士誠疲於奔命，然後移兵直取平江，必然可以成功。遂分兵攻圍杭州、湖州，元璋親自誓師，叮嚀囑咐，要將帥和睦，不許左右欺凌軍士，進城時不要燒殺擄掠，不要挖墳墓，尤其張士誠母親的墳，千萬不可侵毀，以免刺激東吳人民，增加抵拒心理。說了又寫成戒約，印發給軍士。[43]

第三步攻勢，應用葉兌的銷城法，築長圍把平江圍困住，用火銃、襄陽炮成日夜轟擊。士誠外無援兵，內無糧草，突圍又失敗了，元璋一再勸降不理，城破時親率兵巷戰，看到實在不行了，一把火燒死了家屬，上吊自殺，被部將解救，

史考異》十六。

42 《國初事跡》。

43 《明太祖實錄》卷十六。

西吳兵已到府中，俘送應天。在船上閉眼不說話，不肯進飲食。元璋問話不理，李善長問話，捱了罵。元璋氣極，一頓亂棍打死，連屍骨都燒成灰。[44] 東吳亡。

李伯昇是士誠十八兄弟之一，同時起事，官為司徒，守湖州，兵敗出降。平江固守，使說客招降的是他，把士誠交給常遇春的也是他。平江人記住這段歷史，凡是出賣朋友的人就叫作「李司徒」。[45]

大軍凱旋後，論功行賞，第二天諸將來謝，元璋問有沒有擺酒席慶賀，都說吃了酒席，高興得很。元璋說：「我也何嘗不想和諸軍歡宴一天，但中原尚未平定，還不是晏安的時候。你們應該記取張士誠的教訓，他成天和將相們喝酒宴會，酣歌逸樂，今天怎麼樣了，要引以為戒才是。」又對東吳降將講話：「你們都是張士誠舊部，作將官帶部隊，計窮勢屈，才不得已投降。我厚待你們，還讓你作將校。但是要給你們講清楚一個道理，我所用諸將，多是濠、泗、汝、潁、壽、春、定遠諸州的人，勤苦儉約，不知奢侈。不比江浙地方富庶，耽於逸樂。你們也不是富貴人家出身的，一朝作了將軍帶了兵，就胡亂取人子女玉帛，甚麼壞事全做了。過去的事情不說，如今既然在我這裏，就要改去老毛病，像我的濠、泗諸將那樣，才能保住爵位。人人都想富貴，但是取富貴不難，長保富貴卻是難事。你們真能盡心盡力，和大軍一

44　《國初羣雄事略》卷七，周張士誠，引俞本：《紀事錄》；《明太祖實錄》卷十二；《平吳錄》。

45　《國初羣雄事略》卷七，引《冶誠客論》。

起除暴平亂，早日統一天下，不但你們能享富貴，連子孫也可以享福。假如只圖一時快意，不向前看，雖然暫時快樂，卻保不住日後喪敗。這是你們親見的事，不可不戒。」[46]

平江合圍後，吳元年九月元璋又遣將攻討方國珍。參政朱亮祖以浙江、衢州、金華等衞馬步舟師攻台州，征南將軍湯和、副將軍吳禎以常州、長興、宜興、江陰諸軍攻慶元（今浙江寧波）。又命征南副將軍廖永忠率水軍從海路進攻，切斷國珍逃入海中的退路。

方國珍以至正八年聚眾海上起事，吳元年十二月降西吳，在羣雄中最先起事，稱雄浙東二十年。

台州黃巖靠近海邊，人多地少，無地、少地的農民都靠海吃飯，打魚曬鹽，飄洋過海，在海上過的日子比陸地上多。國珍和兄弟國璋、國瑛、國珉一家子世代販鹽浮海為業。國珍長身黑面，走及奔馬，是地方上有名的土豪。至正初年海盜劫掠商民，搶了運皇糧漕船，殺了督運使臣，地方官千方百計追捕，國珍的仇家向官府告發國珍私通海盜，坐地分贓，國珍殺了仇家，帶領全家和鄰里怕事的逃入海中，集結了幾千人，四處搶劫。[47] 元朝發兵圍殺，打敗官軍，連將官也俘虜了，受招安作定海尉。不久又反，俘獲元朝大將，又投降作大官。如此時降時叛，反復一次，官升一次，到至正十七年一直做到元浙東行省參知政事海道運糧萬戶。以慶元

46　《明太祖實錄》卷二十。

47　葉子奇：《草木子》；宋濂：《方國珍神道碑銘》；《明太祖實錄》卷八十八；《國初羣雄事略》卷八，方谷真。

為根據地，兼領溫州、台州，佔有浙東沿海一帶地方，水軍千艘，控制着豐富的漁鹽資源，兄弟子姪全做大官，心滿意足，只想保住這份好產業。[48]

元璋攻取婺州後，和國珍鄰境相望。國珍兵力弱小，北有張士誠，南有陳友定，和這兩家都不大和洽，見元璋兵勢甚盛，怕被吞併，派使臣送金銀綢緞，接受龍鳳官誥，口頭還說願意獻出三郡，只是不肯奉龍鳳年號。元璋多次派使臣督責，國珍推說：「當初獻三郡，為保百姓。請上位多發軍馬來守，交還城池。若遽奉正朔，張士誠、陳友諒來攻，援兵萬一趕不到，就危險了。不如姑以『至正』為名，他們找不出罪名來攻。若真要我奉龍鳳年號，必須多發軍馬，軍馬一到，便以三郡交還。情願領弟姪赴京聽命，止求一身不作官，以報元之恩德。」元璋聽說，笑了一聲：「也好，且擺在那裏，等我取下蘇州，那時他要奉正朔也晚了。」[49]國珍一面向西吳進貢，一面又替元朝送糧，腳踏兩隻船，左右搖擺。到元璋取杭州以後，國珍越發害怕，使人北通擴廓帖木兒，南聯陳友定，計算結成掎角之勢，抵抗西吳進攻。還盤算着萬一兩頭的支援都靠不住，敵不過，好在有千數的海船，到時載着金銀財寶，合家奔入大海，也還夠一輩子享用。主意打定，日夜運珍寶，修治船隻，準備隨時下海。[50]

吳元年九月，朱亮祖軍進佔台州、溫州，湯和大軍長驅

---

48 《明史》卷一百二十三，《方國珍傳》。

49 《國初事跡》。

50 《明史》卷一百二十三，《方國珍傳》。

直取慶元。國珍逃入海中，又為水軍所敗。走頭無路，哀辭
求降。西吳軍從進攻到凱旋，前後不過三個多月。[51]

這一年，韓林兒已死，不能再用龍鳳年號，更不能用元
至正年號。按甲子是丁未年，未屬羊，童謠不是說「但看羊
兒年，便是吳家國」嗎，東吳已在包圍中了，為着再一次應
童謠，元璋下令叫這年為吳元年。

三、南征北伐

朱元璋出兵征服方國珍的同時，決定了南征北伐的大計。

吳元年九月間，元璋統治的疆土，大體上據有現在的湖
北、湖南、河南東南部和江西、安徽、江蘇、浙江，包括漢
水下游和長江下游，是全中國最富庶，物產最多，人口密度
最高的地區。

中國南部除元璋所佔地區以外，分裂成幾個軍事割據
地區：以四川為中心的是夏國明昇，雲南有元宗室梁王鎮
守，兩廣也是元朝的勢力，福建陳友定雖然跋扈，仍然對元
朝效忠。

元璋見夏國主幼兵弱，不會有所作為，雲南太遠，暫時
可以不問。決定進軍目標是福建和兩廣。

中國北部在表面上屬於元朝，情況更複雜：山東是黃軍
王宣的防地，河南屬擴廓帖木兒，關內隴右則有李思齊、張

51　《國初羣雄事略》卷八，方谷真。

良弼諸軍，孛羅帖木兒一軍鎮大同。擴廓和李、張二將不和，孛羅一軍又和擴廓對立。元璋進兵江浙的時候，元朝幾個大將正在爭軍權，搶地盤，一心一意打內戰，拼個死活，誰也不管整個局面。和軍事領袖內部衝突同時，元朝統治階級最上層宮廷的內部矛盾，也日益深化、強化了。宮廷的陰謀政變和軍事領袖的公開戰爭相結合，互相利用，分裂成為兩個互相傾軋、殘殺的集團，雙方都要奪取政權，都有貴族官僚支持，都有武裝力量，勢均力敵，爭得熱鬧，殺得熱鬧，造成「鷸蚌相爭，漁翁得利」的局面。元璋趁着元朝內部打得火熱，乘機東征西討，擴大地盤，充實軍力。等到元璋北伐大軍兵臨城下，元朝的軍事領袖們才着了慌，停止互相殘殺，卻又不肯也不甘心和別人合作，聽別人調度，仍然各保地方，人自為戰，為朱元璋造成集中強大軍力進行個別擊破的局面，元朝分散的軍事力量一股接着一股被消滅的結果，長期進行民族和階級壓迫的異族統治政權也隨之被消滅了。

元朝軍事領袖內部鬥爭的故事可以追溯到幾年以前。

紅軍起義後，元朝正規軍隊抵抗不住，四處打敗仗。堅決頑強和紅軍作戰的是「義軍」，這是由地主土豪所組織的保衛私家生命財產的地方「民兵」，也叫作鄉軍。「義軍」中最強大的有兩支：一支是起自沈丘（今河南沈丘）的察罕帖木兒和李思齊，察罕帖木兒的曾祖是元初征佔河南的蒙古軍人，子孫在沈丘住家，至正十二年和羅山地主李思齊率領鄉里子弟襲破羅山，元朝政府授官汝寧府達魯花赤，各地地主武裝先後參加，組成萬人的一軍，幾年來連敗紅軍，重佔河

北、關陝，陷汴梁，取河南，號令達江浙，屯重兵太行山，正準備大舉進攻山東時，和另一支「義軍」發生了內戰。[52] 一支是元朝世將答失八都魯所招募的襄陽官吏和流亡土豪的二萬「義丁」，和劉福通作戰有功，重佔襄陽亳州。[53] 答失八都魯死，子孛羅帖木兒代其掌兵，移鎮大同。山西晉冀之地是察罕帖木兒的部隊進佔的，察罕大軍東出，孛羅帖木兒進軍晉冀，強佔防地。兩軍交戰幾年，元朝政府屢次派人調停講和，察罕帖木兒被刺死，孛羅帖木兒又領兵來爭晉冀，內戰又起。[54]

和軍事領袖內戰的發展同時進行的是元朝宮廷的陰謀政變。

脫脫丞相貶死後，哈麻代為丞相。哈麻陰謀廢順帝立皇太子，事泄被殺。皇太子生母高麗奇皇后和皇太子仍舊陰謀廢立，使宦官樸不花和丞相太平商量，太平不肯，太子懷恨，把太平也害死了。宮廷裏分作兩派，丞相搠思監和樸不花幫太子，貴臣老的沙幫皇帝。太子派靠擴廓帖木兒作外援，皇帝派拉攏孛羅帖木兒來對抗。

老的沙得罪於皇太子，逃入孛羅軍中。皇太子怨孛羅收容仇人，搠思監、樸不花誣害孛羅圖謀不軌，至正二十四年四月下詔數孛羅帖木兒罪狀，解其兵權，削其官爵。孛羅竟帶領大軍進向大都，順帝縛送搠思監、樸不花謝罪，孛羅才

52 《元史》卷一四一，《察罕帖木兒傳》。
53 《元史》卷一四二，《答失八都魯傳》。
54 《庚申外史》。

回師大同。太子失敗了，不甘心，逃出大都，再徵擴廓兵打
孛羅，孛羅又舉兵進攻大都，太子戰敗，逃到太原。孛羅入
都，作中書左丞相。二十五年太子調擴廓和諸路兵進攻，孛
羅戰敗，被刺死於宮中，擴廓入都代為丞相。

　　太子奔太原時，要仿效唐肅宗靈武故事，自立為皇帝，
擴廓不肯。擴廓入都時，奇皇后又要他帶重兵擁太子進宮，
逼順帝讓位，擴廓不理會，離京三十里就命大軍駐下，止帶
數騎入朝。由此，奇皇后和太子深恨擴廓，順帝也心忌他兵
權太重，朝中大臣嫌他不是根腳官人，另眼相看。擴廓在軍
中久了，過不慣大都的日子，兼之上下都有嫌忌，自願出外
帶兵，順帝封他為河南王統率全國軍馬，代皇太子出征。[55]

　　至正二十六年二月，擴廓回到河南，調度各處軍馬，用
檄文調關中四將軍會師。李思齊得調兵札，勃然大怒，罵說：
「乳臭小兒，黃髮還沒有退，敢來調我！我跟你父親同鄉里，
同起義兵，你父親進酒，還三拜才喝，你在我面前連站腳處
都沒有，居然稱總兵，敢命令我！」下令各部，一戈一甲不
許出武關，王保保來見，則整兵殺之。張良弼、孔興、脫列
伯三軍也不受節制。擴廓軍令不行，把南征一事暫且放下，
派一部分軍隊屯駐濟南，防禦南方進攻，親自帶領大軍入關
攻李思齊。李思齊等四人也會兵長安，盟於含元殿舊基，
合力抵抗。兩軍軍力差不多，整整打了一年，大小幾百戰，

55　《庚申外史》；《元史》，《順帝本紀》，卷一四一《察罕帖木兒傳》，卷二〇七
　　《孛羅帖木兒傳》；《明史》卷一二四，《擴廓帖木兒傳》。

分不出勝負。順帝再三令擴廓停戰，一意南征，擴廓不聽。二十七年七月擴廓抽部下最精銳的貂高一軍渡河，從背後直搗鳳翔，貂高部將中有一部分是孛羅帖木兒的舊將，半路上計議：「朝廷調我們打妖賊，如今卻去打李思齊，李思齊是官軍，官軍殺官軍，為甚麼來？」逼貂高倒戈聲討擴廓。順帝心忌擴廓，又恨他不聽調度，正在想法子奪去擴廓兵權，貂高奏報到了，十分喜歡，升貂高知樞密院兼平章，總河北軍馬，下詔書解除擴廓統帥權，只領本部軍馬，肅清江淮，李思齊等部分兵進取。特設大撫軍院，以皇太子總制天下軍馬，專防擴廓。[56]

西吳的間諜偵探得上面所說的一切情況，元璋決定利用元軍內戰，主要軍力自相抵銷的有利時機，南征北伐同時並進。吳元年十月，以徐達為征虜大將軍，常遇春為副將軍，率甲士二十五萬，由淮入河，北取中原。中書省平章胡廷瑞為征南將軍，江西行省左丞何文輝為副將軍，由江西取福建。湖廣行省平章楊璟、左丞周德興率湖廣諸衛軍取廣西。

取福建兵分三路：胡廷瑞、何文輝率步騎從江西渡杉關為正兵，湯和、廖永忠由明州以舟師取福州為奇兵，李文忠由浦城攻建寧為疑兵。陳友定的根據地延平（今福建南平）和福州掎角，建寧（今福建建甌）則為延平外線據點，駐有重兵。元璋三路大軍分頭進攻，正兵使敵人以主力應戰，奇兵使敵人不測所以，疑兵分散敵人兵力。

---

56 《國初羣雄事略》卷九，擴廓帖木兒。

　　陳友定福建福清人，出身僱農，作富農的上門女婿，做買賣總是賠錢，投充驛卒。至正十二年紅軍進攻福建，友定投效作民兵，立下戰功，升為小軍官，佔領很多城池，積官到福建行省平章，鎮守閩中八郡。對元朝極為恭順，年年運糧到大都。朱元璋佔婺州後，和友定接境。至正二十五年二月，友定進攻處州，為西吳大將胡深所敗，深乘勝追擊，元璋調發江西駐軍南下，準備兩路會師，一舉攻下延平。不料胡深部隊進得太快，孤軍深入，中伏被俘，為友定所殺，平閩計劃受了挫折，暫時擱起。

　　方國珍投降，西吳水師乘勝南下，友定轄境和元朝本部隔絕，孤立無援，福州、建寧先後失敗，延平被圍。城破，友定和僚屬訣別，服毒自殺不死，被俘到應天。元璋責備他攻處州、殺胡深的罪狀，友定厲聲回答：「國破家亡，死就算了，何必多說。」父子同時被殺。[57]

　　西吳從出兵到克服延平，費時四月，從克服延平到平定全閩，又費了八個月工夫。

　　平定兩廣的戰略，也是分兵三路：第一路楊琛、周德興由湖南取廣西；第二路陸仲亨由韶州（今廣東曲江）搗德慶；第三路是平閩的水師，由海道取廣州。第一路軍於吳元年十月出發，第二、三路軍於洪武元年二月出發，所遇抵抗以第一路軍為最大。從衡州推進到廣西，第一座名城永州（今湖

57　《明太祖實錄》卷二十五；《明史》卷一二四，《陳友定傳》；《國初羣雄事略》
　　卷十二，陳友定。

南零陵），第二全州（今廣西全縣），都經過激烈血戰才佔領了，進圍靖江（今廣西桂林）。第二路軍用三個月時間平定北江和西江三角地帶，切斷廣州和靖江的交通。第三路軍廖永忠遣使向元江西福建行中書省右丞何真勸降，大軍到潮州，何真送上印章圖籍戶口，奉表歸降，廣州附近州縣，不戰而下。廖永忠以所部沿西江入廣西，北上會合第一路軍攻圍靖江。洪武元年六月，靖江城破，七月廣西平定，兩廣全歸元璋版圖。[58]

福建、兩廣平定後，南部除掉四川、雲南以外，都聯成一氣了。大後方的人力、財力，供給北伐軍以無限的支持。

北伐軍在出發前，經過元璋和劉基仔細商定了作戰計劃，再和諸將在軍事會議上討論決定。常遇春提出的方案是攻堅戰術，以為南方都已平定，兵力有餘，以我百戰的精兵消滅元朝疲憊的兵力，必勝無疑。到都城攻下後，以破竹之勢，分兵掃蕩，其餘城池可以不戰而下。元璋的計劃正好相反，他指出直攻大都的危險性，以為這是元朝經營了上百年的都城，防禦工事一定很堅固，假定我孤軍深入，一時取不到手，頓兵於堅城之下，後邊的糧餉接濟不上，元朝的援兵四面八方趕到，退不得，豈不壞事。不如用斫樹的法子，先去枝葉，再挖老根，先取山東，撤掉大都的屏風，回師下河南，剪斷它的羽翼，進據潼關，佔領它的門戶，軍事要點都

58　《明太祖實錄》卷二十八；《明史》卷一百三十，《何真傳》；《國初羣雄事略》卷六，東莞伯何真。

拿到我手裏了，再進圍大都，那時元朝勢孤援絕，自然不戰可取了。大都既下，鼓行而西，雲中、九原以及關隴，都可席捲而下。元璋的戰術是穩打穩紮，步步推進，逐漸擴大，佔領地和後方聯結在一起，補給線控制在自己手裏，這樣便立於不敗之地。諸將都同聲說好。[59]

北伐軍的統帥部，也經過慎重考慮，選擇最優秀的大將組成。在平陳友諒以前，諸將直接由元璋親自指揮，彼此不相統率。有一次打了大勝仗，常遇春把漢的降兵全部殺死，徐達阻止不住，才派定徐達作大將軍，節制諸將。這次北伐大軍，關係更重大，徐達用兵持重，有紀律，尤其重要的是他小心謹慎，叫做甚麼就做甚麼，靠得住，放得下心，任為征虜大將軍，統帥全軍。常遇春當百萬之眾，勇敢先登，摧鋒陷陣，所向披靡，任為副將軍。元璋擔心他健鬥輕敵，特別約束告誡，如大敵當前，以遇春作先鋒，和參將馮勝分左右翼，將精銳進擊。右丞薛顯、參將傅友德勇冠諸軍，各領一軍，使當一面。大將軍專主中軍，責任是運籌決勝，策勵諸將，不可輕動。[60]

元璋再三申明紀律，告諭將士以北伐意義，戰爭目的不僅僅是攻城略地，重要的是推翻這個壞政府，削平禍亂，解除人民痛苦，安定人民生活。見敵人就打，所經地方和打下的城子，不可亂殺人，不可搶財物，不可毀壞民居，破壞農

59　《明太祖實錄》卷二十一；陸深：《平胡錄》；《明史》卷一二五，《徐達》、《常遇春傳》。

60　《明太祖實錄》卷二十一；高岱：《鴻猷錄》五，《北伐中原》。

具，勿殺耕牛，勿掠人子女。如今是堂堂正正的大軍了，以前不好的作風都得改掉。如有收留下的遺棄孤兒幼女，父母親戚來討，要即時交還，不可揹勒，壞了名氣。[61]

要使北方人民明白大軍北伐的道理，要解除北方官僚地主對紅軍恐懼疑忌的心理，和瓦解元軍的軍心士氣，還必須着重進行宣傳工作。宋濂奉命寫的告北方官吏人民的檄文說：

> 自古帝王臨御天下，皆中國居內以制夷狄，夷狄居外以奉中國，未聞以夷狄居中國治天下者也。自宋祚傾移，元以北狄入主中國，四海以內，罔不臣服，此豈人力，實乃天授。彼時君明臣良，足以綱維天下，然達人志士，尚有冠履倒置之歎。自是以後，元之臣子，不遵祖訓，廢壞綱常，有如大德廢長立幼，泰定以臣殺君，天歷以弟酖兄，至於弟收兄妻，子蒸父妾，上下相習，恬不為怪，其於父子君臣夫婦長幼之倫，瀆亂甚矣。夫人君者斯民之宗主，朝廷者天下之根本，禮義者御世之大防，其所為如彼，豈可為訓於天下後世哉！

> 及其後嗣沉荒，失君臣之道，又加以宰相專權，憲台報怨，有司毒虐，於是人心離叛，天下兵起，使我中國之民，死者肝腦塗地，生者骨肉不相保，雖因人事所致，實天厭其德而棄之之時也。古云「胡虜無百年之運」，驗之

今日，信乎不謬。

當此之時，天運循環，中原氣盛，億兆之中，當降生聖人，驅逐胡虜，恢復中華，立綱陳紀，救濟斯民。今一紀於茲，未聞有治世安民者，徒使爾等戰戰兢兢，處於朝秦暮楚之地，誠可矜憫。

方今河、洛、關、陝，雖有數雄：忘中國祖宗之姓，反就胡虜禽獸之名，以為美稱，假元號以濟私，恃有眾以要君，憑陵跋扈，遙制朝權，此河洛之徒也，或眾少力微，阻兵據險，賄誘名爵，志在養力，以俟釁隙，此關陝之人也。二者其始皆以捕妖人為名，乃得兵權。及妖人已滅，兵權已得，志驕氣盈，無復尊主庇民之意，互相吞噬，反為生民之巨害，皆非華夏之主也。

予本淮右布衣，因天下大亂，為眾所推，率師渡江，居金陵形勢之地，得長江天塹之險，今十有三年。西抵巴蜀，東連滄海，南控閩、越，湖、湘、漢、沔，兩淮、徐、邳，皆入版圖，奄及南方，盡為我有。民稍安，食稍足，兵稍精，控弦執矢，目視我中原之民，久無所主，深用疚心。予恭承天命，罔敢自安，方欲遣兵北逐胡虜，拯生民於塗炭，復漢官之威儀。慮民人未知，反為我仇，挈家北走，陷溺尤深，故先諭告：兵至，民人勿避。予號令嚴肅，無秋毫之犯，歸我者永安於中華，背我者自竄於塞外。蓋我中國之民，天必命我中國之人以安之，夷狄何得而治哉！予恐中土久污膻腥，生民擾擾，故率羣雄奮力擴清，志在逐胡虜，除暴亂，使民皆得其所，雪中國之恥，爾民

其體之。

　　如蒙古、色目，雖非華夏族類，然同生天地之間，有能知禮義，願為臣民者，與中夏之人撫養無異。故茲告諭，想宜知悉。[62]

　　這是元璋幕僚中儒生系統的傑作，代表幾千年來儒家的正統思想。這篇文字的中心思想有三點：第一是民族革命，特別強調夷夏的分別，特別強調中國人應由中國人自己來治理。過去不幸被外族侵入，冠履倒置，吃夠了苦頭，現在北伐的目的就是「驅逐胡虜，恢復中華」，雪中國之恥。這兩句響亮的口號，比之紅軍初起時所提出的恢復趙宋政權，從狹隘的搬出一個已被遺忘的幽靈，進一步喊出恢復民族獨立的主張，以此為號召，自然更能夠普遍地獲得全民的擁護和支持；第二是復興道統，也就是舊有的文化的思想的系統之恢復。文中指出「禮義者御世之大防」，「父子君臣夫婦長幼之倫」，「朝廷者天下之根本」，「中國居內以制夷狄」，都是綱是紀，是儒家的中心思想，是多少世代以來維持封建統治的金科玉律。大之治國，小之修身，從政治到生活，都被約束在這一思想體系中。蒙古人侵佔中國，破壞了這一思想體系，弄得亂七八糟。如今北伐，目的在「立綱陳紀，救濟斯民」，恢復這個世世相傳的傳統文化和生活習慣。這比之紅軍初起時所宣傳的彌勒佛和明王出世的幻想故事，自然更能

62　《明太祖實錄》卷二十一；高岱：《鴻猷錄》五，《北伐中原》。

夠廣泛地獲得社會各階層人民的擁護和支持，更能吸引儒生士大夫的深切同情；第三是統一安定，幾十年來由於元君荒淫，有司毒虐，人心離叛，天下兵起，使人民死者肝腦塗地，生者骨肉不相保，戰戰兢兢，處於朝秦暮楚之地，中原之民，久無所主。北伐的同的是為了治世安民，是為了拯生民於塗炭，是為了使人民永安於中華，使民皆得其所。提出統一和安定民生的號召，這是符合於全體人民的要求的，是符合全體人民的切身利益的。人民所歡迎所擁護所爭取的目標在這篇文字中特出地揭示出來，這樣也就自然產生出不可抗拒的力量，為勝利鋪平道路。

罵元朝，說它破壞傳統文化，說它政治貪污腐化，毒虐人民，是個壞政府，不但人心離叛，連上天也已經厭棄它了。

罵元朝將軍，河洛指擴廓帖木兒，擴廓原來是漢人王保保，為母舅收養，元帝賜以蒙古名，是抬舉他算蒙古人的意思。關陝指李思齊等四將軍。罵擴廓用外族名字，以夷變夏，跋扈要君。罵李思齊阻兵據險，志在養力。這兩個將軍互相吞噬，不但不能庇民，反為生民之巨害，都不能作為華夏之主。那麼，誰應該來治理中國呢？論版圖之廣大，人民之眾多，軍力之強大，逐胡虜，除暴亂，雪國恥，拯生民的歷史任務就不能不由淮右布衣朱元璋負擔起來了。

最後，為了緩和蒙古、色目人的反抗心理，指出只要他們知禮義，加入中國文化系統，願為臣民，也就與中夏之人同樣撫養，和中國人民一樣看待。

前一年討張士誠的檄文，還只是消極地斥責彌勒教，

空洞地罵元朝政府。到這時候，才鮮明的具體的、積極的提出民族革命，復興道統和統一安定的號召，這是朱元璋進一步的轉變，也是元璋幕府裏代表地主階級的儒生們的再一次的勝利。

這一宣傳文告發生了巨大的作用，山東、河南州縣紛紛降附，名城如濟南、益都、汴梁、河南都不戰而降，連蒙古、色目人也望風降附了。擴廓的舅父老保投降了，察罕帖木兒的父親梁王阿魯溫也投降了，汴梁守將過去在廬州的左君弼也不戰而降。有的元朝守將知道抵擋不住，棄城逃走。北伐軍因之得以順利進軍，在很短的時間內，收復國土，平定西北，統一全國。

北伐軍徐達一軍由淮入河是主力，征戍將軍鄧愈由襄陽北略南陽以北州郡是偏師，目的在分散元軍兵力。

從軍事進展情形來說，徐達正確地執行了預定的計劃。這個計劃如上文所說，要點是步步推進。第一步從出師這天起，到洪武元年正月，前後三個多月，平定山東。

第二步由山東取河南：一路取歸德（今河南商丘）、許州（今河南許昌），和鄧愈軍會師，抄汴梁（今河南開封）的後路；一路由鄆城渡黃河直達陳橋，兩股兵力像兩個鉗子夾住，汴梁不戰而降。進敗元軍於洛水，河南（今河南洛陽）降。河南全境平定。別將馮勝克潼關，李思齊、張良弼遁走。這是洪武元年三四月間的事。

魯豫既定，潼關一軍堵住元關中軍的出路，三面包圍大都的軍事局勢已經造成。五月，元璋親自到汴梁，大會諸將，

重新研究戰局和決定下一步驟的戰略。

　　當北伐軍以雷霆萬鈞之勢，席捲中原，各地方守將告急的羽書，雪片似飛向大都的時候，元軍正忙於內戰，打得難解難分，政局反復和軍權轉移，走馬燈似的在團團轉。擴廓帖木兒被解除統帥權以後，退兵據澤州（今山西晉城），部將關保投向元朝政府。順帝見擴廓勢孤，下詔李思齊等軍東出關，和貓高合軍圍攻擴廓，令關保以所部戍守太原。擴廓憤極，引軍據太原，盡殺元朝所置官吏，順帝也下詔書盡削擴廓在身官爵，令諸軍四面討伐。元璋北伐大軍就趁這時機，下山東，取汴梁，元將望風降附，無一人抵抗，無一軍堵截，小城降，大城也降，漢官漢將棄城逃走，蒙古、色目官吏將軍也棄城逃走，真是「土崩瓦解」，「勢如破竹」。

　　到了潼關失守，貓高、關保又為擴廓所擒殺，順帝才害怕發急，又苦於事情做得太決絕了，不好轉圜，只好把一切過錯都算在皇太子名下，撤消撫軍院，盡復擴廓官爵，令和李思齊分道南征。擴廓和李思齊也着了慌，正準備調遣軍隊，整裝出發，可是北伐軍已經向大都推進，挽救不及了。

　　第三步攻勢的目標才是大都。閏七月徐達大會諸將於臨清，佈置進軍方略，馬步舟師沿運河北上，連下德州、通州。元軍連吃敗仗，毫無鬥志，順帝知道援軍已被隔絕，孤城難守，怕被俘虜，蹈宋徽、欽二帝和瀛國公的覆轍，二十八日夜三鼓，率后妃太子逃奔上都去了。[63] 八月初二日北伐軍進

63　《庚申外史》；《明太祖實錄》卷三十。

入大都。從契丹入侵時算起，淪陷了四百三十年的名都，到這一天才回到中華人民的手中來！從宋太祖、太宗、神宗以來，沒有能實踐的收復燕雲十六州的民族願望，朱元璋代表全民族完成了這個歷史任務。歷史上的錯誤、污點湔雪了，「驅逐韃虜，恢復中華」的號召實現了！自古以來防禦北方少數民族入侵的國防線長城，從此再度成為中華人民的自衛堡壘了！蒙古政府、成吉思汗後人君臨中國壓迫剝削奴役漢、南人和各族人民的政權，從滅金算起，有一百三十四年，從滅宋算起，有九十年，到這一天，被推翻了，結束了。漢、南人各族人民長期反抗鬥爭的結果，終於取得具有歷史意義的民族解放偉大的光輝的勝利。

元大都雖下，順帝在上都依然發號施令，元軍實力依然強大完整。徐達、常遇春移兵進取山西、陝西，從洪武元年八月到第二年八月，整整打了一年，才取得解放西北的勝利，完成了北伐戰役第四步的任務。在這一年內，元軍不但堅決抵抗，而且還有力量作幾次大規模的反攻。在整個北伐戰役中，可以說是最艱苦的一段。

西征軍從河北進入山西南部，擴廓遣將以兵來爭澤州，大敗西征軍。又乘北平（元璋改大都為北平府）空虛，親出雁門偷襲。徐達得到情報，也不回救北平，徑率大軍直搗擴廓的根據地太原。擴廓進軍才到半路，聞報回軍援救，半夜被徐達軍偷營襲擊，不知所措，以十八騎北走，山西平。

洪武二年三月，西征軍入奉元路（西安），李思齊逃奔鳳翔，又奔臨洮，大軍進逼，勢窮力竭，只好投降。元軍又

乘虛攻通州，北平無重兵，常遇春、李文忠率步騎九萬還救，直搗元上都，元順帝北逃沙漠，北平轉危為安。遇春暴卒，李文忠領兵會合大軍併力西征，大敗圍攻大同的元軍，生擒脫列伯，殺孔興。順帝幾次反攻，都已失敗，知道不行了，歎一口氣，打消了南下反攻的念頭，洪武三年死，子愛猷識里達臘繼立；徐達大軍繼續西進，張良弼逃奔寧夏，為擴廓所執。其弟張良臣以慶陽降，不久又叛，城破被殺，陝西平定。

　　李思齊、孔興、脫列伯、張良弼兄弟，降的降，死的死，蒙古大將只剩擴廓帖木兒還擁大軍駐屯寧夏，不時出兵攻掠，邊境守軍不得安逸。劉基警告元璋說：「不可輕視擴廓，此人真是將才。」洪武三年又命大將軍徐達總大軍征沙漠，擴廓方圍蘭州，解圍還救，大敗奔和林（今蒙古人民共和國庫倫西南）。五年又遣將率大軍分道進攻，到嶺北為擴廓所大敗。二十五年後，元璋想起這次大敗仗，還非常傷心，寫信告誡他的兒子朱桐、朱棣說：「吾用兵一世，指揮諸將，未嘗敗北，致傷軍士，正欲養銳，以觀胡變。夫何諸將日請深入沙漠，不免疲兵於和林，此蓋輕信無謀，以致傷生數萬。」據當時人記載，連同過去的幾次敗仗，合計死亡有四十多萬人。

　　擴廓帖木兒是漢人，卻忘「中國祖宗之姓」，作蒙古將軍，堅決為異族服務，頑強地和中華人民為敵。孤軍逃回沙漠以後，家屬被俘，元璋使人送信勸降，娶他妹子作第二子秦王妃。最後派李思齊去做說客，見面時擴廓以禮款待，辭

回時還派騎士送到交界地方，正欲分別，騎士說：「奉總兵令，請留一點東西作紀念。」思齊說：「我為公差遠來，無以留贈。」騎士直說：「我要你的一隻手臂。」思齊知不可免，只好斫下一隻手臂，回來後不幾天就死了。[64] 元璋嘗說：「如今天下一家了，尚有三事未了，掛在心頭。一件少傳國璽，一件王保保未擒，一件元太子無音問。」到洪武八年，擴廓帖木兒死，洪武十一年愛猷識里達臘死，子脫古思帖木兒繼立，仍然擁有重兵，不時侵犯明朝邊境。[65]

北方平定，洪武四年正月，出兵伐夏。以湯和為征西將軍，周德興、廖永忠為副將軍，率舟師由瞿塘攻重慶；傅友德為征虜前將軍，顧時為副將軍，率步騎由秦隴取成都。

明玉珍隨州（今湖北隨縣）人。世代務農，有上百畝田地產業。身長八尺，目有重瞳，性情剛直，鄉里間有口舌糾葛，都找他排解，很有威信。徐壽輝起兵，玉珍招集鄉豪，修柵治城，以保鄉里，被推作屯長。徐壽輝使人招降，不得已加入紅軍，作統兵征虜大元帥。奉命入川略地，壽輝死後，自立為隴蜀王，以兵守瞿塘，和陳友諒斷絕來往。至正二十二年即皇帝位於重慶，建國為夏，年號天統。保境安民，禮聘名士，專務節儉，開進士科，求雅樂，賦稅十分取一。下令去釋道二教，止奉彌勒，各地都建立彌勒佛堂。休兵息民，百姓安居樂業。在位五年，死時方三十六歲。子明昇以十歲

64　俞本：《紀事錄》；《明史》卷一二四，《擴廓帖木兒傳》。

65　《草木子‧餘錄》；《庚申外史》；《國初羣雄事略》卷九，擴廓帖木兒。

孩子繼位，諸將爭權，互相殘殺，國勢日漸衰弱。[66]

夏國見大軍壓境，倚仗瞿塘天險，以鐵索橫斷關口，鑿兩岸石壁，引繩作飛橋，以木板平鋪放上炮石木竿鐵銃，兩岸置炮，層層佈防，以為舟師決不能過。湯和水軍果然被阻，三個月不能前進一步。

夏人把重兵都配置在東線，北邊防務空虛，傅友德趁機南下，連克名城，將克復城池日子寫了木牌，投在江裏，廖永忠得到消息，從間道繞到敵人背後，兩面夾攻，斷飛橋，燒鐵索，水陸並進，夏兵抵擋不住，明昇乞降。傅友德進攻成都，成都知重慶已失，也降。

十月湯和等全定川蜀郡縣，夏亡。[67]

陳友諒的兒子陳理和明昇兩家家屬，後來一起被送到高麗去住。

兩家子孫到明朝中期還有人看到過。[68]

66　《明太祖實錄》卷十六；楊學可：《明氏實錄》。

67　《明史》卷一二三，《明玉珍傳》；《國初羣雄事略》卷五，明玉珍。

68　朝鮮《李朝實錄》。

第四章
開國皇帝

一、國號大明

吳元年（公元 1367 年，元順帝至正二十七年）十二月，朱元璋的北伐大軍已經平定山東；南征軍已降方國珍，移軍取福建，水陸兩路都勢如破竹。一片捷報聲使應天的文武臣僚歡天喜地，估量着軍事力量、人民的擁護支持，估量着元朝政府的無能腐敗，元朝將軍們瘋狂內戰，統一全國已經是算得出日子的事情了。為了適應新的局面，吳王應該稱皇帝，王府臣僚應該進一等做帝國的將相。

一切都商量好了，中書省左丞相宣國公李善長率文武百官奉表勸進，十天後，元璋搬進新蓋的宮殿，把要做皇帝的意思，祭告於上帝皇祇說：「惟我中國人民之君，自宋運告終，帝命真人於沙漠，入中國為天下主，其君臣父子及孫百有餘年，今運亦終。其天下土地人民，豪傑分爭。惟帝賜英賢為臣之輔，遂戡定羣雄，息民於田野。今地周回二萬里廣，諸臣下皆曰生民無主，必欲推尊帝號，臣不敢辭，亦不敢不

告上帝皇祇。是用明年正月四日於鍾山之陽，設壇備儀，昭
告帝祇，惟簡在帝心：如臣可為生民主，告祭之日，帝祇來
臨，天朗氣清；如臣不可，至日當烈風異景，使臣知之。」[1]

即位禮儀也決定了。這一天先告祀天地，即皇帝位於南
郊，丞相率百官以下和都民耆耄拜賀舞蹈，連呼萬歲三聲，
禮成。具皇帝鹵簿威儀導從，到太廟追尊四代祖父母父母為
皇帝皇后。再祭告社稷。於是皇帝服袞冕，在奉天殿受百官
賀，這樣就算成為合法的皇帝了。

皇帝辦公的正殿名為奉天殿，皇帝詔書的開頭規定用
「奉天承運」四字。原來元時皇帝詔書的開頭用「長生天氣力
里、大福蔭護助里」，文言譯作「上天眷命」，朱元璋以為這
口氣不夠謙卑，改為「奉天承運」，表示他的一切行動都是
「奉天」而行的，他的皇朝是「承」方興之「運」的，誰能反抗
天命，誰又敢於違逆興運！

洪武元年（公元 1368 年）正月初四日，朱元璋定有天下
之號曰大明，建元洪武。以應天為京師。

奉天殿受賀後，立妃馬氏為皇后，世子標為皇太子。以
李善長、徐達為左右丞相，各文武功臣都加官進爵。皇族死
的活的全都封王。一霎時鬧鬧攘攘，歡歡喜喜，新朝廷上充
滿了蓬蓬勃勃的新氣象，新京師裏平添了幾百千家新貴族，
歷史上出現了一個統一的新朝代。[2]

1　《明太祖實錄》卷二十四。
2　《明太祖實錄》卷二十五。

　　皇族和其他許多文武官僚家族組成新統治集團，代表這集團執行統治的機構是朝廷，這朝廷是為朱家皇朝服務的，朱家皇朝的建立者朱元璋，給他的皇朝起的名號——大明。

　　大明這一國號的決定，事前曾經經過長期的考慮。

　　歷史上的朝代稱號，都有其特殊的意義。大體上可以分作四類：第一類用初起時的地名，如秦、漢；第二類用所封的爵邑，如隋、唐；第三類用特殊的物產，如遼（鑌鐵）、金；第四類用文字的含義，如大真、大元。[3] 大明應該屬於第四類。

　　大明的意義出於明教。明教本有明王出世的傳說，經過五百多年公開和秘密的傳播，明王出世成為民間所熟知的預言。韓山童自稱明王起事，敗死後，他的兒子韓林兒繼稱小明王。西系紅軍別支的明昇也稱小明王。朱元璋原來是小明王的部將，害死小明王，繼之而起，國號大明。[4] 據說是劉基出的主意。[5]

　　朱元璋部下分紅軍和儒生兩種人，也就是農民和地主兩個系統，這一國號的採用使兩個系統的人都感覺滿意。就出自紅軍的諸將來說，他們大多數起自淮西，受了彭瑩玉的教化，其餘的不是郭子興的部將，就是小明王的故將，或天完和漢的降將，總之，都是明教徒。國號大明，第一表示新政權是繼承小明王的，所有明教徒都是一家人，應該團結在一

3　趙翼：《廿二史札記》卷二十九，《元建國始用文義》。

4　孫宜《大明初略》四：「國號大明，承林兒小明號也。」朱國楨：《涌幢小品》卷二：「國號加大，始於胡元，我朝因之，蓋返左袵之舊，自合如此。且以別於小明王也。其言大漢、大唐、大宋者，乃外夷及臣子尊稱之詞。」

5　祝允明：《野記》卷一。

起，共享富貴；第二告訴人以明王已經出世，已經即位，只此一家，其他的全是假冒的，不要相信；第三使人民安心，老實本分，享受明王治下的和平合理生活。就出自地主的儒生集團來說，他們固然反對明教，和紅軍處於敵對地位，用盡心機，勸誘朱元璋背叛明教，放棄紅軍主張，暗殺小明王，另建新朝代。可是，對於這一國號，卻用儒家的看法去解釋。明是光明，是火，分開是日月二字，古禮有祀「大明」，朝「日」夕「月」的說法，千多年來「大明」和日、月都算是朝廷的正祀，無論是列作郊祭或特祭，都為歷代皇家所重視，儒生所樂於討論的。而且，新朝是起於南方的，和以前各朝從北方起事平定南方的恰好相反，拿陰陽五行之說來推論，南方為火，為陽，神是祝融，顏色赤，北方是水，屬陰，神是玄冥，顏色黑。新朝建都金陵，是祝融的故墟[6]，元朝建都北平，起自蒙古大漠。那麼，以火制水，以陽消陰，以明克暗，不是恰好相勝？再則，歷史上的宮殿名稱有大明宮、大明殿，古神話裏「朱明」一詞又把國姓和國號聯在一起，尤為巧合。因此，儒生這一系統也贊成用這國號。這兩種人的出發點不

---

6 袁義新《鳳陽新書》卷一《太祖本紀》：「本姓朱，本祝融。祝融，帝顓頊子，為帝嚳火正，有大勳勞於天下，故別為祝融。在國臣（柯）促炯言：⋯⋯太祖定鼎金陵，則祝融之故墟也⋯⋯故建國號大明，其有祖也。夫祝融大明，容光必照⋯⋯所以我太祖以大明建國，亦以大明光天，中天下而立，定四海之民，所重民歷，以示三綱五常，以昭日月，以引趨光而避兇，此皇明治天下，潛移默化之大旨，所以四海來朝，亦以是賜之耳。知此道者，其可以語我太祖取號大明之秘義乎。故漢德若水，我皇明其德如日月之代明，漢得地道，我皇明得天道，三統之義，皇明統於天矣。」

同，結論卻取得一致。[7]

　　元末二十年的階級鬥爭和民族鬥爭，被統治者組織武裝力量，宣傳標榜的是「明王出世」，是「彌勒降生」的預言。朱元璋是深深明白這類預言，這類秘密組織的意義的。正因為他是明教徒，正因為他崇奉彌勒，正因為他是從明教和彌勒教的秘密傳播得到機會和成功，成為新興的統治者，他要把這份產業永遠保持下去，傳之子孫，再不許可別的人學他的榜樣，危害他的統治。而且，大明已經成為國號了，更不能容許對這名詞有所褻瀆。因此，建國的第一年，就用詔書禁止一切邪教，特別是白蓮社、大明教和彌勒教。跟着把這禁令寫成法律條文，《大明律・禮律・禁止師巫邪術》條規定：「凡師巫假降邪神，書符咒水，扶鸞禱聖，自號端公、太保、師婆，妄稱彌勒佛、白蓮社、明尊教、白雲宗等會。一應左道亂正之術，或隱藏圖像，燒香集眾，夜聚曉散，佯修善事，煽惑人民。為首者絞。為從者各杖一百，流三千里。」句解：「端公、太保，降神之男子；師婆，降神之婦人。白蓮社如昔遠公修淨土之教，今奉彌勒佛十八龍天持齋唸佛者。明尊教謂男子修行齋戒，奉牟尼光佛教法者。白雲宗寺會蓋謂釋氏支流派分七十二家，白雲持一宗如黃梅、曹溪之類是也。」明尊教即明教，牟尼光佛即摩尼。《昭代王章・條例》：「左道惑眾之人，或燒香集徒，夜聚曉散，為從者及稱為善友，求討佈施，至十人以上，事發，屬軍衞者俱發邊衞

7　吳晗：《明教與大明帝國》，載《清華學報》五十週年紀念號。

充軍，屬有司者發口外為民。」善友也正是明教教友稱號的一種。《招判樞機‧定師巫邪術罪款》說：「有等捏怪之徒，罔顧明時之法，乃敢立白蓮社，自號端公。拭清風刀，人呼太保。嘗云能用五雷，能集方神。得先天，知後世。凡所以煽惑人心者千形萬狀。小則入迷而忘親忘家，大即心惑而喪心喪志，甚至聚集成黨，集黨成禍，不測之變，種種立見者，其害不可勝言也。」[8] 溫州、泉州的大明教，從南宋以來就根深蒂固流傳在民間，到明初還「造飾殿堂甚侈，民之無業者咸歸之」。因為名犯國號，教堂被毀，教產被沒收，教徒被逐歸農。[9] 宋、元以來的明州，也改名為寧波。[10] 明教徒在嚴刑壓制之下，只好再改換名稱，暗地裏活動，成為民間的秘密組織了。

　　彌勒教等秘密宗教在民間的傳播情況，特別是江西地區的情況，從朱元璋在洪武十九年誥戒人民的話裏可以看出來。他說：「元政不綱，天將更其運祚，而愚民好作亂者興焉。初本數人，其餘愚者聞此風而思為之，合共謀倡亂。是等之家，吾親目睹……秦之陳勝、吳廣，漢之黃巾，隋之楊玄感、僧向海明，唐之王仙芝，宋之王則等輩，皆係造言倡亂者。致干戈橫作，物命損傷者多。比其事成也，天不與倡

8　《昭代王章》：《明律》十一，《禮》一。王世貞《名卿績紀》卷三《李善長傳》：「洪武元年高帝幸汴還……又請禁淫祀白蓮社、明尊教、白雲巫覡，扶鸞禱聖書符咒水邪術。詔可。」

9　宋濂：《芝園續集》四，《胡岐寧衛經歷熊府君墓銘》；何喬遠：《閩書》七，《方域志》。

10　呂毖：《明朝小史》卷二。

亂者，殃歸首亂，福在殿興。今江西有等愚民，妻不諫夫，夫不戒前人所失，夫婦愚於家，反教子孫，一概唸誦南無彌勒尊佛，以為六字，又欲造禍，以殃鄉里……今後良民凡有六字者即時燒毀，毋存毋奉，永保己安，良民戒之哉！」[11] 特別指出凡是造言首事的都沒有好下場，「殃歸首亂」，只有自己是跟從的，成了事業，所以「福在殿興」。他勸人民脫離彌勒教，不奉六字。勸人民不要首事造禍，翻來覆去地說。但是，他所說的「愚民」還是好作亂，還是「聞此風而思為之」。從洪武初年到永樂七年（公元 1409 年），小明王在西北的徒黨仍然很活躍，王金剛奴自稱四天王，在沔縣西黑山天池平等處，以佛法惑眾。其黨田九成自稱後明皇帝，年號仍用龍鳳。高福興自稱彌勒佛，帝號和年號都直承小明王，根本不承認朱元璋這個新興的朝代。前後攻破屯寨，殺死官軍。[12] 同時西系紅軍的根據地蘄州、羅田都曾發生彌勒教徒的反抗鬥爭。如永樂四年蘄州廣濟縣「妖僧」守座聚男女立白蓮社，毀形斷指，假神煽惑被殺。七年在湘潭，十六年在保定，都有彌勒教徒起事失敗的記錄。湘潭的起事頭目是從江西來的，保定的頭目演說「應劫」、「五公」諸經，發展到真定、容城、山西洪洞等縣人民皆受戒約。[13] 以後一直到明亡，這些秘密宗教仍然不斷在各地傳播和暴動。

11　明太祖：《大誥三編》，造言好亂第十二。
12　《明成祖實錄》卷九十；沈德符：《野獲編》卷三十，《再僭龍鳳年號》。
13　《明成祖實錄》卷五十六、卷幾十六、卷二百。

二、大一統和不征之國

朱元璋以洪武元年稱帝，建立新皇朝，但是大一統事業的完成，還得花二十年時間。

元順帝北走以後，元朝遺留在內地的軍力還有兩大支：一支是雲南的梁王；一支是東北的納哈出，都用元朝年號，雄踞一方。雲南和蒙古本部隔絕，勢力孤單，朱元璋的注意力先集中在西南，從洪武四年消滅了割據四川的夏國以後，便着手經營，先後派遣使臣王禕、吳雲招降，都被梁王所殺。到洪武十四年，決意用軍力進取，派出傅友德、沐英、藍玉，三將軍分兩路進攻。

這時雲南在政治上和地理上分作三個系統：一是直屬蒙古合罕，以昆明為中心的梁王；二是在政治上隸屬於蒙古政府，但享有自治權以大理為中心的土酋段氏。以上所屬的地區都被區分為路、府、州、縣。三是在上述兩系統以外和南部思普一帶的少數民族，就是明代叫作土司的地區。現代貴州的西部，在元代屬於雲南行省，東部設八番順元諸軍民宣慰使司，管理羅羅族及苗族各土司。元至正二十四年，朱元璋平定湖南、湖北，和湖南接界的貴州思南宣慰和思州（今思縣）宣撫先後降附。到平定夏國後，四川全境都入版圖，和四川接境的貴州宣慰和普定府總管也自動歸附。貴州的土司大部分歸順明朝，雲南在東北兩面便失去屏蔽了。

明兵從雲南的東北兩面進攻，一路由四川南下取烏撒（今雲南鎮雄、貴州威寧等地），這地方是四川、雲南、貴州

三省接壤處，犬牙突出，是一個軍事據點，和在昆明的梁王主力軍呼應，並且是羅羅族的集中居住區；一路由湖南西取普定（今貴州安順），進攻昆明。從明軍動員那天算起，不過一百多天功夫，東路軍便已直抵昆明，梁王兵敗自殺。再北上和北路軍會攻烏撒，把蒙古軍隊消滅了，附近東川（今雲南會澤）、烏蒙（今雲南昭通）、芒部（今雲南鎮雄）諸羅羅族全部降附，昆明附近諸路也都以次歸順。洪武十五年二月設置貴州都指揮使司和雲南都指揮使司，建立了軍事統治機構。閏二月又設置雲南布政使司，建立了政治領導機構。[14]分別派官開築道路，寬十丈，以六十里為一驛，把四川、雲南、貴州的交通聯接起來。在要害地區，屯兵駐守，建立衛所，就令「那處蠻人供給軍食」，控扼糧運、交通系統的安全。[15]佈置好了，再以大軍西向攻下大理，經略西北和西南地方，招降麼些、羅羅、撣、僰諸族，分兵勘定各土司。分雲南為五十二府，五十四縣。雲南邊外的緬國和八百媳婦（今屬泰國）也遣使內附，設置緬中、緬甸和老撾、八百諸宣慰司。為了雲南太遠，交通不便，特派義子西平侯沐英統兵鎮守，沐家子孫世世承襲，在雲南三百年，竟和明朝相始終。

納哈出是元朝世將，太平失守被俘，元璋放他北還。元亡後納哈出擁兵蟠踞金山（在開原西北，遼河北岸），養精蓄銳，等候機會南下。和蒙古合罕的中路軍、擴廓帖木兒的西

---

14 《明史》卷一二四《把匝剌瓦爾密傳》，卷一二六《沐英傳》，卷一二九《傅友德傳》，卷一三二《藍玉傳》。

15 張紞：《雲南機務鈔黃》，洪武十五年閏二月廿五日敕。

路軍互相呼應，形成三路鉗制明軍的局面。在東北，除金山納哈出軍以外，遼陽、瀋陽、開元一帶都有蒙古軍屯聚。洪武四年元遼陽守將劉益來降，建遼東指揮使司，接着又建立遼東都指揮使司，總轄遼東軍馬，以次平定瀋陽、開元等地。同時又從河北、陝西、山西各地出兵大舉深入沙漠，擊破擴廓帖木兒的主力，進攻應昌（今熱河經棚縣西境，內蒙古自治區捕魚兒海旁）。元順帝死，子愛猷識里達臘繼立，年號宣光，明軍破應昌，元主遠遁漠北。到洪武八年擴廓帖木兒死後，蒙古西路和中路的軍力日漸衰弱，不能再深入內地侵掠了。朱元璋乘機經營甘肅、寧夏一帶地區，招撫西北各羌族和回族部落，分別給以土司名義或王號，使其個別內向，利用諸部族軍力，阻止蒙古軍的侵入。在長城以北今內蒙古自治區地方，則就各要害地方建立軍事據點，逐步推進，用強大軍力壓迫蒙古軍退到更北的大沙漠，不使靠近邊塞。西北方面的問題完全解決了，再轉回頭來收拾東北。

洪武二十年馮勝、傅友德、藍玉諸大將奉命北征納哈出。大軍出長城松亭關，築大寧（今熱河黑城）、寬河（今熱河寬河）、會州（今熱河平泉）、富峪（今熱河平泉之北）四城，儲糧供應前方，留兵屯守，切斷納哈出和蒙古中路軍的呼應。明主力軍東向從北面包圍金山，納哈出勢窮力蹙，孤軍無援，只好投降，遼東全部平定。[16] 於是立北平行都指揮使

---

16 《明史》卷一二九《馮勝傳》，卷一二五《常遇春傳》，卷一三二《藍玉傳》；錢謙益：《國初羣雄事略》卷十一，海西侯納哈出。

司於大寧，東和遼陽，西和大同應援，作為北邊國防前線的三大要塞。又西面和開平衞（元上都，今內蒙古自治區多倫縣地）、興和千戶所（今內蒙古自治區張北縣地）、東勝城（今內蒙古自治區托克托縣及茂茂明安旗之地）諸軍事據點，聯結成長城以外的第一道國防線。從遼河向西幾千里的地方，設衞置所，屯駐軍馬，建立了保衞長城的長城。[17] 兩年後，蒙古合罕脫古思帖木兒被殺，部屬分散。以後蒙古內部又連續發生政變，叛亂，實力逐漸衰弱，大明帝國北邊的邊防，也因之而獲得幾十年的安寧。

東北的蒙古軍雖然降附，還有女真族的問題急待解決。女真這一部族原是金人的後裔，依地理分佈，大致分為建州、海西、野人三種。過去兩屬於蒙古和高麗，部落分散，時常糾合向內地侵略，掠取糧食耕牛鐵器壯丁，擾害邊境，防不勝防。朱元璋採取軍事和政治雙管齊下的政策，軍事上封韓王於開原，寧王於大寧，控扼遼河兩頭，封遼王於廣寧（今遼寧北鎮），建立三個軍事中心，作為阻止蒙古和女真內犯的重鎮。政治上採取分化政策，把遼河以東諸女真部族，個別用金帛招撫，分立為若干羈縻式的衞所，使其自成單位，給予各部落酋長以衞所軍官職銜，許其稟承朝命世襲，並各給璽書，作為進貢和互市的憑證，滿足他們物資交換的經濟要求。這樣，女真族就依地理分佈成為幾十個衞所，不

17　《明史》，《兵志》三；嚴從簡：《殊域周咨錄》卷十七，韃靼；方孔炤：《全邊略記》卷三；黃道周：《博物典匯》卷十九。

相隸屬，任何一個單位都沒有力量單獨侵掠內地了。[18] 到明成祖時代，越發積極推行這政策，拓地到現在的黑龍江口，增置的衛所連同舊有的共有一百八十四衛，立奴兒幹都指揮使司以統之。[19]

遼東平定後，大一統的事業完全成功了。和前代一樣，這大一統的帝國領有屬國和許多藩國。從東面算起，洪武二十五年高麗發生政變，大將李成桂推翻親元的王朝，自立為王，改國號為朝鮮，成為大明帝國最忠順的屬國。藩國東南有琉球國，西南有安南、真臘、占城、暹羅，和南洋羣島諸島國。內地和邊疆則有許多羈縻的部族和土司。

藩屬和帝國臣屬關係的建立，照歷代傳統辦法，在帝國方面，派遣使臣宣告新朝建立，藩國必須繳還前朝頒賜國王的印綬冊誥，解除對前朝的臣屬關係。同時重新頒賜新朝的印綬冊誥，藩王受新朝冊封，成為新朝的藩國。其次，由新朝逐年頒賜大統歷，使之遵奉新朝的正朔，永為藩臣。在藩國方面，則必須遣使稱臣入貢，新王即位必須請求帝國冊封，所享受的權利，是對帝國通商——互市和皇帝的優渥賞賜；如遇到和其他藩國發生糾紛，或被另一藩國攻擊時，可以請求帝國調解和援助。至於藩國的內政，則可以完全自主，帝國從來不加干涉。帝國為了和藩國互市，交換經濟物資，在沿海特別開放三個通商口岸，主持通商和接待蕃舶

18　孟森：《清朝前紀》，《明元清系通紀》。
19　內藤虎次郎：《明奴兒幹永寧寺碑考》，載《北平圖書館館刊》四卷六期。

的衙門是市舶司，指定寧波市舶司通日本，泉州市舶司通琉球，廣州市舶司通占城、暹羅和南洋諸島國。

朱元璋的對外政策，是人不犯我，我不犯人，人若犯我，我必犯人。他把外國分作兩類，一類是不征之國，一類是必須謹備的敵國，應該分別看待。他特別在《皇明祖訓》中鄭重告誡說：

> 　　四方諸夷皆限山隔海，僻在一隅，得其地不足以供給，得其民不足以使令。若其不自揣量，來擾我邊，則彼為不祥。彼既不為中國患，而我興兵輕犯，亦不祥也。吾恐後世子孫倚中國富強，貪一時戰功，無故興兵，殺傷人命，切記不可！但胡戎與中國邊境密邇，累世戰爭，必選將練兵，時謹備之。
>
> 　　今將不征諸國名列於後：
>
> 　　東北：朝鮮國
>
> 　　正東偏北：　日本國（雖朝實詐，暗通奸臣胡惟庸謀為不軌，故絕之。）
>
> 　　正南偏東：大琉球國　小琉球國
>
> 　　西南：安南國　真臘國　暹羅國　占城國　蘇門答剌國　西洋國　爪哇國　溢亨國　白花國　三弗齊國　渤泥國 [20]

20　《皇明祖訓・箴戒章》。

中國是一個大國，是一個農業國，工商業不發達，不需要海外市場；土地面積大，用不着殖民地；人口眾多，不缺乏勞動力。向海外諸國侵略，「得其地不足以供給，得其民不足以使令」，沒有甚麼好處。而且打仗還得花錢，死人，打勝仗沒有好處，打敗仗越發划不來。因之，朱元璋反復告誡他的子孫，不可倚中國富強，貪一時戰功，無故興兵，殺傷人命。所謂「無故」，就是「彼既不為中國患」，反過來，假如有的國家不自揣量，膽敢侵犯我國邊境，對於這個國家是不祥的，沒有好結果的。他反對侵略別的國家，也堅決不容許別的國家來侵略。他吸收了元代用兵海外的失敗經驗，從國家的利益出發，制定對外政策：保境安民，和平相處。[21]

屬國和藩國的不同處，在於屬國和帝國的關係更密切一些，在某些場合，帝國可以過問屬國的內政，經濟上的聯繫也比較的多一些。

內地的土司要定期進貢，酋長繼承要得到朝廷許可，內政也可自主。部族土司領兵的直屬兵部，土府、土縣直屬吏部。平時有納稅，開關並保養道路，戰時有調兵從征的義務。土司衙門有宣慰司、宣撫司、招討司、安撫司、長官司、土府、土縣等名目，長官都是世襲，有一定的轄地和土民，總稱土司。如土司內部發生糾紛，或反抗朝廷失敗後，往往被收回自治權，直屬朝廷，改用流官治理，即所謂「改土歸流」。土司和朝廷的關係，在土司說，借朝廷所給予的官位

21　吳晗：《十六世紀前之中國與南洋》，載《清華學報》十一卷一期。

威權，鎮懾部下百姓，便於奴役搜括；在朝廷說，用官爵賞賜牢籠有實力的酋長，使其傾心內向，維持地方安寧，可以說是互相為用的。

概括地說來，明代西南地區各民族的分佈情況，湖南、四川、貴州三省交界處是苗族活動的中心，向南發展到了貴州；廣西則是瑤族（在東部）、僮族（在西部）的根據地；四川、雲南、貴州三省交界處則是羅羅族的聚居地區；四川西部和雲南西北部則有麼些族；雲南南部有僰族；四川北部和青海、甘肅、寧夏有羌族。

在上述各地區中，除純粹由土官治理的土司而外，還有一種參用流官的制度。流官即朝廷所任免的有一定任期的非世襲的地方官，大致是以土官為主，派遣流官為輔，流官在事實上執行監督的任務。和這情形相反，在設立流官的州縣，轄境內也有不同部族的土司存在。以此，在同一布政使司治下，有流官的州縣，有土官的土司，有土流合治的州縣，也有土官的州縣；即在同一流官治理的州縣內，也有漢族和其他各族人民雜居的情形。民族問題錯綜複雜，最容易引起糾紛以至戰爭。漢族人民生產技術高，人數多，力量大，用經濟力量擠，用政治力量搶，用武裝力量趕，佔取各族人民的土地物資。各族人民有的被迫遷徙到山上，過極度艱苦的日子；有的被屠殺消滅了；有的不甘心忍受壓迫，組織起來以武力反抗，爆發了地方性的甚至大規模的戰爭。明朝政府管理各族人民的原則，在邊境採取放任的愚民政策，只要土司能服從號令，便聽任其作威作福，世世相承，不加干涉；

在內地則採取積極的同化政策，如派遣流官助理，開設道路驛站，選拔土司子弟到國子監讀書，從而使其完糧納稅，應服軍役，逐步加強統治，最後改建為直接治理的流官州縣。[22]

　　治理西北羌族的辦法分兩種：一種是用其酋長為衞所長官，世世承襲；一種因其土俗，建立寺院並賜僧侶封號，通過宗教來治理人民。羌族的力量分化，兵力分散，西邊的國防也就沒有問題了。[23] 現在的西藏和兩康當時叫作烏斯藏和朵甘，居民信奉喇嘛教，僧侶兼管政事。明朝繼承元代制度，封其長老為國師法王，令其撫安人民，定期朝貢。又以西邊各族人民對茶葉特別愛好，在邊境設立茶課司，用茶葉和西邊各族人民交換馬匹，入貢的賞賜也以茶葉和布匹為主。兩邊諸國的酋長、僧侶為了入貢的賞賜和互市的利益，為了保持世代襲官和受封的權利，都覺得維持這種關係有好處，相安無事。明代三百年間，西邊邊防比較平靜，沒有發生甚麼大規模戰爭。

　　對蒙古、色目人，繼續貫徹北伐檄文所提出的「願為臣民者，與中夏之人撫養無異」的政策，凡是參加中華文化系統的外族，概不歧視。蒙古、色目的官吏和漢人同樣進用，在朝廷有做到尚書、侍郎的，在地方作知府、知縣，臨民辦

22　《明史・土司傳》。
23　《明史・西域傳》。

事。[24] 在軍隊裏更多，甚至在親軍中也有蒙古軍隊和軍官。[25]
由朝廷編置勘合（合同文書）給賜漢人姓名，和漢人一無分
別。[26] 婚姻則制定法令，准許和漢人通婚，務要兩相情願，
如漢人不願，許其同類自相嫁娶。[27] 這樣，這些居住內地的
蒙古、色目人經過幾代，都同化為中華民族的成員了。內中
有幾十家軍人世家，都立了功。對於塞外的外族，則繼承元
朝的撫育政策，告訴他們新朝仍和前朝一樣，各安生理，不
要害怕。

　　「復漢官之威儀」，下詔書恢復人民的衣冠如唐朝的式
樣。蒙古人留下的習俗，辮髮、椎髻、胡服：男袴褶窄袖及
辮線腰褶，婦女衣窄袖短衣，下服裙裳，胡語胡姓，一切禁
止。[28] 蒙古俗喪葬作樂娛屍，禮儀官品座次以右手為尊，也
廢除和改正了。[29] 參酌古代禮經和實際生活，規定了各階級
人民的生活服用、房舍、輿從種種制度，違反了都要受到法
律的制裁。

24　《明太祖實錄》卷一九九、卷二〇二；《明史》，卷一三八《周楨傳》，卷
　　一百四十《道同傳》。
25　《明太祖實錄》卷七十一、卷一九〇。
26　《明太祖實錄》卷五十；《明成祖實錄》卷三十三。
27　《明律》六，《戶律》。
28　《明太祖實錄》卷三十。
29　《明史·太祖本紀》。

三、建都和國防

朱元璋在稱帝建國之後，擺在面前的問題，第一是怎樣建立一個有效能的政治中心，即首都建在何處？第二是用甚麼方法來維持皇家萬世一系的統治？

遠在初渡江克太平時，陶安便建議先取金陵，據形勢以臨四方。[30] 馮國用勸定都金陵，以為根本。[31] 葉兌上書請定都金陵，然後拓地江廣，進則越兩淮以北征，退則劃長江以自守。[32] 謀臣策士一致主張定都應天。經過長期考慮之後，龍鳳十二年六月，擴大應天舊城，建築新宮於鍾山之南，到次年九月完工，這是吳王時代的都城。

洪武元年稱帝，北伐南征，到洪武二十年遼東歸附，全國統一。在這二十年中，朱元璋由王而帝，所治理的疆域由東南一角落擴展為大明帝國，吳王時代的都城如何適應這擴大以後的局面，便成為問題了。因為元帝雖然北走沙漠，仍然是蒙古大汗，保有強大的軍力，時時有南下復辟、捲土重來的企圖；同時沿海一帶倭寇侵擾，也是國防上的重大問題。國都的確定和國防計劃的安排是密切相關的，是當時朝野所最關心的兩件大事。

自然環境是這樣，從遼東到廣東，沿海幾千里的海岸線，時時處處都有被倭寇侵掠的危險。東北和北面、西北面，

30　《明史》卷一三六，《陶安傳》。

31　《明史》卷一二九，《馮勝傳》；孫承澤：《春明夢餘錄》卷一。

32　《明史》卷一三五·《葉兌傳》。

長城以外便是蒙古人的勢力，如不在險要處屯駐重兵，一旦蒙古鐵騎奔馳南下，黃河以北就很不容易守住。防邊要用重兵，如把邊境軍權付托諸將，又怕尾大不掉，有造成藩鎮跋扈的危險；如以重兵直隸中央，則國都必須設在國防前線，才便於統轄指揮。東南是全國的經濟中心，北方為了國防的安全，又必須成為全國的軍事中心。國都如建設在東南，和經濟中心結合，則北邊空虛，無力阻止蒙古軍的南侵；如建立在北邊，和軍事中心合一，則糧食仍須靠東南供應，運輸費用太大，極不經濟。

帝國都城問題之外，還有帝國制度問題。是郡縣制呢，還是封建制呢？就歷史經驗教訓說，秦漢唐宋之亡，沒有強大的親藩支持屏衛，是原因之一。可是周代封建子弟，又鬧得枝強幹弱，天王威令不行。這兩個制度的折衷辦法是西漢初期的郡國制，一面立郡縣，設官分治，集大權於朝廷；一面又置藩國，封建子弟，使為皇家捍禦。把帝國建都和制度問題一起解決，設國都於東南財賦之區，封子弟於北邊國防據點，這樣，在經濟上，在軍事上，在皇家統治權的永久維持上，都圓滿解決了。

明初定都應天的重要理由是從經濟上出發的：第一因為江浙富庶，不但有長江三角洲大穀倉，而且還是紡織工業、鹽業的中心，應天是這些物資的集散地，所謂「財賦出於東南，而金陵為其會」[33]。第二是吳王時代所奠定的宮闕，不願輕

33　丘濬：《大學衍義補・都邑之建》。

易放棄，且如另建都城，則又得重加一番勞費。第三朱元璋
的左右文武重臣都是江淮子弟，不願意遠離鄉土。第一個理
由是基本的，後兩個是次要的。雖然如此，朝廷上下又覺得
不妥當，因為從照應北方軍事的觀點來說，這個都城的地理
位置顯然是不合適的。洪武元年取下汴梁後，朱元璋曾親去
視察，認為這地方雖然地位適中，但是無險可守，四面受敵，
論形勢還不如應天。[34] 為了西北未定，要運送糧餉和補充軍
力，不能不有一個軍事上的補給基地，於是模仿古代兩京之
制，八月以應天為南京，開封（汴梁）為北京。次年八月陝西
平定，北方全入版圖，形勢改變了，國都重建問題又再次提
出。廷臣中有人主張關中險固，金城天府之國；有人建議洛
陽為全國中心，四方朝貢距離相等；也有人提出開封是宋朝
舊都，漕運方便；又有人以為北平（元大都）宮室完備，建都
可省營造費用。各種各樣的意見都引經據典提出討論，朱元
璋批評這些建議都有片面的理由，只是都不能夠適應現狀。
長安、洛陽、開封過去周、秦、漢、魏、唐、宋都曾經建過都，
但從今天的情況說，打了幾十年仗，人民還未休息過來，如
在這些地方新建都城，供給力役都出於江南，百姓負擔不了。
即使是北平吧，雖然有元朝的舊宮室，總得有更動，不免費
事。還不如仍舊在南京，據形勢之地，長江天塹，龍蟠虎踞，
可以立國。次之，臨濠（濠州）前長江後淮水，地勢險要，運

34　劉辰：《國初事跡》。

輸方便，也是可以建都的地方。[35] 決定以臨濠為中都，動工修造城池宮殿，從洪武二年九月起手，到八年四月，修建工程還在進行。劉基堅決反對，以為鳳陽雖是帝鄉，但就種種條件說，都不適宜建都，方才停工。[36] 洪武十一年下詔改南京為京師，躊躇了十年的建都問題，到這時，才下了決心。[37]

決心雖然下了，但是為了防禦蒙古，控扼北方邊防，朱元璋還是有遷都西北的打算，選定的地點仍是長安和洛陽。洪武二十四年八月特派皇太子巡視西北，比較兩地的形勢，太子回朝後，獻陝西地圖，提出意見。不料第二年太子病死，遷都大事只好擱下。[38]

京師新宮原來是燕尾湖，填湖建宮，地勢南面高，北面低，就堪輿家的說法是不合建造法則的。皇太子死後，老皇帝很傷心，百無聊賴中把太子之死歸咎於新宮風水不好，這年年底親撰《祭光祿寺灶神文》說：

> 朕經營天下數十年，事事按古有緒。維宮城前昂後窪，形勢不稱。本欲遷都。今朕年老，精力已倦。又天下新定，不欲勞民。且廢興有數，只得聽天。惟願鑒朕此心，福其子孫。[39]

35　黃光昇：《昭代典則》。

36　《明史》，《太祖本紀》二，卷一二八《劉基傳》。

37　《明史》，《地理志》一。

38　《明史》，卷一一五《興宗孝康皇帝傳》，卷一四七《胡廣傳》；姜清：《姜氏秘史》卷一；鄭曉：《今言》二七四。

39　顧炎武：《天下郡國利病書》卷十三，江南一。

六十五歲的白髮衰翁，失去勇氣，只求上天保佑，從此不再提遷都的話了。

分封諸王的制度，決定於洪武二年四月初編《皇明祖訓》的時候，三年四月封皇第二子到第十子為親王。但是諸王的就藩，卻在洪武十一年決定以南京為京師之後。[40] 從封王到諸王就藩前後相隔九年，原因是諸子有的沒有成年和都城未定，牽連到立國的制度也不能決定。到京師決定後，第二子秦王建國西安，三子晉王建國太原。十三年四子燕王建國北平，出鎮在沿長城的國防重鎮。十四年五子周王建國開封，六子楚王出藩武昌。十五年七子齊王建國青州。十八年潭王到長沙，魯王到兗州。以後其他幼王先後成年就國，星羅棋佈，分駐在全國各軍略要地。

就軍事形勢而論，諸王國的建立分作第一線和第二線，或者說是前方和後方。第一線諸王的任務在防止蒙古入侵，憑借天然險要，建立軍事重心，有塞王之稱。諸塞王沿長城線立國，又可分作外內二線：外線東渡榆關，跨遼東，南制朝鮮，北聯開原，控扼東北諸部族，以廣寧為中心，建遼國；經漁陽（今河北薊縣）、盧龍，出喜峰口，切斷蒙古南侵道路，以大寧為中心，包括今朝陽、赤峰一帶，建寧國；北平地勢險要，建燕國；出居庸，蔽雁門，以谷王駐宣府（今河北省宣化），代王駐大同；逾河而西，北保寧夏，倚賀蘭山，以慶王守寧夏；又西向控扼河西走廊，扃嘉峪，護西域諸國，

---

40 《明史》，《太祖本紀》二。

建肅國。東從開原，西到瓜、沙，聯成一氣。內線是太原的晉國和西安的秦國。後方諸名城則開封有周王，武昌有楚王，青州有齊王，長沙有潭王，兗州有魯王，成都有蜀王，荊州有湘王等國。[41]

諸王在其封地建立王府，設置官屬。親王的冕服車旗僅下皇帝一等，公侯大臣見王要俯首拜謁，不許鈞禮。親王的位雖然極高極貴，卻沒有土地，也不統治人民，不能干預民政，王府之外，便歸朝廷所任命的各級官吏治理。每年有一石的俸米和其他賞賜。另一方面，諸王有統兵和指揮軍事權，每王府設親王護衛指揮使司，有三護衛，護衛甲士少者千人，多的到一萬九千人。[42]塞王的兵力尤其雄厚，如寧王所部帶甲八萬，革車六千，所屬朵顏三衛騎兵，驍勇善戰。[43]秦、晉、燕三王的護衛特別經朝廷補充，兵力也最強。[44]《皇明祖訓》規定：「凡王國有守鎮兵，有護衛兵。其守鎮兵有常選指揮掌之，其護衛兵從王調遣。如本國是險要之地，遇有警急，其守鎮兵、護衛兵並從王調遣。」而且守鎮兵的調發，除御寶文書外，並須得親王令旨，方得發兵：「凡朝廷調兵，須有御寶文書與王，並有御寶文書與守鎮官。守鎮官既得御寶文書，又得王令旨，方許發兵。無王令旨，不得發兵。」[45]這一

41 何喬遠：《名山藏》，《分藩記》一。

42 《明史》，《兵志》二，《衛所》；《諸王傳序》。

43 《明史》卷一一七，《寧王傳》。

44 《明史・太祖本紀》：「洪武十年正月辛卯，以羽林等衛軍益秦、晉、燕三府護衛。」

45 《皇明祖訓・兵衛章》。

項規定使親王成為地方守軍的監視人，是皇帝在地方的軍權代表。平時以護衛軍監視地方守軍，單獨可以應變；戰時指揮兩軍，軍權付託給親生兒子，這樣就可以放心了。諸塞王每年秋天勒兵巡邊，遠到塞外，把蒙古部族趕得遠遠的，叫作「肅清沙漠」[46]。凡塞王都參預軍務，內中晉、燕二王屢次受命將兵出塞和築城、屯田，大將如宋國公馮勝、潁國公傅友德都受其節制，軍中小事專決，大事才請示朝廷，軍權獨重，立功也最多。[47]

以親王守邊，專決軍務。內地各大都會，也以皇子出鎮，每一個王國都是軍事重心。這樣，國都雖然遠在東南，也不會有甚麼問題了。朱元璋以為這樣安排，十分妥貼。但是，他沒有想到，給兒子以過重的軍權，造成尾大不掉的形勢。他死後不久，燕王就起兵反對建文帝，發生內戰，燕王作了皇帝，遷都北平。把他的建都和國防兩樁計劃，打得稀爛。

四、官僚機構

朱元璋總結了長時期治理國家的實際經驗，和元朝九十年的成敗教訓，經過爭論，經過多次改革，經過殘酷的流血鬥爭，逐步建立了統治帝國的官僚機構，使之更集中，更有威權，更加完備起來。

46　《明史》，《兵志》三，《邊防》；祝允明：《九朝野記》一。
47　《明史》一一六，《晉王棡傳》。《太祖本紀》三：「洪武二十六年三月，詔二王軍務大者始以聞。」

　　先說地方機構：元代的行中書省是從中書省分出去的，甚麼都管，職權太重，到後期四處兵起，地方人自為戰，中央照顧不過來，無法控制。朱元璋自己就是從行省起家的，深深知道行省權重的毛病。洪武九年改行中書省為承宣布政使司，設左右布政使各一人，管這一區域的稅收和民政。布政使是朝廷派駐地方的使臣，掌一省之政，朝廷有恩典禁令，通過布政使交給各級地方官執行。全國分浙江、江西、福建、北平、廣西、四川、山東、廣東、河南、陝西、湖廣、山西十二布政使司，十五年增置雲南布政使司。[48] 布政使司的分區，大體上繼承元朝的行省，布政使的職權卻只管財政和民政，和元朝行中書省的無所不統，輕重大不相同了。而且就地位論，行中書省是以都省機構分設於地方，布政使則是朝廷派駐地方的使臣。前者是中央分權於地方，後者是地方集權於中央，意義也完全不同。

　　此外地方掌管法庭監獄的另設提刑按察使司，長官為按察使，主一省刑名按劾之事。布、按二司和掌軍政的都指揮使司合稱三司，是朝廷派遣到地方的三個派出機關。稅收、法庭、常備軍三管理機關分別獨立，直接由朝廷指揮，達到集中的目的，便於互相牽掣，便於垂直統治。布政使之下的地方政府分兩級：第一級是府，長官為知府；有直隸州，即直隸於布政使司的州，長官是知州。第二級是縣，長官是知

48　明成祖永樂元年（公元 1403 年）以北平布政使司為北京，五年置交趾布政使司，十一年置貴州布政使司，宣德三年（公元 1428 年）罷交趾布政使司，除南京、北京外，定為十三布政使司。

縣；有州，長官是知州。州、縣是直接管理人民的政治機構。[49]

　　中央統治機構的改革，稍晚於地方。地方的稅收、法庭、監獄、常備軍的控制指揮權都集中到中書省了，中書省的職權愈重，威權愈大，和皇帝的衝突、矛盾也就愈益尖銳，愈益不可調和。洪武十三年政治危機爆發了，朱元璋直接控制着軍隊和特務機構，消滅了和他爭奪領導權的淮西新地主集團，丞相胡惟庸和許多元勛宿將被殺。[50] 廢中書省，仿周官六卿之制，提高原來在中書省之下六部的地位，以六部治國：吏、戶、禮、兵、刑、工，每部設尚書一人，侍郎（分左右）二人。吏部管全國官吏任命考績升降懲處；戶部管農業稅、商稅、鹽稅和人力徵調，禮部管典禮、宗教、祭祀、教育、考試和外交；兵部管常備軍軍官的任免和軍令；刑部管法律、法庭和監獄；工部管工程造作（武器、貨幣、土木營建等）、水利、交通。都直接對皇帝負責，奉行皇帝的意旨。

　　軍事機關則改樞密院為大都督府，節制中外諸軍事。洪武十三年分大都督府為中、左、右、前、後五軍都督府。每府以左右都督為長官，各領所屬都指揮使司衞所，和兵部互相配合。都督府長官雖管軍籍、軍政，卻不直接統帶軍隊。在有戰爭時，才奉令出為將軍總兵官，指揮作戰。戰爭結束，交還將印，回原職辦事。[51]

49　《明史・職官志》。

50　《明史》卷三〇八，《胡惟庸傳》；吳晗：《胡惟庸黨案考》，載《燕京學報》十五期。

51　宋濂：《洪武聖政記》，肅軍政第四。

　　監察機關原來是御史台，洪武十五年改為都察院，長官是左右都御史。下有監察御史一百十人，按照布政使司的設置，分掌十三道。職權是糾劾百司，辨明冤枉，凡大臣奸邪，小人構黨作威福亂政，百官猥茸貪污舞弊，學術不正，和變亂祖宗制度的都可隨時舉發彈劾。這衙門的官被皇帝看作是耳目，替皇帝聽，替皇帝看，隨時向皇帝報告。也被皇帝看作是鷹犬，替皇帝追蹤、搏擊不忠於皇朝的官民，是替皇帝監視官僚的機關，是替皇帝保持傳統思想綱紀的機關。監察御史在朝監察一切官僚機構；出使到地方的，有巡按、清軍、提督學校、巡鹽、茶馬、監軍等職務，就中巡按御史算是代皇帝巡狩，按臨時所部，大事奏裁，小事立斷，是最有威權的一個差使。

　　行政、軍事、監察三個機關分別獨立，不相統屬，都單獨對皇帝負責。官吏內外互用，其地位以品級規定，自從九品到正一品，九品十八級，官和品一致，升遷、調免都有一定的法度。系統分明，職權清楚，法令詳密，組織嚴緊。在整個官僚機構中，又互相鉗制，以監察機關監視一切臣僚，以特務組織鎮壓威制一切官民，六部管民不管軍，都督府管軍不管民，大將平時不指揮軍隊，動員復員之權屬於兵部，供應糧秣的是戶部，供給武器的是工部，決定政策的是皇帝。把所有的權力集中在皇帝手上，六部府院直接隸屬於皇帝，不但官僚機構更加完備了，皇帝的威權也大大地提高了，發展了。

　　法律是確定治人和治於人的關係的文件，確定統治者和

被統治者權利和義務的記錄，保護統治者和鎮壓被統治者的具體條文。元朝以例為條格，而且民族關係和階級關係都已起了巨大的變化，舊法律不能適應新的時代要求了。為了運用法律達到保護和鎮壓的目的，鞏固皇家的統治，朱元璋於吳元年指令台、省官立法要簡要嚴，選用深通法律的學者編定律令，經過縝密的商討，經過三十年的時間，更改刪定了四五次，編成《大明律》。條例簡於唐律，精神嚴於宋律。是中國法律史上極重要的一部法典。

官僚的來源，是薦舉、學校和科舉。

薦舉就是任用地主作官，地主有文化，有知識，能夠辦事，更重要的是他們的利益和皇家一致。遠在下金陵時，就辟儒士范祖幹、葉儀等，克婺州，召儒士許元、胡翰等，克處州，徵耆儒宋濂、劉基、葉琛、章溢。龍鳳十年三月命中書省引拔卓犖奇偉之才，地方官選民間俊秀年二十五以上，資性明敏，有學識才幹的薦舉到中書省，和年老的官員參用。十年以後，年老的退休，年輕的也學會辦事了。從此州縣每年都薦舉人到中書省。還不時派使臣到四方訪求賢才，名目有聰明正直、賢良方正、孝悌力田、儒士、孝廉、秀才、人才、耆民、富戶、稅戶人才（納糧最多的大地主）等等。中央地方大小官員都可以薦舉，被薦舉的又可以轉薦，有一舉出來便作朝廷的大官尚書、侍郎和地方的布政使、參政、參議的。最多的一次到過三千七百多人，少的也有一千九百

多人。[52]

　　薦舉只是選用會辦事的人才，為了培養新的人才，還得創辦學校，設立國子監。

　　國子監的教職員由吏部任命，學生有兩類：一類是官生；一類是民生。官生又分兩等，一等是品官子弟，一等是各藩國如日本、琉球、暹羅和西南土司子弟。官生是由朝廷指派分發的，民生是由各地地方官保送府州縣學的生員。[53]名額一百五十名，其中民生只佔五十名。[54]後來官生入學的日少，民生保送的日多，以洪武二十六年在學人數為例，學生總數八千一百二十四名，官生只佔四名，國子監已經成為廣泛訓練民生作官的機構了。

　　功課內容分《御製大誥》、《大明律令》、四書、五經、劉向《說苑》等書。[55]最重要的是《大誥》。《大誥》是朱元璋自己寫的，還有《大誥續編》、《大誥三編》、《大誥武臣》，一共四冊。主要的內容是列舉所殺官民罪狀，使官民知所警戒，和教人民守本分，納田租，出夫役，老老實實過日子的訓話。洪武十九年以《大誥》頒賜監生。二十四年令：「今後科舉歲貢生員，俱以《大誥》出題試之。」禮部行文國子監正官，嚴督諸生熟讀講解，以資錄用，有不遵者，以違制論。[56]至於《大

52　《明史》卷七十一，《選舉志》。

53　黃佐：《南廱志》卷十五。

54　《皇明制書・大明禮令》。

55　《南廱志》卷一；《皇明太學志》卷七。

56　《南廱志》卷一。

明律令》，因為學生的出路是作官，當然是必讀書。四書、五
經是儒家的經典，朱元璋面諭國子博士：「一以孔子所定經書
誨諸生。」[57]但對於《孟子》，卻經過一番曲折。洪武三年朱元
璋讀到《孟子》書裏好些對君上不客氣的地方，大發脾氣，對
人說：「這老兒要是活到今天，非嚴辦不可！」下令撤去孔廟
中的孟子牌位，把孟子逐出孔廟。後來雖然因為有人替孟子
求情，恢復配享，但對於《孟子》這部書，還是認為不妥當。
洪武二十七年特命老儒劉三吾編《孟子節文》，把《盡心篇》
的「民為貴，社稷次之，君為輕」，《梁惠王篇》國人皆曰賢，
國人皆曰可殺一章，「時日曷喪，予及汝偕亡」和《離婁篇》：
「桀紂之失天下也，失其民也。失其民者，失其心也」一章，
《萬章篇》天與賢則與賢一章，「天視自我民視，天聽自我民
聽」，「君有大過則諫，反覆之而不聽，則易位」，以及類似的
「聞誅一夫紂矣，未聞弒君也」，「君之視臣如草芥，則臣視君
如寇讎」，一共八十五條，都刪去了。只剩下一百七十幾條，
刻版頒行全國學校。所刪去的一部分，「課士不以命題，科
舉不以取士」[58]。

　　從洪武二年到三十一年這一時期監生任官的情形來看：
第一，監生並沒有一定的任官資序，最高的有做到地方大官
從二品的布政使，最低的做正九品的縣主簿，以至無品級的

57　《南廱志》卷一。

58　《明史》·卷一三九《錢唐傳》，卷五十四《禮志》四；全祖望：《鮚埼亭集》
　　卷三十五，《辨錢尚書爭孟子事》；北平圖書館藏洪武二十七年刊本《孟子節
　　文》，劉三吾：《孟子節文題辭》；容肇祖：《明太祖的孟子節文》，載《讀書與
　　出版》二卷四期。

教諭；第二，監生也沒有固定的任官性質，朝廷的部院官、
監察官，地方的民政財政官、司法官，以至無所不管的府、
州縣官和學校官，幾乎無官不可做；第三，除作官以外，在
學的監生，有奉命出使的，有奉命巡行列郡的，有稽核百司
案牘的，有到地方督修水利的，有去執行丈量、記錄土地面
積、定糧的任務的，有清查黃冊的（每年一千二百人），有寫
本的，有在各衙門辦事的，有在各衙門實習的，幾乎無事不
能作；第四，三十年來監生的任官，以洪武二年和二十六年
為最高，二年以監生為行省左右參政，各道按察司僉事及知
府等官。二十六年以監生六十四人為行省布政、按察兩使及
參政、參議、副使、僉事等官。以十九年為最多，「命祭酒、
司業擇監生千餘人送吏部，除授知州、知縣等職」。「故其時
佈列中外者，太學生最盛。」[59]

　　地方的府、州、縣學和國子監一樣，生員都是供給廩膳
（公費）的。監生和生員都享有免役權，法律規定「免其家差
徭二丁」。

　　地方學校之外，洪武八年又詔地方立社學──鄉村小學。

　　府州縣社學都以《御製大誥》和《律令》作主要必修
科目。[60]

　　除立學以外，還派遣教師到各地任教，洪武初年因為
北方經過長期戰爭破壞，唸書的人少，特別派國子監生

59　《明史》卷六十九，《選舉志》。
60　吳晗：《明初之學校》，載《清華學報》十四卷二期。

三百六十六人到各府縣辦學校。這制度後來也推廣到其他各省，選用壯年能文的作教諭等官。

　　各級學校的普遍設立，甚至每縣每鄉都設有學校，教育事業的普及，廣泛地提高了人民的文化水平，這種盛況是空前的。[61] 同時，由於印刷術的進步和洪武元年頒佈的書籍免稅令[62]，科舉制度的定期舉行，讀書中舉，不再是地主階級的壟斷事業了。一部分農民、手工業者和商人的子弟，為了改換門庭，為了取得比較舒適、安靜和尊榮的位置，為了保護家族免於遭受殘酷的剝削壓迫，在「萬般皆下品，惟有讀書高」社會風氣鼓勵之下，在家庭宗族支持之下，他們也進了學校，也參加考試，並且公然闖入統治階級去成為駕乎人民之上的官吏了。他們成為統治階級的新成分，擴大了統治階級的基礎，也對統治階級的鞏固起了作用。同時，又以身份的從屬，改變了他們的家屬親戚的社會和政治地位，這樣，就不可避免地引起各階級的流動和變化。

　　除國子監以外，政府官吏的來源是科舉。國子監生可以不由科舉，直接任官，而從科舉出身的人則必須是學校的生員。府州縣學的生員（通稱秀才）每三年在省城會考一次，稱為鄉試，及格的為舉人。各布政使司的舉人名額，除直隸（今江蘇、安徽）百人最多，廣東、廣西二十五人最少，其他

61　《明史》卷六十九《選舉志》：「蓋無地而不設之學，無人而不納之教，庠聲序音，重規疊矩，無間於下邑荒徼，山陬海涯，此明代學校之盛，唐宋以來所不及也。」

62　《明太祖實錄》卷三十：「洪武元年八月己卯詔書籍田器等物不得徵稅。」

九布政使司都是四十人。第二年全國舉人會考於京師，稱為會試。會試及格的再經一次復試，地點在殿廷，叫作廷試，亦稱殿試。復試是形式，意思是讓皇帝自己來主持這掄才大典，選拔之權，出於一人。發榜分一二三甲（等），一甲只有三人：狀元、榜眼、探花，賜進士及第。二甲若干人，賜進士出身。三甲若干人，賜同進士出身。狀元、榜眼、探花的名稱是法律規定的，民間又稱鄉試第一名為解元，會試第一名為會元，二三甲第一名為傳臚。鄉試由布政使司，會試由禮部主持。狀元授官翰林院修撰，榜眼、探花授翰林院編修，二三甲考選庶吉士的都是翰林官，其他或授給事、御史、主事、中書、行人、評事、太常國子博士，或授府推官、知州、知縣等官。舉人、貢生會試不及格，改入國子監，也可選做小京官，或做府佐和州、縣正官以及學校教官。

科舉各級考試，專用四書、五經出題。文體略仿宋經義，要用古人口氣說話，只能根據幾家指定的注疏發揮，絕對不許有自己的見解。格式排偶，叫作八股，也稱制義。這制度是朱元璋和劉基所定的。規定子午卯酉年鄉試，辰戌丑未年會試，鄉試在八月，會試在二月。每試分三場，初場試四書義三道，經義四道；二場試論一道，判五道，詔誥表內科（選）一道；三場試經史時務策五道。[63]

學校和科舉並行，學校是科舉的階梯，科舉是生員的出路，生員通過科舉作了官，不但用不着八股，也用不着書本

---

63 《明史》卷七十，《選舉志》。

了。這樣，科舉日重，學校的地位就日輕。學校和科舉都是培養和選拔官僚的制度，所學習和考試的範圍完全一樣，都是四書五經，不但遠離實際生活，也禁止接觸現實生活。在這種方式培養出來的人才，正如當時人宋濂所描寫的：「自貢舉法行，學者知以摘經擬題為志，其所最切者，惟四子一經之箋，是鑽是窺，餘則漫不加省。與之交談，兩目瞪然視，舌木強不能對。」[64] 學校則「稍勵廉隅者不願入學，而學行章句有聞者，未必盡出於弟子員」[65]。到後來甚至弄到「生徒無復在學肄業，入其庭不見其人，如廢寺然」[66]。科舉人才不讀書，不知時事，學校沒有學生，是一般現象。特別是被強制接受了盲從古人的教育，不許有新的思想，不許有和古人不同的思想。結果是進步的思想被扼殺了，科學停滯了。雖然，在政治上，這個時代培養了合於統治需要的馴服忠順的官僚，但在學術文化上，卻遭受了無可補償的損失。

歷史的教訓使朱元璋深切明白宦官和外戚對於政治的禍害。他以為漢朝、唐朝的禍亂都是宦官作的孽。這種人在宮廷裏是少不了的，但只能作奴隸使喚，灑掃奔走。人數不可過多，也不可用作心腹耳目，作心腹，心腹病，作耳目，耳目壞。對付的辦法，要使之守法，守法自然不會作壞事；不要讓他們有功勞，一有功勞就難於管束了。立下規矩，凡是內臣都不許讀書識字，又鑄鐵牌立在宮門，上面刻着：「內

64　宋濂：《鑾坡集》卷七，《禮部侍郎曾公神道碑銘》。
65　宋濂：《翰苑別集》卷一，《送翁好古教授廣州序》。
66　陸容：《菽園雜記》。

臣不得干預政事，犯者斬。」不許內臣兼外朝的文武官銜，不許穿外朝官員的服裝，作內廷官不能過四品，每月領一石米，穿衣吃飯官家管。並且，外朝各衙門不許和內官監有公文往來。這幾條規定條條針對着歷史上所曾經發生過的弊端，使內侍名副其實地作宮廷的僕役。[67] 對外戚干政的預防措施是：不許后妃參預政事。洪武元年三月即命儒臣修《女誡》，纂集古代賢德婦女和后妃的故事，來教育宮人。規定皇后只能管宮中嬪婦之事，宮門之外不得干預。宮人不許和外間通信，犯者處死。外朝臣僚命婦按例於每月初一、十五朝見皇后，其他時間，沒有特殊緣由，不許進宮。皇帝不接見外朝命婦。皇族婚姻選配良家子女，有私進女口的不許接受。元璋的母族和妻族都絕後，沒有外家，後代子孫也都遵守祖訓，后妃必選自民家。外戚只是高爵厚祿，作大地主，住大房子，不許預聞政事。[68] 在洪武一朝，三十多年中，內臣小心守法，宮廷和外朝隔絕，和前代相比，算是家法最嚴的了。

　　其次，元代以吏治國，法令極繁冗，檔案堆積如山，吏員從中舞弊，無法追究。而且，正因為公文條例過於瑣細，辦公文辦公事成為專門技術。掌印官有一定任期，剛懂得一點又調職了，而吏是終身職業，結果治國治民的都是吏，不是官。小吏唯利是圖，不顧國家利害，政治（其實是吏治）愈

67　《明史》卷七十四，《職官志》，《宦官》。
68　《明史》卷一〇八《外戚恩澤侯表序》，卷一百十三《后妃列傳序》，卷三百《外戚傳序》。

鬧愈糟，吏治損害了官僚集團的利益，危害了統治階級的利益。朱元璋於洪武十二年立案牘減煩式頒示各衙門，簡化公文，使公文明白好懂，文吏無法舞弊弄權。從此吏員在政治上被斥為雜流，不能做官。官和吏完全分開，吏只能管事務，官主持政令，和元代的情形大不相同了。[69]

　　和簡化公文相關的還有文章格式的問題。唐、宋以來的政府文字，從上而下的制誥，從下而上的表奏，照習慣都用駢儷四六文。儘管有多少人主張復古，提倡改革，所謂古文運動，在民間是成功了，政府卻沒有動，還是老一套。同一時代用的是兩種文字，政府是駢偶文，民間是古文。朱元璋很不以為然，以為古人作文章，講道理，說世務，和經典上的話，都明白好懂。像諸葛亮的《出師表》，又何嘗雕琢，立意做文章？可是有感情，有血有肉，到如今讀了還使人感動，想念他的忠義。近來的文士做文章，文字雖然艱深，意思卻很淺近，即使寫得和司馬相如、揚雄一樣好，人家不懂，又有甚麼用？以此，他要秘書（翰林）作文字，只要說明白道理，講得通世務就行，不許用浮辭藻飾。[70] 他又批評羣臣所進箋文，「頌美之辭過多，規戒之言未見，殊非古者君臣相告以誠之道。今後箋文只令文章平實，勿以虛辭為美也」[71]。到洪武六年，索性下令禁止政府文字用對偶四六文辭，並選唐

69　《明太祖實錄》卷二十六、卷一百二十六；《明史》卷七十一，《選舉志》。

70　《明太祖實錄》卷三十九。

71　《明太祖實錄》卷十七。

柳宗元代柳公綽《謝表》和韓愈《賀雨表》作為箋表法式。[72]
這一改革使政府文字簡單、明白，把廟堂和民間打通，現代
人用現代文字寫作，就文學的影響說也很大，韓愈、柳宗元
以後，他是提倡古文最有成績的一個人。

　　朱元璋不但提倡古文，反對駢偶文字，還提倡用口語寫
成文字，叫做「直解」，用這種方式對各階層人民進行教育工
作。龍鳳十二年命儒士熊鼎、朱夢炎修《公子書》和《務農技
藝商賈書》，《公子書》是給公卿貴人子弟讀的，這些人雖然
讀書多，但不能通曉比較深奧的意義，不如編集古代忠良奸
惡事實，用通俗話直解，使讀者容易懂得，將來即使學業無
成就，知道了古人如何行事，也有好處。同樣的民間農工商
賈子弟，也把他們應該知道的業務知識，用直辭解說，編成
書本，可以化民成俗。書印成後，頒行全國。[73] 吳元年十二月
《大明律令》第一稿制定後，怕小民不能周知，也叫人把律令
裏面和人民生活有關這部分類聚成編，訓釋其義，分發給郡
縣，名為《律令直解》。[74]

　　唐宋兩代還有一樣壞風氣，朝廷任官令發表以後，被任
用的官照例要上辭官表，一而再，再而三，甚至辭讓到六七
次，皇帝也照例不許，一勸再勸，直到這人上任才罷休。辭的
勸的都只是在玩文字遊戲，費時誤事，浪費紙墨，造成虛偽不
誠實的風氣。朱元璋認為這樣做作太無意義，也把它廢止了。

72　《明太祖實錄》卷八十五。
73　《明太祖實錄》卷十六。
74　《明史》卷九十三卷・《刑法志》一。

唐、宋以來皇帝上朝照例用女樂，吳元年六月也廢止了。[75]

五、常備軍和特務網

集中的國家政權，通過龐大的常備軍和嚴密的特務網，起着鎮壓人民和保衞邊境的作用。

朱元璋所建立的常備軍是和農業生產密切結合的。在攻克集慶以後，厲行屯田政策，廣積糧食，供給軍需。他和劉基研究古代的兵制：徵兵制的好處是全國皆兵，有事召集，事定歸農，兵員素質好，來路清楚，國家在平時無養兵之費；壞處是兵員都出自農村，如有長期戰爭，便影響到農村的生產，而且兵源受限制。募兵制好處是應募的多為無業遊民，當兵是職業，兵員數量和服役時間，不受農業生產的限制；壞處是國家經常要維持大量的常備軍，軍費負擔太重，而且募的兵有的來路不明，沒有宗族家庭的牽掛，容易逃亡，也容易叛變。理想的辦法是折衷於兩者之間，有兩者的好處，避免其壞處，主要的原則是要做到戰鬥力量和生產力量統一起來。

劉基創立的辦法是衞所制度。[76]

衞所的兵源有四種：一種是從征的，即起事時所指揮的

75　《明太祖實錄》卷十九。
76　《明史》卷一百二十八，《劉基傳》。

部隊，也就是郭子興的基本隊伍；一種是歸附的，包括削平羣雄所得的部隊和元軍歸附的；一種是謫發，指因犯罪被罰當軍的，也叫做恩軍；一種叫垛集，即徵兵，照人口比例，一家有五丁或三丁出一丁為軍。前兩種是定制時原有的武裝力量，後兩者則是補充的武力，這四種來源的軍人都是世襲的，為了保障固定員額的滿員，規定軍人必須娶妻，世代繼承下去，如無子孫繼承，則由其原籍家屬壯丁頂補。種族綿延的原則，被應用到武裝部隊來，兵營成為武裝的集體家庭了。[77]

軍隊有特殊的社會身份，單獨有軍籍。在明代戶籍中，軍籍和民籍、匠籍是主要的戶口。軍籍屬於都督府，民籍屬於戶部，匠籍屬於工部。軍人不受普通行政官吏的管轄，在身份上、法律上、經濟上的地位，都和民不同。軍和民是截然地分開的。民戶有一丁被垛為軍，可以優免原籍老家一丁差役，作為優恤。軍士到戍地時，由宗族治裝。在衞所的軍士除本身為正軍外，其子弟稱為餘丁或軍餘，將校的子弟則稱為舍人。軍士的日常生活概由國家屯糧支給，按月發米，稱為月糧。馬軍月支米二石，步軍總旗一石五斗，小旗一石二斗，步軍一石。守城的照數支給，屯田的支一半。恩軍家四口以上一石，三口以下六斗，無家口的四斗。衣服歲給冬衣棉布棉花夏衣夏布，出征時依例給胖襖鞋褲。[78]

77　《明史》卷九十一，《兵志》。

78　吳晗：《明代之軍兵》，見《中國社會經濟史集刊》五卷二期。

元璋渡江以後，降附的將領都用原來的稱號，有叫樞密、平章的，有叫元帥的，有叫總管、萬戶的，形形色色，名不稱實，高下不一。龍鳳十年四月立部伍法，根據帶的隊伍人數來定將領稱號，經過點編，有兵五千的作指揮，滿千人的作千戶，百人的作百戶，五十人為總旗，十人為小旗。[79] 在這個基礎上，常備軍的組織分作衛、所兩級：大體上以五千六百人為衛，衛有指揮使。衛又分五個千戶所，每千戶所一千一百二十人，有千戶。千戶所下分十個百戶所，每百戶所一百十二人，有百戶。百戶下有總旗二，小旗十；總旗領小旗五，小旗領軍士十人。大小聯比以成軍。衛所的分佈，根據地理險要：小據點設所；關聯若干據點的設衛；集合一個軍事地區的若干衛、所，設置都指揮使司，作為軍區的最高軍事機構，長官是都指揮使。洪武二十五年全國共有十七個都指揮使司，內外衛三百二十九，守禦千戶所六千五。京師和地方的兵力分配如下：

在京武官	二，七四七員
軍士	二〇六，二八〇人
馬	四，七五一匹
在外武官	一三，七四二員
軍士	九九二，一五四人
馬	四〇，三二九匹 [80]

---

79 《明太祖實錄》卷十四。
80 《明太祖實錄》卷二百二十三。

這十七個都指揮使司又分別隸屬於五軍都督府。

軍食出於屯田，大略學漢朝趙充國的辦法，在邊塞開屯，一部分軍士守禦，一部分軍士受田耕種。目的在於開墾荒地，增加生產，充裕軍食，省去運輸費用，減輕國家負擔。邊地開屯有了成績，內地衛所也先後開屯耕種，以每軍受田五十畝作一分，官給耕牛農具，開頭幾年免納田租，到成為熟地後，每畝收稅一斗。規定邊地守軍十分之三守城，七分屯種，內地則二分守城，八分屯種。全國各地屯田八十九萬三千多頃，相當於全國墾田總數十分之一左右。[81]

除軍屯外，還有商屯。邊軍遇有意外，糧食發生困難的時候，國家用「開中法」來接濟。國家有糧食有鹽，困難是運輸到邊境費用太大。商人有資本，販賣鹽利潤大，但是鹽田國家專賣，商人得不到手。「開中法」責成商人運一定數量的糧食到邊境，拿到收據向國家領到等價的鹽，自由販賣，從而獲取重利。商人會打算盤，索性僱人在邊境開屯，就地交糧，省去幾倍的運費。[82]在這一交換過程中，邊軍糧食夠吃了；國家省運費、省事；商人發了財；邊界荒地開墾了；增加了生產，造成了地方的繁榮。

軍權分作兩部分：統軍權歸五軍都督府，軍令權則屬於兵部。武人帶兵作戰，文官發令決策。平時衛所軍各在屯地操練屯田，戰時動員令一下，各地衛所集合成軍，臨時指派

81　《明史》卷七十七，《食貨志》，《田制》。
82　《明太祖實錄》卷五十三，卷五十六；《明史》卷一百五十，《郁新傳》。

都督府官充任將軍總兵官，統帶出征。戰事結束，立刻復員，衛軍各還原衛，將軍交還將印，也回原任。將不專軍，軍無私將，上下階級分明，紀律劃一，唐宋以來悍將跋扈，驕兵叛變的弊端，在這制度下是根絕了。

在作戰時，雖然派有大將軍作統帥，但朱元璋還親自指導戰爭進行，根據情報和實際經驗來決定前方的行動，即使最親信的將領像徐達、李文忠也是如此。例如吳元年四月十八日給徐達的手令，在處分軍事行動以後，又說：「我的見識只是如此。你每見得高強處便當處，隨你每意見行着，休執着我的言語，恐怕見不到處，教你每難行事。」洪武三年四月：「說與大將軍知道……這是我家中坐着說的，未知軍中便也不便，恁只揀軍中便當處便行。」給李文忠的手令，「說與保兒老兒：…我雖這般說，計量中不如在軍中多知備細，隨機應變的勾當，你也廝活落些兒也，那裏直到我都料定」[83]。洪武元年北伐軍出發後，他親自畫了征進陣圖，派使送給徐達。[84] 提出自己的意見給前方統帥，說明只是參考性質，如不符合實際情況，可以揀軍中便當處行着。但是在涉及有關原則性問題的時候，所下的命令就很堅決，不能改變了。如處理降將降官降兵的原則，龍鳳十一年十一月初五日令旨：「吳王親筆：着內使朱明前往軍中，說與大將軍左相國徐達、副將軍平章常遇春知會：十一月初四日捷音至京城，知軍中

83　王世貞：《弇山堂別集》卷八十六，《詔令考》二。

84　《明太祖實錄》卷二十八。

獲寇軍及首目人等六萬餘眾，然而俘獲甚眾，難為囚禁。今
差人前去，教你每軍中將張（士誠）軍精銳勇猛的留一二萬。
若系不堪任用之徒，就軍中暗地除去了當，不必解來。但是
大頭目，一名名解來。」十二年三月且嚴屬責備徐達不多殺
敵軍頭目：「吳王令旨：說與總兵官徐達，攻破高郵之時，城
中殺死小軍數多，頭目不曾殺一名。今軍到淮安，若系便降，
系是泗州頭目青旛黃旗招誘之力，不是你的功勞。如是三月
已裏，淮安未下，你不殺人的緣故，自說將來者，依奉施行
者。」[85] 對元朝降將的處理，更是十分注意，再三囑咐，吳元
年十二月十天內接連三次派使人到徐達、常遇春軍前傳諭，
第一次說：「將軍統率將士，下齊、魯數十城，求之於古，雖
韓信功能不過是也。然事機合變之際，不可不慮。今山東諸
將，雖皆款附，而未嘗遣一人至此。若留降將佈列舊地，所
謂養虎遺患也。昔漢光武命馮異平三輔營壘，降者遣其渠帥
詣京師，散其小民，令就農桑，壞其營堡，無使復聚，古人
之慮深矣，將軍其思之。」都督同知張興祖連下山東郡縣，
得士馬萬計，就用降將領舊兵隨軍進取，元璋得到報告，認
為不妥，指出：「此非良策，聞興祖麾下降將至有領馬軍千騎
者，若一旦臨敵，勢不足以相加，因而生變，何以制之？」遣
使告訴興祖，今後得一降將及官吏儒生，才有可用的，統統
送到京師，不許留下。又遣使諭徐達、常遇春：「聞大軍下山
東，所遇郡縣，元之省院官來降者甚多，二將軍皆留於軍中。

85　王世貞：《弇山堂別集》卷八十六，《詔令考》二。

吾慮其雜處我軍，或晝遇敵，或夜遇盜，將變生不測，非我之利。蓋此輩初屈於勢力，未必盡得其心，不如遣來，使處我官屬之間，日相親近，然後用之，可無後患。」[86] 這是因為接受了去年十一月沂州王宣、王信父子降而復叛的教訓[87]，叮嚀反復，要諸將提高警惕。後來的事實也證明元璋的預見，洪武元年二月樂安俞勝叛，閏七月元降將喬僉院叛於濟南[88]，雖然都及時平定了，到底還是招致了軍事和政治上的損失。

有一道命令是整飭軍紀的，龍鳳十二年三月，元璋大發脾氣：「（張士誠軍）男子之妻多在高郵被擄，總兵官為甚不肯給親完聚發來？這個比殺人那個重！當城破之日，將頭目軍人一概殺了，倒無可論。擄了妻子，發將精漢來我這裏，賠了衣糧，又費關防，養不住。殺了男兒，擄了妻小，敵人知道，豈不抗拒？星夜叫馮副使去軍前，但有指揮、千戶、百戶及總兵官的伴當擄了婦女的，割將首級來。總兵官的罪過，回來時與他說話。」[89] 馮副使是馮勝，從下和州時候起，朱元璋就十分注意軍隊紀律，發還擄獲婦女，經過了十二年，西吳的軍紀是所有起事羣雄中最好的一個，高郵的殺掠受到了嚴厲的處置，全軍紀律也因而提高了。高郵違犯軍紀案件的經過是：總兵官徐達圍高郵未下，還師救援宜興，令馮勝督軍猛攻，高郵守將詐降，馮勝令指揮康泰帶幾百人先

86　《明太祖實錄》卷二十三。
87　《明太祖實錄》卷二十二。
88　《明太祖實錄》卷二十六、卷二十九。
89　王世貞：《詔令考》二。

入城，高郵守將關了城門，殺個乾淨。元璋怒極，叫馮勝回來，打了十大板，還罰他走回高郵。馮勝又羞又氣，用全力攻城，徐達也從宜興回兵會攻，取下高郵。一打進城，要報這怨仇，就忘了多年來的約束了。[90]

※　　　　※　　　　※

特務網主要由檢校和錦衣衞組成。

檢校的職務：「專主察聽在京大小衙門官吏不公不法；及風聞之事，無不奏聞。」最著名的頭子之一叫高見賢，和僉事夏煜、楊憲、凌說，專作告發人陰私的勾當，「伺察搏擊」。兵馬司指揮丁光眼巡街生事，凡是沒有路引的都捉拿充軍。元璋嘗時說：「有這幾個人，譬如人家養了惡犬，則人怕。」[91] 高見賢建議：「在京犯贓經斷官吏，不無怨望，豈容輦轂之下住坐？該和在外犯贓官吏發去江北和州、無為開墾荒田。」後來他自己也被楊憲舉劾，發和州種田，先前在江北種田的都指着臉罵：「此路是你開，你也來了，真是報應！」不久被殺。夏煜、丁光眼也犯法先後被殺。[92]

親衞軍官作檢校的：有金吾後衞知事靳謙，元璋數說他的罪狀：「朕以為必然至誠，托以心腹，雖有機密事務，亦曾使令究焉。」[93] 有何必聚，龍鳳五年派帳下衞士何必聚往探江西袁州守將歐平章動靜，以斷歐平章家門前二石獅尾為證，

90　《明史》卷一百二十九，《馮勝傳》。
91　劉辰：《國初事跡》；孫宜：《大明初略》四；《明史》卷一三五，《宋思顏傳》。
92　劉辰：《國初事跡》。
93　《大誥》，沉匿卷宗六十。

佔袁州後，查看果然不錯。[94] 有小先鋒張煥，遠在初克婺州時，就作元璋的親隨伴當從行先鋒。一晚，元璋出去私訪，遇到巡軍攔住，喝問是誰，張煥說：「是大人。」巡軍發怒：「我不知道大人是甚麼人，但是犯夜的就逮住。」解說了半晌才弄清楚。樂人張良才說平話，擅自寫省委教坊司帖子，貼市門柱上，被人告發，元璋大怒說：「賤人小輩，不宜寵用。」叫小先鋒張煥捆了樂人，丟在水裏。龍鳳十二年以後，經常作特使到前方軍中傳達命令和察事。[95] 徐達入大都，封元故宮殿門，令張煥以兵千人守之。[96] 有毛驤、耿忠，毛驤是早期幕僚毛祺的兒子，以舍人作親隨，用作心腹親信，和耿忠奉命到江浙等處察訪官吏，問民疾苦。毛驤從管軍千戶積功做到都督僉事，掌錦衣衞事，典詔獄，被牽連到胡惟庸黨案被殺。耿忠作官到大同衞指揮，也以貪污案處死。[97]

　　除文官武將作檢校以外，和尚也有被選用作這工作的。吳印、華克勤等人，都還俗作了大官，替皇帝作耳目。給事中陳汶輝上疏力爭，以為「自古帝王以來，未聞搢紳緇流雜居同事而可以共濟者也。今勛舊者德咸思辭祿去位，而緇流檢夫乃益以讒間。如劉基、徐達之見猜，李善長、周德興之被謗，視蕭何、韓信，其危疑相去幾何哉」[98]。

94　錢謙益：《國初羣雄事略》卷四，引俞本：《紀事錄》。

95　劉辰：《國初事跡》；孫宜：《大明初略》四；王世貞：《詔令考》二。

96　《明太祖實錄》卷三十。

97　劉辰：《國初事跡》；《明史》卷一三五，《郭景祥傳》附《毛祺傳》。

98　《明史》卷一三九，《李仕魯傳》。

　　檢校的足跡是無處不到的，元璋曾派人去察聽將官家，有女僧誘引華高、胡大海妻敬奉西僧，行金天教法，元璋下令把兩家婦人連同和尚一起丟在水裏。[99] 吳元年得到報告，要前方總兵官把一個摩尼（摩尼教徒）取來。洪武四年手令：北平城內有個黑和尚出入各官門下，如常與各官說些笑話，好生不防他。又一名和尚係是江西人，秀才出身，前元應舉不中，就做了和尚，見在城中與各官說話。又火者一姓崔，係總兵官莊人，本人隨別下潑皮高麗黑哄隴問。又有隱下的高麗不知數。造文書到時，可將遣人都教來。一名太醫江西人，前元提舉，即自在各官處用事。又指揮孫蒼處有兩個回回，金有讓孚家奴也教發來。[100] 調查得十分清楚。錢宰被徵編《孟子節文》，罷朝吟詩：「四鼓鼕鼕起着衣，午門朝見尚嫌遲，何時得遂田園樂？睡到人間飯熟時。」第二天，元璋對他說：「昨天作的好詩，不過我並沒『嫌』呵，改作『憂』字如何？」錢宰嚇得磕頭謝罪。[101] 宋濂性格誠謹，有一次請客喝酒。隔天元璋問昨天喝酒了沒有，請了哪些客，甚麼菜？宋濂老老實實回答，元璋才笑說：「全對，沒有騙我。」[102] 國子祭酒宋訥獨坐生氣，面有怒容，朝見時元璋問昨天生甚麼氣，宋訥大吃一驚，照實說了。元璋叫人把偷着給他畫的像拿來

99　劉辰：《國初事跡》。
100　王世貞：《詔令考》二。
101　葉盛：《水東日記摘鈔》二。
102　《明史》卷一二八，《宋濂傳》。

看，他才明白。[103] 吏部尚書吳琳告老回黃岡，元璋派人去看，遠遠見一農人坐小杌上，起來插秧，樣子很端謹。使者前問：「此地有吳尚書這人不？」農人叉手回答：「琳便是。」使者覆命，元璋很喜歡。[104] 南京各部皂隸都戴漆巾，只有禮部例外，各衙門都有門額，只有兵部沒有，據說這也是皇帝幹的事。原來各衙門都有人在暗地裏伺察，一天禮部皂隸睡午覺，被取去漆巾。兵部有一晚沒人守夜，門額給人抬走了，發覺後不敢作聲，也就作為典故了。[105] 公侯伯功臣賜卒一百十二人作衞隊，設百戶一人統率，頒有鐵冊，說明「俟其壽考，子孫得襲，則兵皆入衞」。稱為鐵冊軍，也叫奴軍。事實上是防功臣有貳心，特設鐵冊軍監視的。[106]

朱元璋不但派檢校偵察官民，有時他還親自偵察。例如羅復仁官止弘文館學士，說一口江西話，為人質直樸素，元璋叫他作老實羅。一天，元璋突然跑到羅家，羅家在城外邊一個小胡同裏，破破爛爛，東倒西歪幾間房子。老實羅正扒在梯子上粉刷牆壁，一見皇帝來，着了慌，趕緊叫他女人抱小杌子請皇帝坐下。元璋見他實在窮得不堪，老大不過意，說：「好秀才怎能住這樣爛房子！」即刻賞城裏一所大邸宅。[107]

檢校是職務，不是機構，只能執行偵察工作，並無扣押

---

103 《明史》卷一三七，《宋訥傳》。
104 《明史》卷一三八，《陳修傳》附《吳琳傳》。
105 陸容：《菽園雜記》；祝允明：《野記》一。
106 沈德符：《野獲編》卷十七，《鐵冊軍》。
107 《明史》卷一三七，《羅復仁傳》。

處刑之權。胡惟庸案發以後，統治階級內部的鬥爭越發尖銳了，洪武十五年特設一個特務機構，有專門的法庭和監獄，叫錦衣衛。

錦衣衛的前身是吳元年設立的拱衛司，洪武三年改為親軍都尉府，管左、右、中、前、後五衛軍士，十五年改為錦衣衛。

錦衣衛有指揮使一人，正三品；同知二人，從三品；僉事三人，四品；鎮撫二人，五品；十四所千戶十四人，五品；副千戶從五品；百戶六品。所統有將軍、力士、校尉，掌侍衛、緝捕、刑獄之事，凡盜賊奸宄、街塗溝洫都要秘密緝訪，經常注視，是一個組織完備的軍事特務機構，和朝廷的府、部、院沒有隸屬關系，直接對皇帝負責。

錦衣衛設經歷司，掌文移出入。設鎮撫司，掌本衛刑名，兼理軍匠，也就是民間所稱「詔獄」。朱元璋從洪武十五年以後，運用這個法庭和監獄，把全國所有重罪犯人都經過它審判和執行。過了六年，鎮壓「不軌妖言」的任務告一段落了，洪武二十年下令焚毀錦衣衛刑具，把犯人移交給刑部。六年後胡惟庸和藍玉案的罪犯都已處理完畢了，又申明以後一切案件都由朝廷法司處理，內外刑獄公事不再經由錦衣衛。但是，這個禁令並沒有維持多久，明成祖即位後，又重新利用錦衣衛來鎮壓建文的臣下，恢復了詔獄。以後歷代皇帝都倚仗錦衣衛作耳目爪牙。錦衣衛的職權日益擴大，人員日益眾多，也日益使人恐懼，一直延續到明亡[108]

---

108 王世貞：《錦衣志》；《明史》卷八十九《兵志》，卷九十五《刑法志》。

　　和錦衣衛有密切關係的一種刑罰是廷杖，就是在殿廷杖責大臣。錦衣衛學前朝的詔獄，廷杖則學的是元朝的辦法。著名的例子，親族被杖死的有親侄朱文正，勛臣被鞭死的有永嘉侯朱亮祖父子，大臣被杖死的有工部尚書薛祥，部曹被廷杖的有茹太素。這個辦法，也被他的子孫當作祖制一直繼承到亡國。[109]

　　地方則設置巡檢司，凡在外各府州縣關津要害處普遍建立，設巡檢和副巡檢，都是從九品官，帶領差役弓兵，警備意外。職權是緝捕盜賊，盤詰奸偽。[110] 在要衝去處，專一盤詰往來奸細及販賣私鹽犯人、逃囚、無引面生可疑之人。[111]

　　引是路引，朱元璋發展了古代的傳、過所、公憑這套制度，制定了路引，即通行證或身份證。法律規定：「凡軍民人等往來，但出百里即驗文引，如無文引，必須擒拿送官。仍許諸人首告，得實者賞，縱容的同罪。」[112] 處刑的等級：「凡無文引私度關津者杖八十；若關不由門，津不由渡而越度者杖九十；若越度緣邊關塞者杖一百，徒三年；因而出外境者絞。」軍和民的區別：「若軍、民出百里之外不給引者，軍以逃軍論，民以私度關津論。」[113] 這制度把軍、民的行動範圍限制在百里之內，路引是要向地方官請領的，請不到的，行動

109《明史》，《刑法志》三。

110《明史》卷七十五，《職官志》四。

111 弘治《大明會典》卷一一三。

112 弘治《大明會典》卷一一三。

113《明律》十五，《兵律》。

便不能出百里之外。

巡檢司只設在要衝去處，里甲於是被賦予了輔助巡檢司的任務。

洪武十九年朱元璋手令要「人民互相知丁」。知是了解的意思，他說：

> 誥出，凡人民鄰里互相知丁。互知務業，俱在里甲，縣、府、州務必周知。市村絕不許有逸夫。若或異四業而從釋道者，戶下除名。凡有夫丁，除公佔外，余皆四業，必然有效。
>
> 一、知丁之法，某民丁幾，受農業者幾，受士業者幾，受工業者幾，受商業者幾。且欲士者志於士，進學之時，師友某氏，習有所在，非社學則入縣學，非縣必州、府之學，此其所以知士丁之所在。已成之士為未成士之師，鄰里必知生徒之所在。庶幾出入可驗，無異為也。
>
> 一、農業者不出一里之間，朝出暮入，作息之道互知焉。
>
> 一、專工之業，遠行則引明所在，用工州里，往必知方，巨細作為，鄰里採知，巨者歸遲，細者歸疾，出入不難見也。
>
> 一、商本有巨微，貨有重輕，所趨遠近水陸，明於引間。歸期艱限，其業鄰里務必周知。若或經年無信，二載不歸，鄰里當覺（報告）之詢故。本戶若或托商在外非為，鄰里勿干。

逸夫指的是沒有戶口沒有路引的無業遊民。法令規定里甲鄰里要負責逮捕逸夫，如不執行，要受連坐處分。他接着說：

> 一里之間，百戶之內，仍有逸夫，里甲坐視，鄰里親戚不拿，其逸夫或於公門中，或在市閭裏，有犯非為，捕獲到官，逸夫處死，里甲四鄰化外之遷，的不虛示。[114]

又強調告誡：

> 此誥一出，自京為始，遍佈天下。一切臣民，朝出暮入，務必從容驗丁。市井人民舍客之際，辨人生理，驗人引目，生理是其本業，引目相符而無異，猶恐托業為名，暗有他為。雖然業與引合，又識重輕巨微貴賤，倘有輕重不倫，所賣微細，必假此而他故也，良民察焉。[115]

異為、非為、他為、他故，都是法律術語，異為、非為是不軌不法的意思，他為、他故是有秘密、有問題的意思。前一手令是里甲、鄰里互相知丁的義務和對逸夫的連坐法，後一手令則是專指流動人口的，特別是手工業者和商人的。這樣，里甲制和路引制結合在一起，對巡檢司起了輔助作用，也對反對封建統治的人們起了管制和鎮壓的作用。

114《大誥續誥》，互知丁業第三。
115《大誥續誥》，辨驗丁引第四。

　　要組織這樣的力量、機構，進行全國規模的調查、登記、發引、盤詰的工作，必須付出極大的努力和準備精密的計劃，以及必需的監督工作。差不多經過三十年的不斷鬥爭，朱元璋和他的助手們積累了豐富的經驗，把自己的統治機構逐漸發展，使之更趨於完備。[116]

---

116 吳晗：《傳・過所・路引的歷史——歷史上的國民身份證》，載《中國建設》月刊五卷四期。

第五章
社會生產力的發展

一、農業生產的恢復和發展

「地主階級對於農民的殘酷的經濟剝削和政治壓迫，迫使農民多次地舉行起義，以反抗地主階級的統治。從秦朝的陳勝、吳廣、項羽、劉邦起，中經漢朝的新市、平林、赤眉、銅馬和黃巾，隋朝的李密、竇建德，唐朝的王仙芝、黃巢，宋朝的宋江、方臘，元朝的朱元璋，明朝的李自成，直至清朝的太平天國，總計大小數百次的起義，都是農民的反抗運動，都是農民的革命戰爭。中國歷史上的農民起義和農民戰爭的規模之大，是世界歷史上所僅見的。在中國封建社會裏，只有這種農民的階級鬥爭、農民的起義和農民的戰爭，才是歷史發展的真正動力。因為每一次較大的農民起義和農民戰爭的結果，都

打擊了當時的封建統治，因而也就多少推動了社會生產力的發展。」[1]

明初的社會生產力的發展首先表現在農業生產的恢復和發展方面。

經過二十年長期戰爭的破壞，人口減少，土地荒蕪，是明朝初年的普遍現象。例如唐宋以來的交通要道、繁華勝地的揚州，為青軍（又名一片瓦、長槍軍）元帥張明鑒所據，軍隊搞不到糧食，每天殺城裏的老百姓吃。龍鳳三年朱元璋部將繆大亨攻克揚州，張明鑒投降，城中居民僅餘十八家。新任知府以舊城虛曠難守，只好截西南一隅築而守之。[2] 如穎州，從元末韓咬兒在此起義以後，長期戰亂，民多逃亡，城野空虛。[3] 特別是山東、河南地區，受戰爭破壞最重，「多是無人之地」[4]。洪武元年閏七月大將軍徐達率師發汴梁，徇取河北州縣，時兵革連年，道路皆榛塞，人煙斷絕。[5] 有的地方，積骸成丘，居民鮮少。[6] 洪武三年，濟南府知府陳修和司農官報告，北方郡縣近城之地多荒蕪。[7] 到洪武十五年晉府長史致仕桂彥良還說：「中原為天下腹心，號膏腴之地，因人力

1　毛澤東：《中國革命和中國共產黨》，見《毛澤東選集》，第 2 卷，625 頁。
2　《明太祖實錄》卷五。
3　《明太祖實錄》卷三十三。
4　顧炎武：《日知錄》卷十，《開墾荒地》。
5　《明太祖實錄》卷二十九。
6　《明太祖實錄》卷一百七十六。
7　《明太祖實錄》卷五十三。

不至，久致荒蕪。」二十一年河北諸處，還是田多荒蕪，居民鮮少。三十年常德武陵等十縣土曠人稀，耕種者少，荒蕪者多。[8] 名城開封，以戶糧數少，降為下府。[9] 洪武十年，以河南、四川等布政司所屬州縣，戶糧多不及數，凡州改縣者十二，縣併者六十。[10] 十七年凡民戶不滿三千戶的州改為縣者三十七。[11]

　　針對這種情況，朱元璋於吳元年五月下令凡徐、宿、濠、泗、壽、邳、東海、襄陽、安陸等郡縣及今後新附土地、人民，桑、麻、谷、粟、稅糧、徭役，盡行蠲免三年。讓老百姓喘一口氣，把力量投入生產[12]，集中力量，振興農業，用移民屯田、開墾荒地的辦法調劑人力的不足。興修水利，種植桑棉，增加農業生產的收入。官給耕牛種子，墾荒地減免三年租稅，遇災荒優免租糧等措施，解決農民的困難。此外，還設立預備倉、養濟院等救濟機關。

　　他常說：「四民之中，農民最勞最苦。春天雞一叫就起牀，趕牛下田耕種。插下秧子，得除草，得施肥，大太陽裏曬得汗直流，勞碌得不成人樣。好容易巴到收割了，完糧納稅之外，剩不了一丁點兒。萬一碰上水旱蟲蝗災荒，全家着急，毫無辦法。可是國家的賦稅全是農民出的，當差作工也

8　《明太祖實錄》卷一百四十八、卷二百五十。

9　《明太祖實錄》卷九十六、卷一百九十三。

10　《明太祖實錄》卷一百十二、卷一百六十四。

11　《明太祖實錄》卷十八。

12　《明太祖實錄》卷二十二、卷二百五十。

是農民分內的事。要使國家富強，必得讓農民安居樂業，才有可能。」[13]國家收入主要來自農村，糧食布帛棉花、人力都靠農民供給，農業生產如不恢復和發展，這個政權是支持不下去的。

移民的原則是把農民從窄鄉移到寬鄉，從人多田少的地方移到人少地廣的地方。洪武三年六月，徙蘇州、松江、嘉興、湖州、杭州無業農民四千多戶到濠州種田，給牛具種子，三年不徵其稅。又移江南民十四萬戶於鳳陽。九年十月徙山西及真定民無產者於鳳陽屯田。十五年九月遷廣東番禺、東莞、增城降民二萬四千四百餘人於泗州屯田。十六年遷廣東清遠瑤民一千三百七人於泗州屯田。二十一年八月以山東、山西人口日繁，遷山西澤、潞二州民之無田者往彰德、真定、臨清、歸德、太康諸處閒曠之地，令自使置屯耕種。二十二年以兩浙民眾地狹，務本者少而事末者多，命杭、湖、溫、台、蘇、松諸郡民無田者許令往淮河迤南滁、和等處起耕。山西貧民徙居大名、廣平、東昌三府者，凡給田二萬六千七十二頃。二十五年徙山東登、萊二府貧民五千六百三十五戶就耕於東昌。二十七年遷蘇州府崇明縣無田民五百餘戶於崑山開種荒田。二十八年青、兗、登、萊、濟南五府民五丁以上及小民無田可耕者起赴東昌，編籍屯種，凡一千五十一戶，四千六百六十六口。到二十八年十一月東昌三府屯田遷民共五萬八千一百二十四戶，國家

---

13 《明太祖實錄》卷二十二、卷二百五十。

收租三百二十二萬五千九百八十餘石，棉花二百四十八萬斤。彰德等四府屯田凡三百八十一處，屯田租二百三十三萬三千三百十九石，棉花五百零二萬五千五百餘斤。[14] 凡移民墾田都由國家給予耕牛、種子、路費。洪武三年定制，北方郡縣荒蕪田地，召鄉民無田者墾辟，戶給十五畝，又給地二畝種蔬菜，有餘力的不限頃畝，皆免三年租稅。其馬驛巡檢司急遞舖應役者，各於本處開墾，無牛者官給之。若王國所在，近城存留五里以備練兵牧馬，餘處悉令開耕。[15] 又令凡開墾荒田，各處人民先因兵燹遺下田土，他人開墾成熟者聽為己業。業主已還，有司於附近荒田撥補。復業人民見在丁少而原來田多者，不許依前佔護，止許盡力耕墾為業。見今丁多而原來田少者，有司於附近荒田驗丁撥付。[16] 洪武二十四年令公侯大官以及民人，不問何處，惟犁到熟田，方許為主。但是荒田，俱係在官之數。若有餘力，聽其再開。又令山東概管農民，務見丁著役，限定田畝，著令耕種。敢有荒蕪田地流移者，全家遷發化外充軍。二十八年令，二十七年以後新墾田地，不論多寡，俱不起科（收田租），若地方官增科擾害者治罪。鼓勵人民大力開墾。[17]

也有從少數民族地區移民到內地屯墾的，如徐達平沙

---

14 《明太祖實錄》卷二百二十三、卷二百三十六、卷二百四十三；《明史》卷七十七，《食貨志》一。

15 《明太祖實錄》卷五十三。

16 《大明會典》卷十七，《戶部·田土》。

17 《大明會典》卷十七，《戶部·田土》；《明太祖實錄》卷二百四十三。

漠，徙北平山後民三萬五千八百餘戶散處諸府衞，充軍的給衣糧，為民的給田土。又以沙漠遺民三萬二千八百多戶屯田北平，置屯二百五十四，開地一千三百四十三頃。

此外，吳元年十月徙蘇州富民到濠州居住，因為他們幫着張士誠抵抗，還不斷說張王好話的緣故。[18] 洪武十五年命犯笞杖罪的犯人都送到滁州種苜蓿。[19] 二十二年命戶部起山東流民居京師，人賜鈔二十錠，俾營生業。[20] 二十八年徙直隸、浙江民二萬戶於京師，充倉腳夫。[21]

江南蘇、松、杭、嘉、湖一帶十四萬戶富民被強迫遷往鳳陽，離開了原來的鄉里田舍，還不許私自回去。這舉動對於當時東南地主階級是極大的打擊。舊社會的舊統治階級離開了原來佔有的土地，同時也就喪失了社會地位和政治上的作用。相對的以朱元璋為首的新統治階級卻從而加強了對這一地區人民的控制了。這十幾萬家富戶從此以後，雖然不敢公開回到原籍，卻偽裝成乞丐，以逃荒為名，成羣結隊，老幼男婦，散入江南諸郡村落乞食，到家掃墓探親，第二年二三月間又回到鳳陽。年代久了，也就成為習慣。五六百年來鳳陽花鼓在東南一帶是婦孺皆知的民間藝術。歌詞是：

---

18 《明太祖實錄》卷二十一。
19 《明太祖實錄》卷一百四十三。
20 《明太祖實錄》卷一百九十六。
21 《明太祖實錄》卷二百四十三；《明史》卷七十七，《食貨志》一。

家住盧州並鳳陽，鳳陽原是好地方，

自從出了朱皇帝，十年倒有九年荒。[22]

　　朱元璋在克集慶後，便注意水利。到建國以後，越發重視，用全國的財力人力進行大規模的水利工程。洪武元年修和州銅城堰閘，周回二百餘里。四年修治廣西興安縣靈渠，可以溉田萬頃。六年開上海胡家港，從海口到漕涇一千二百餘丈，以通海船。八年開登州蓬萊閣河，浚涇陽縣洪渠堰，溉涇陽、三原、醴泉、高陵、臨潼田二百餘里。九年修彭州都江堰。十二年修西安府甜水渠，引龍首渠水入城，居民從此才有甜水可吃。十四年築海鹽海塘，浚揚州府官河。十七年築磁州漳河決堤，決荊州岳山壩以通水利，每年增官田租四千三百餘石。修江都縣深港壩河道。十八年修築黃河、沁河、漳河、衞河、沙河堤岸。十九年築長樂海堤。二十三年修崇明海門決堤二萬三千九百餘丈，役夫二十五萬人。疏四川永寧所轄水道。二十四年修臨海橫山嶺水閘，寧海、奉化海堤四千三百餘丈，築上虞海堤四千丈，改建石閘。浚定海、鄞二縣東錢湖，灌田數萬頃。二十五年鑿溧陽銀墅東壩河道四千三百餘丈，役夫四十萬人。二十七年浚山陽支家河。鑿通郁林州相隔二十多里的南北二江，設石陡諸閘。二十九年修築河南洛堤。三十一年修治洪渠堰，浚渠十萬三千餘丈。這些規模巨大用人力到幾十萬人的工程，沒有統一的安定的

22　趙翼：《陔餘叢考》卷四十一，《鳳陽丐者》。

全國力量的支持，是不可能設想的。除此以外，元璋還要全國各地地方官，凡是老百姓對水利的建議，必須即時報告。洪武二十七年又特別囑咐工部工員，凡是坡塘湖堰可以蓄水泄水防備旱災潦災的，都要根據地勢一一修治。並派國子生和人才到全國各地督修水利。二十八年綜計全國郡縣開塘堰四萬九百八十七處 [23]，河四千一百六十二處，陂渠堤岸五千四十八處。[24]

移民屯田，開墾荒地，興修水利是增加穀物產量，增加國家租稅的主要措施。此外，元璋還特別着重經濟作物的增產，主要的是桑、麻、木棉和棗、柿、栗、胡桃等等。龍鳳十一年六月下令凡農民有田五畝到十畝的，栽桑、麻、木棉各半畝，十畝以上的加倍，田多的照比例遞加。地方官親自督視，不執行命令的處罰。不種桑的使出絹一匹，不種麻和木棉的出麻布或棉布一匹。[25] 洪武元年把這制度推廣到全國，並規定科徵之額，麻每畝科八兩，木棉每畝四兩，栽桑的四年以後再徵租。二十四年於南京朝陽門鍾山之麓，種桐、棕、漆樹五千餘萬株，歲收桐油、棕漆，為修建海船之用。[26] 二十五年令鳳陽、滁州、廬州、和州每戶種桑二百株，棗二百株，柿二百株。令天下衛所屯田軍士每人種桑百株，隨地宜種柿、栗、胡桃等物，以備歲歉。二十七年令戶部教

---

23 《明太祖實錄》；《明史》卷八十八，《河渠》六，《直省水利》。

24 《明太祖實錄》卷二百四十三；顧炎武：《日知錄》卷十二，《水利》。

25 《明太祖實錄》卷十五；《明史》卷一百三十八，《楊思義傳》。

26 《明太祖實錄》卷二十七、卷二〇七；查繼佐：《罪惟錄》；《明太祖本紀》一。

天下百姓務要多種桑、棗和棉花，並教以種植之法。每一戶初年種桑、棗二百株，次年四百株，三年六百株。栽種的數目造冊回奏，違者全家發遣充軍。執行的情況，如湖廣布政司於二十八年所報告，所屬郡縣已種果木八千四百三十九萬株。全國總計，在十億株以上。二十九年以湖廣諸郡宜於種桑，而種之者少，命於淮安府及徐川取桑種二十石，派人送到辰、沅、靖、全、道、永、寶慶、衡州等處，各給一石，使其民種之。發展這一地區蠶絲生產和絲織工業。[27] 為了保證命令的貫徹執行，下詔指出農桑為衣食之本，全國地方官考課，一定要報告農桑的成績，並規定二十六年以後栽種桑、棗果樹，不論多少，都免徵賦。[28] 作為官吏考績的主要內容，違者降罰。又設置老人擊鼓勸農，每村置鼓一面，凡遇農種時月，五更擂鼓，眾人聞鼓下田，該管老人點閘（名）。若有懶惰不下田的，許老人責決，務要嚴切督並，見丁著業（每人都做活），毋容惰夫游食。若是老人不肯勸督，農民窮窘，為非犯法到官，本鄉老人有罪。平時老人每月六次手持木鐸，遊行宣講勸農務本的道理。[29] 頒發教民榜文說：

> 今天下太平，百姓除糧差之外，別無差遣，各宜用心
> 生理，以足衣食，如法栽種桑、麻、棗、柿、棉花，每歲

27　《明太祖實錄》卷二百十五、卷二百二十二、卷二百三十二、卷二百四十三、卷二百四十六；《明會典》；朱國楨：《大政記》；《明通紀》。

28　《明太祖實錄》卷七十七、卷二百四十三。

29　《明太祖實錄》卷二百五十五；谷應泰：《明史紀事本末》卷十四，《開國規模》。

養蠶，所得絲棉，可供衣服，棗柿豐年可以賣鈔，儉年可當糧食。里老嘗督，違者治罪。[30]

洪武元年下詔田器不得徵稅。[31] 四年、二十五年遣官往廣東、湖廣、江西買耕牛以給中原屯種之民。[32] 二十八年命鄉里小民或二十家或四五十家團為一社，每遇農急之時有疾病，則一社助其耕耘，庶田不荒蕪，民無飢窘。戶部以此意廣泛曉諭。[33] 各地報告修城垣、建營房、浚河道、造王宮等工程，都反復告以興作不違農時的道理，等秋收農隙時興工。[34] 對農業增產有成績的地方官，加以擢升。如太平知府范常積極鼓勵農民耕作，貸民種子數千石，到秋成大豐收，官民都庚廩充實。接着興學校，延師儒，百姓很喜歡。召為侍儀。[35] 陶安知饒州，田野開闢，百姓日子過得好，離任時，百姓拿他初來時情況比較，歌頌他：「千里榛蕪，侯來之初；萬姓耕辟，侯去之日。」南豐百姓也歌唱典史馮堅：「山市晴，山鳥鳴，商旅行，農夫耕，老瓦盆中洌酒盈，呼囂隳突不聞聲。」[36] 農村裏呈現出一片繁榮、歡樂的氣象。

對貪官污吏，用嚴刑懲治。洪武二年二月元璋告諭羣臣

---

30 《古今圖書集成・農桑部》。
31 《明太祖實錄》卷三十。
32 《明太祖實錄》卷六十一、卷二百二十三。
33 《明太祖實錄》卷二百三十六。
34 《明太祖實錄》卷一一二、卷一一八、卷一五三、卷一五九、卷一六三。
35 《明太祖實錄》卷二十七。
36 朱彝尊：《明詩綜》卷一百。

說：「從前我在民間時，見州縣官吏多不恤民，往往貪財好色，飲酒廢事，凡民疾苦，視之漠然，心裏恨透了。如今要嚴立法禁，凡遇官吏貪污蠹害百姓的，決不寬恕。」[37] 四年十一月立法凡官吏犯贓罪的不赦。下決心肅清貪污，說：「此弊不革，欲成善政，終不可得。」二十五年又編《醒貪簡要錄》，頒佈中外。[38] 官吏貪贓到鈔六十兩以上的梟首示眾，仍處以剝皮之刑。府州縣衙門左首的土地廟，就是剝皮的刑場，也叫皮場廟。有的衙門公座旁擺人皮，裏面是稻草，叫作官的觸目驚心，不敢作壞事。[39] 地方官上任賞給路費，家屬賜衣料。來朝時又特別誥誡以：「天下新定，百姓財力困乏，像剛學飛的鳥兒和新栽的樹木，拔不得毛，也動不得根。」[40] 違法的按法懲辦。從開國以來，兩浙、江西、兩廣、福建的地方官，因贓貪被法辦，沒有一人做到任滿。[41]

　　蘇、松、嘉、湖田租特別重，洪武十三年下詔減削。[42] 凡各地鬧水旱災荒歉收的，蠲免租稅。豐年無災荒，也擇地瘠民貧的地方特別優免。災重的免交二稅之外，還由官府貸米，或賑米和布、鈔。各地設預備倉，由地方耆老經管，存貯糧食以備救災。設惠民藥局，凡軍民之貧病者，給以醫藥。設養濟院，貧民不能生活的許入院贍養，月給米三斗，

37　《明太祖實錄》卷三十八。

38　《明太祖實錄》卷六十九、卷二百二十。

39　趙翼：《廿二史札記》卷三十三，《重懲貪吏》。

40　《明史》卷二百八十一，《循史傳序》。

41　《大誥續誥》。

42　《明太祖實錄》卷一百三十。

薪三十斤，冬夏布一匹，小口給三之二。災傷州縣，如地方官不報告的，特許耆民申訴，處地方官以死刑。二十六年又令戶部，地方官有權在飢荒年頭，先發庫存米糧賑濟，事後呈報，立為永制。三十多年來，賞賜民間布、鈔數百萬，米百多萬石，蠲免租稅無數。[43]

幾十年的安定生活，休養生息，積極鼓勵生產的結果，社會生產力不但恢復，而且大大發展了：

第一表現在墾田數目的增加，以洪武元年到十三年的逐年增加的墾田數目來作例：

洪武元年	七百七十餘頃
二年	八百九十八頃
三年	二千一百三十五頃 （山東、河南、江西的數字）
四年	十萬六千六百六十二頃
六年	三十五萬三千九百八十頃
七年	九十二萬一千一百二十四頃
八年	六萬二千三百八頃
九年	二萬七千五百六十四頃
十年	一千五百十三頃
十二年	二十七萬三千一百四頃
十三年	五萬三千九百三十一頃

43 《明太祖實錄》卷五十三、卷二○二、卷二百十一、卷二百三十一；朱健：《古今治平略》；《明史》卷七十八，《食貨志》二。

十三年中增加的墾田數字為一百八十萬三千一百七十一頃。到洪武十四年全國官民田總數為三百六十六萬七千七百一十五頃。[44] 增墾面積的數字佔十四年全國官民田數字的二分之一。由此可知洪武元年的全國已墾田面積不過一百八十多萬頃。（不包括東北、西北未定地方和夏的領土四川和雲貴等地）再過十年，二十四年的數字為三百八十七萬四千七百四十六頃。[45] 經過大規模全面的丈量，二十六年的數字為八百五十萬七千六百二十三頃。[46] 比十四年增加了四百八十四萬頃。

　　第二表現在本色稅糧收入的增加，洪武十八年全國收入田租二千八十八萬九千六百一十七石[47]，二十三年為三千一百六十萬七千六百石[48]，二十四年為三千二百二十七萬八千九百八十三石[49]，二十六年為三千二百七十八萬九千八百石。[50] 二十六年比十八年增加了三分之一的收入。和元代全國歲入糧數一千二百十一萬四千七百餘石相比，增加了差不多兩倍。[51] 歷史家記述這時期生產發展的情況說：「是時宇內富庶，賦入盈羨，米粟自輸京師數百萬石外，府縣

44　《明太祖實錄》卷一百四十。

45　《明太祖實錄》卷二百十四。

46　《明史》卷七十七，《食貨志》一，《田制》。

47　《明太祖實錄》卷一百七十六。

48　《明太祖實錄》卷二百零六。

49　《明太祖實錄》卷二百十四。

50　《明太祖實錄》卷二百三十。《明史・食貨志・賦役》作夏秋二稅收麥四百七十餘萬石，米二千四百七十餘萬石。

51　《元史》卷九十三，《食貨志・稅糧》。

倉廩蓄積甚豐，至紅腐不可食。歲歉，有司往往先發粟賑貸，然後以聞。」[52]

第三表現在人口數字的增加，洪武十四年統計，全國有戶一千六十五萬四千三百六十二，口五千九百八十七萬三千三百五。[53] 二十六年的數字為戶一千六百五萬二千八百六十，口六千五十四萬五千八百十二。[54] 比之元朝極盛時期，元世祖時代的戶口：戶一千一百六十三萬三千二百八十一，口五千三百六十五萬四千三百三十七。[55] 戶增加了三百四十萬，口增加了七百萬。

第四表現在府縣的升格，明制以稅糧多少定府縣等級：縣分上中下三等，標準為田賦十萬、六萬、三萬石下。府也分三等，標準為田賦二十萬上、下，十萬石下。[56] 從洪武八年起，因為各地方經濟的恢復和發展，墾田和戶口的增加，田賦收入增加了，不斷地把府縣升格，例如開封原為下府，因為稅糧數超過三十八萬石，八年正月升為上府。河南懷慶府稅糧增加到十五萬石，陝西平涼府戶口田賦都有增加，三月升為中府。十二月以太原、鳳陽、河南、西安歲收糧增加，升為上府，揚州、鞏昌、慶陽升為中府，明州之鄞縣升

---

52 《明史》卷七十八，《食貨志》二，《賦役》。《明太祖實錄》卷二百四十一：「山東濟南府儲廣豐二倉，糧七十五萬七千石，蓄積既多，歲久紅腐。」

53 《明太祖實錄》卷一百四十。卷二百十四：「二十四年為戶一千零六十八萬四千四百三十五，口五千六百七十七萬四千五百六十一」，口數比十四年少三百萬，是不應該的。可能傳寫有錯誤，今不取。

54 《明史》卷七十七，《食貨志》一，《戶口》。

55 《元史》卷九十三，《食貨志》。

56 《明史》卷七十八，《食貨志》二，《賦役》。

為上縣。山東萊州稅糧不及，降為中府。[57] 揚川殘破最重，經過八年時間，已經恢復到收田賦二十萬石下的中府了，從這個名城的恢復，可以推知全國各地社會生產力的恢復和發展的情況。

第五由於糧食的增產，特別是桑、麻、棉花和果木的普遍種植，農民的收入增加了，生活改善了，購買力提高了。農業生產的恢復和發展，一方面為紡織工業提供了原料，一方面農民所增加的購買力又促進了刺激了商業市場的繁榮，出現了許多新的以紡織工業為中心和批發綢緞棉布行號的城市。

二、棉花的普遍種植和工商業

棉花傳入中國很早，南北朝時從南洋諸國輸入，稱為吉貝、白疊。[58] 國內西北高昌（今新疆吐魯番）產棉，唐滅高昌，置西州交河郡，土貢氎布。氎布就是白疊。[59] 宋、元間已有許多地區種棉，但是在全國規模內普遍種植和紡織技術的提高，則是明朝初年的事情。[60]

57　《明太祖實錄》卷九十六、卷九十八、卷一百零三。

58　張勃：《吳錄・地理志》；《南史》，《呵羅單傳》、《干陀利傳》、《婆利傳》、《中天竺傳》、《渴槃陀傳》；《北史・真臘傳》；《梁書・林邑傳》；《唐書・環王傳》。

59　《南史》，《高昌傳》；《唐書・地理志》。

60　丘濬《大學衍義補》：「至我國朝，其種乃遍佈於天下，地無南北皆宜之，人無貧富皆賴之，其利視絲枲蓋百倍焉。故表出之，使天下後世，知卉服之利，始盛於今代。」

　　在明代以前，平民穿布衣，布衣指的是麻布的衣服。[61]
冬衣南方多用絲綿作袍，北方多用毛皮作裘。雖然也有用棉
布作衣服臥具的，但因為「不自本土所產，不能足用」[62]。唐元
稹詩：「木綿溫暖當棉衣。」元太祖、世祖遺衣皆縑素木綿，
動加補綴。[63] 宋謝枋得詩：「潔白如雪積，麗密過錦純，羔縫
不足貴，狐腋難比倫，……剪裁為大裘，窮冬勝三春。」[64] 可
見棉布到宋末還是很珍貴的物品。

　　宋代福建、廣東種植棉花的日多[65]，瓊州是紡織中心之
一，瓊州婦女以吉貝織為衣衾，是當地黎族的主要副業生
產。[66] 元代從西域輸入種子，種於陝西，撚織毛絲，或棉裝
衣服，特為輕暖。[67] 元滅南宋後，浙東、江東、江西、湖廣
諸地區也推廣棉花的種植，生產量增加，棉布成為商品，服
用的人日多。[68] 至元二十六年（公元 1289 年）四月置浙東、

61　孔鮒《小爾雅》：「麻紵葛曰布。」桓寬《鹽鐵論》：「古者庶人耄老而後衣絲，
　　其餘則僅麻枲，故曰布衣。」《陳書·姚察傳》：「門生送牽布一端，謂之曰：
　　吾所衣者，止是麻布。」

62　（元）王禎：《木棉圖譜序》，引《諸番雜誌》。

63　《元史》，《英宗本紀》。

64　《古今圖書集成·木綿部》。

65　周去非：《嶺外代答》卷六；趙汝適：《諸蕃志》下。方勺《泊宅編》：「閩廣多
　　種木綿。」彭乘《續墨客揮犀》上：「閩嶺以南多木棉，土人競植之，有至數
　　千株者，採其花為布，號吉貝布。」《通鑒》卷一五九胡三省注：「木綿江南
　　多有之……織以為布，閩廣來者尤為麗密。」丘濬《大學衍義補》：「宋元之
　　間始傳其種入中國，關、陝、閩、廣首得其利，蓋此物出外夷，閩、廣通海
　　舶，關、陝壤接西域故也。」李時珍《本草綱目》：「此種出南番，宋末始入
　　江南。」

66　《宋史·崔與之傳》。

67　《農桑輯要》。

68　王禎《木棉圖譜序》：「木棉產自海南，諸種藝製作之法，駸駸北來，江、淮、

江東、江西、湖廣、福建木綿提舉司，責令當地人民每年輸納木綿十萬匹，以都提舉司總之。二十八年五月罷江南六提舉司歲輸木棉。[69] 成宗元貞二年（公元 1296 年）始定江南夏稅輸以木綿布絹絲綿等物。[70]

由於種棉面積的增加，種植和紡績的技術需要總結和交流，元世祖至元十年司農司編印《農桑輯要》，以專門篇幅記棉花的種植方法。[71] 紡績的工具和技術由於各地方勞動人民的創造和交流，日益進步。據十二世紀八十年代間的記載，雷、化、廉州、南海黎峒的少數民族，採集棉花後，「取其茸絮，以鐵筋輾去其子，即以手握茸就紡」[72]。稍後的記載提到去子後，「徐以小弓，彈令紛起，然後紡績為布」[73]。到十三世紀中期，詩人描寫長江流域紡績情形說：「車轉輕雷秋紡雪，弓彎半月夜彈雲。」[74] 已經有紡車、彈弓和織機了。江南地區的織工，「以鐵鋌輾去其核，取如綿者，以竹力小弓，長尺四五寸許，牽弦以彈綿，令其勻細，卷為小筒，就車紡之，自然抽緒如繰絲狀。」但是所織的布，不如閩廣出產的麗密。[75] 瓊

川、蜀，既獲其利。至南北混一之後，商販於此，被服漸廣，名曰吉布，又曰棉布。」

69　《元史》卷十五，《世祖本紀》。

70　《元史》卷九十三，《食貨志・稅糧》。

71　《農桑輯要》卷二。

72　趙汝适：《諸蕃志》下；周去非：《嶺外代答》卷六。

73　方勺：《泊宅編》中。

74　陸心源：《宋詩紀事補》卷七十五，艾可叔：《木棉詩》。

75　《資治通鑒》卷一五九，胡三省注。

州黎族人民所織的布，上出細字，雜花卉，尤為工巧。[76] 黃河流域主要陝西地區的紡織工具和技術比較簡陋，只有輾去棉子的鐵杖和木板，棉花的用途只是撚織粗棉線和裝制冬衣。[77]一直到十三世紀末年，松江烏泥涇的人民，因為當地土地磽瘠，糧食不夠，搞副業生產，從閩廣輸入棉花種子，還沒有蹈車、椎弓這些工具，用手剖去棉子，用線弦竹弧彈製，工具和技術都很簡陋，產品質量不高，人民生活還是很艱苦。[78]

元成宗元貞間（公元 1295-1296 年），烏泥涇人黃道婆從瓊州附海舶回來，她從小就在瓊州旅居，帶回來瓊州黎族人民的先進紡織工具和技術，教會家鄉婦女以做造、擀、彈、紡、織之具，和錯紗、配色、綜線、挈花的技術，織成被褥帶帨，其上折技、團鳳、棋局、字樣，粲然若寫。[79] 一時烏泥涇被成為暢銷商品，名揚遠近，當地人民生活提高，靠紡織生活的有一千多家。[80] 詩人歌詠她：「厓州布被五色繅，組霧糾雲粲花草，片帆鯨海得風回，千柚烏涇奪天造。」[81] 當地婦女參加紡績生產的情形，詩人描寫：「烏涇婦女攻紡績，木棉布經三百尺，一身主宰身窩低，十口勤勞指頭直。」[82] 到了明朝初年，不但江南地區的農村婦女普遍參加紡績勞動，連

76　方勺：《泊宅編》中。

77　《農桑輯要》。

78　陶宗儀：《輟耕錄》卷二十四，《黃道婆》。

79　陶宗儀：《輟耕錄》卷二十四，《黃道婆》。

80　陶宗儀：《輟耕錄》卷二十四，《黃道婆》；王逢：《梧溪集》卷三，《黃道婆祠》。

81　王逢：《梧溪集·黃道婆祠》。

82　王逢：《梧溪集》卷七，《半古歌》。

有些地主家庭的婦女，也紡紗績布，以給一歲衣資之用了。[83]
松江從此成為明代出產棉布的中心，「其布之麗密，他方莫
並」[84]。「衣被天下。」[85] 松江稅糧宋紹興時只有十八萬石，到
明朝增加到九十七萬石，其他雜費又相當於正賦，負擔特別
重，主要是依靠紡織工業的收入，「上供賦稅，下給俯仰」[86]。

　　黃道婆傳入瓊州製棉工具和技術之後的二十年，王禎所
著《農書》，列舉製棉工具有：一，攪車即蹈車，是去棉子用
的。二，彈弓，長四尺許，弓身以竹為之，弦用繩子。三，
卷筵，用無節竹條擀棉花成筒。四，紡車。五，撥車，棉紗
加漿後稍乾撥於車上。六，軖車，用以分絡棉線。七，線架。
到元末又有了檀木製的椎子，用以擊弦。[87] 生產工具更加完
備和提高了，為明代紡織工業的發展準備了技術條件。

　　朱元璋起事的地區，正是元代的棉業中心之一。滅東吳
後，又取得當時全國紡織業中心的松江，原料和技術都有了
基礎，使他深信推廣植棉是增加農民收入和財政收入的有效
措施。龍鳳十一年下令每戶農民必須種木棉半畝，田多的加
倍。洪武元年又把這一法令推廣到全國。棉花的普遍種植
和紡織技術的不斷提高，棉布成為全國流通的商品，成為人

83　鄭濤：《旌義編》二：「諸婦每歲公堂（公共所有）於九月俵散木棉，使成布
　　匹，限以次年八月交收，通賣錢物，以給一歲衣資之用。」鄭濤是浙江浦江
　　著名大族地主鄭義門的族長，《旌義編》有洪武十一年宋濂序。

84　《羣芳譜》。

85　《梧潯雜佩》。

86　徐光啟：《農政全書》卷三十五，《木棉》。

87　參看俞正燮：《癸巳類稿》卷十四，《木棉考》；馮家昇：《我國紡織家黃道婆
　　對於棉織業的偉大貢獻》，載《歷史教學》，1954（4）。

民普遍服用的服裝原料，不論貴賤，不論南北，都以棉布禦寒，百人之中，止有一人用繭綿，其餘都用棉布。過去時代人穿的縕袍，用舊絮裝的冬衣，完全被用木棉裝的胖襖所代替了。[88] 就全國而論，北方河南、河北氣候宜於植棉，地廣人稀，種植棉花的面積最大，是原料的供給中心。南方特別是長江三角洲一帶，蘇州、松江、杭州等地人民紡績技術高，是紡績工業的中心。這樣又形成原料和成品的交流情況，原棉由北而南，棉布由南而北。[89] 從經濟上把南方和北方更緊密地聯繫起來了。

明初松江之外，另一紡織工業中心是杭州。由於市場的需要，出現了置備生產工具和原料的資本家，和除雙手以外一無所有出賣勞動力的僱傭工人。資本家僱用工人，每天工作到夜二鼓，計日給工資。這種新的剝削制度的出現，不能不產生社會內部新的階級，除封建地主對農民的剝削以外，又產生了資本家對工人的剝削關係。明初曾經做過杭州府學教授徐一夔所作的《織工對》，典型地記述了這種新現象：

> 錢塘相安里有饒於財者，率居工以織，每夜至二鼓。老屋將壓，機杼四五具南北向，列工十數人，手提足蹴，皆蒼然無神色。日傭為錢二百緡，衣食於主人。以日之所入，養父母妻子，雖食無甘美而亦不甚飢寒。於凡織

88　宋應星：《天工開物》卷上，《乃服》。
89　王象晉：《木棉譜序》，徐光啟：《農政全書》卷三十五，《木棉》。

作，咸極精緻，為時所尚。故主之聚易以售，而傭之直亦易以入。

有同業者傭於他家，受直略相似。久之，乃曰：吾藝固過於人，而受直與眾工等，當求倍直者而為之傭。已而他家果倍其直。傭之主者閱其織果異於人，他工見其藝精，亦頗推之。主者退自喜曰：得一工勝十工，倍其直不吝也。[90]

由此可見明初手工業工場的一般情況，值得注意的是：在同一里巷，有若干同一性質的手工業工場；手工業工場主人同時也是棉布商人；從個體的生產到工場的集體生產，有了分工，生產方法和技術都提高了，出品精緻暢銷；經營這種工場有利可圖，資本家很賺錢；工場多了，技術高的工人工資也高，資本家雖然出了高工資，仍然可以獲取比一般工資工人五倍的利潤。

棉花棉布的生產量大大增加，政府的稅收也增加了，以稅收形式繳給國庫的棉花棉布，成為供給軍隊的主要物資，和必要時交換其他軍需物資的貨幣代用品。洪武四年七月詔中書省：「自今凡賞賜軍士，無妻子者給戰襖一襲；有妻子者給棉布二匹。」[91] 每年例賞，如洪武二年六月以木棉戰襖十一萬賜北征軍士。[92] 四年七月，賜長淮衛軍士棉布人二

---

90 《始豐稿》卷一，徐一夔，天台人；《明史》卷二百八十五有傳。

91 《明太祖實錄》卷六十七。

92 《明太祖實錄》卷四十二。

匹，在京軍士十九萬四百餘人棉布人二匹。[93] 十二年給陝西
都指揮使司並護衞兵十九萬六千七百餘人棉布五十四萬餘
匹，棉花十萬三千三百餘斤。[94] 北平都指揮使司衞所士卒十
萬五千六百餘人布二十七萬八千餘匹，棉花五萬四千六百
餘斤。[95] 十三年賜遼東諸衞士卒十萬二千一百二十八人棉布
四十三萬四百餘匹，棉花十七萬斤。[96] 十六年給四川等都司
所屬士卒五十二萬四千餘人棉布九十六萬一千四百餘匹，棉
花三十六萬七千餘斤。[97] 十八年給遼東軍士棉布二十五萬匹，
北平、燕山等衞棉布四十四萬三千匹，太原諸衞士卒棉布
四十八萬匹等等。[98] 平均每年都在百萬匹上下，用作交換物
資的如洪武四年七月以北平、山西運糧困難，以白金三十萬
兩、棉布十萬匹，就附近郡縣易米，以給將士。又以遼東軍
衞缺馬，發山東棉布貰馬給之。[99] 十三年十月，以四川白渡、
納溪的鹽換棉布，遣使入西羌買馬。[100] 十七年七月詔戶部以
棉布往貴州換馬，得馬一千三百匹。三十年以棉布九萬九千
匹往「西番」換馬一千五百六十匹。[101] 皇族每年供給，洪武九

---

93 《明太祖實錄》卷六十七。
94 《明太祖實錄》卷一百二十五。
95 《明太祖實錄》卷一百二十八。
96 《明太祖實錄》卷一百五十。
97 《明太祖實錄》卷一百五十六。
98 《明太祖實錄》卷一百七十二、卷一百七十四。
99 《明太祖實錄》卷六十七。
100 《明太祖實錄》卷一百三十四。
101 《明太祖實錄》卷一百六十三、卷二百五十二。

年規定親王冬夏布各一千匹，郡王冬夏布各一百匹。[102] 在特殊需要的情況下，臨時命令以秋糧改折棉布，如六年九月詔直隸府州和浙江、江西二行省，今年秋糧以棉布代輸，以給邊戍。[103]

和鼓勵普遍植棉政策相反，朱元璋對礦冶採取消極的方針。磁州臨水鎮產鐵，元時嘗於此置鐵冶，爐丁萬五千戶，每年收鐵百餘萬斤。洪武十五年有人建議重新開採，元璋以為利不在官則在民，民得其利則利源通而有利於官，官專其利則利源塞而必損於民。而且各冶鐵數尚多，軍需不缺，若再開採，必然擾民。把他打了一頓，流放海外。[104] 濟南、青州、萊川三府每年役民二千六百六十戶，採鉛三十二萬三千多斤，以鑿山深而得鉛少，也命罷採。[105] 十八年以勞民罷各布政司煎煉鐵冶。二十五年重設各處鐵冶，到二十八年內庫貯鐵三千七百四十三萬斤，後備物資已經十分充足，又命罷各處鐵冶。並允許人民自由採煉，歲輸課程，每三十分取其二。三十一年以內庫所貯鐵有限，而營造所費甚多，又命重開鐵冶。[106] 綜計洪武時代設置的鐵冶所：江西進賢、新喻、分宜，湖廣興國、黃梅，山東萊蕪，廣東陽山，陝西鞏昌，山西交城、吉州二所，太原、澤、潞各一所。和河南均州、

---

102 《明太祖實錄》卷一百四。
103 《明太祖實錄》卷八十五。
104 《明太祖實錄》卷一百四十五。
105 《明太祖實錄》卷一百五十。
106 《明太祖實錄》卷一百七十六、卷二百四十二、卷二百五十六。

新安，四川蒲江，湖南茶陵等冶，每年輸鐵一千八百四十餘萬斤。[107]

宮廷和軍隊所需的一切物品，都由匠戶製造。匠戶是元明兩代的一種特殊制度，把有技藝的工匠徵調編為匠戶，子孫世襲。分為民匠、軍匠二種。明代匠戶的戶籍，完全依據元代的舊籍，不許變動。[108] 洪武二十六年定每三年或二年輪班到京役作的匠戶名額為二十三萬二千八十九名。[109] 由工部管轄。固定作工的叫住坐匠戶，由內府內官監管轄。軍匠大部分分屬於各地衛所，一部分屬於內府兵仗局、軍器局和工部的盔甲廠。[110] 屬各地衛所的軍匠總數二萬六千戶。[111] 每戶正匠做工，得免雜差，仍免一丁幫貼應役。餘丁每名每年出辦工食銀三錢，以備各衙門因公務取役僱覓之用。正匠每月工作十天，月糧由官家支給。[112]

輪班匠戶包括六十二行匠人。後來又細分為一百八十八種行業，從牋紙、裱背、刷印、刊字、鐵匠、銷金、木、瓦、油、漆、象牙、紡棉花，到神箭、火藥等等，每種人數由一人到八百七十五人不等。內廷有織染局，神帛房和後湖織造局，四川、山西諸行省和浙江紹興織染局，規模都較大。留在地方的匠戶除執役於織染局以外，如永平府就有銀、鐵、

---

107 《明史》卷八十一，《食貨志・鐵冶所》；《大明會典》。
108 《大明會典》卷十九，《戶口》。
109 《大明會典》卷一百八十九；《明史・嚴震直傳》。
110 《大明會典》卷一百八十八。
111 《明史》卷一百五十七，《張本傳》。
112 《大明會典》卷一百八十九。

鑄鐵、錫、釘鉸、穿甲等二十二行。[113]

　　匠戶人數多，分工細，凡是宮廷和軍隊所需用的手工業製造品，都由匠戶執役的官手工業作坊的各局製造供給。這種封建制度的生產，壟斷了宮廷和軍隊的一切需要物品，所需的資金和生產的成品，都不在市場流通，這樣，就直接對社會上的私人手工業作坊的擴大生產起了束縛和阻礙的作用。同時，官手工業作坊的生產是不計較成本、勞力和利潤的，原料由全國各地的貢品供給，不受限制，即使有部分作為商品流人市場，私人手工業作坊的產品也不能和它競爭。在另一面，元代把技術最好的工人都簽發為匠戶，子孫世襲，連技術也被壟斷了，私人手工業作坊所能僱用的只是一般工人，技術提高受了一定的限制。明初把匠戶分作住坐輪班兩種，輪班的除班期應役以外，大部分時間歸自己支配，技術和產品都不再受到限制，對社會生產力的發展是有益的措施。這種無償的強制的勞役，不能不引起匠戶的反抗，逃亡之外，唯一可以採取的手段是怠工和故意把成品質量降低。以此，匠戶制度雖然曾經在個別情況下對生產技術的改進起了作用，推進了社會生產力的發展，但就其本質而說，則是束縛和阻礙生產技術的不斷提高；妨礙私人手工業工場的發展；隔絕商品的流通；對社會生產力的發展起着扼制、停滯的消極作用。

　　對商業採輕稅政策，稅收機構在京為宣課司，府縣為通

113　吳晗：《元明兩代之匠戶》，載《雲南大學學報》第一期。

課司。凡商稅三十分取一，過者以違令論。洪武元年詔中書省，命在京兵馬指揮司並管市司，三日一次校勘街市斛斗秤尺，稽考牙儈姓名，規定物價。在外府州各城門兵馬，一體兼管市司。[114] 十三年諭戶部，自今軍民嫁娶喪葬之物，舟車絲布之類都不徵稅。並大量裁減稅課司局三百六十四處。南京人口密集，軍民住宅都是公家修建，連廊櫛比，沒有空地。商人貨物到京無處存放，有的停在船上，有的寄放城外，牙儈從中把持價格，商人極以為苦。元璋了解這情況以後，就叫人在三山門等門外蓋幾十座房子，叫作塌坊，專放商貨，上了稅後聽其自相貿易。[115] 為了繁榮市面，二十七年命工部建十五座樓房於江東諸門之外，令民設酒肆其間，以接四方賓客，名為鶴鳴、醉仙、謳歌、鼓腹、來賓、重譯等等。修好後還拿出一筆錢，讓文武百官大宴於醉仙樓，慶祝天下太平，與民同樂。[116]

棉花的普遍種植，棉布質量的不斷提高，工資制手工業作坊的產生，新的蠶絲紡織工業區的開闢，輪班匠的技術和產品的投入市場等等，加上稅收機構的減縮和輕稅政策的刺激，商業市場大大活躍了，不但緊密地聯繫了南方和北方，也廣泛地聯繫了城市和鄉村以及全國的邊遠地區，繁榮了經濟，改善了提高了人民生活，進一步地加強了國家的統一。

商品的生產和吐納的中心，手工業作坊和批發行號的所

114《明太祖實錄》卷三十四。

115《明太祖實錄》卷二百十一；《明史》卷八十一，《食貨志・商稅》。

116《明太祖實錄》卷二百三十四。

在地，集中着數量很大的後備工人和小商攤販，城市人口劇烈地增加了。明初的工商業城市有南京、北平、蘇州、松江、鎮江、淮安、常州、揚州、儀真、杭州、嘉興、湖州、福州、建寧、武昌、荊州、南昌、吉安、臨江、清江、廣州、開封、濟南、濟寧、德州、臨清、桂林、太原、平陽、蒲州、成都、重慶、瀘州等地。[117]

隨着生產的恢復和發展，工商業的活躍，作為貿易媒介的全國統一貨幣的需要是愈來愈迫切了。

在朱元璋稱王以前，元代的不兌現紙幣中統交鈔因為發行過多，軍儲供給，賞賜犒勞，每日印造，不可數計，舟車裝運，舳艫相接，京師用鈔十錠（一錠為鈔五十貫，一貫為錢一千文）換不到一斗米。[118] 至正十六年中統鈔已為民間所拒用，交易都不用鈔，所在郡縣都以物貨相交易。[119] 十七年鑄至正之寶大錢五品稱為權鈔，以硬幣代替紙幣，結果紙幣也罷，大錢代鈔也罷，人民一概不要。人民嘲笑權鈔，歌謠中說：「人吃人，鈔買鈔，何曾見？」

朱元璋佔應天後，首先鑄大中通寶錢，以四百文為一貫，四十文為一兩，四文為一錢。平陳友諒後，命江西行省置貨泉局，即帝位後，發行洪武通寶錢，分五等：當十、當五、當三、當二、當一。當十錢重一兩，當一錢重一錢。應天置寶源局，各行省都設寶泉局專管鑄錢，嚴禁私鑄。洪武

117《明宣宗實錄》卷五十。
118《元史》卷九十七，《食貨志‧鈔法》。
119 孔齊：《至正直記》卷一；《元史》卷九十七，《食貨志‧鈔法》。

四年改鑄大中、洪武通寶大錢為小錢。貨幣雖然有了，但是銅錢分量重，價值低，不便於數量較大的交易，也不便於遠地轉運，並且，商人用鈔已經有了長期的歷史，成為習慣了，用錢感覺不方便，很有意見。[120]

銅錢不便於貿易，決定發行紙幣。七年設寶鈔提舉司，下設鈔紙、印鈔二局，寶鈔、行用二庫。八年命中書省造大明寶鈔，以桑穰為料，高一尺，廣六寸，質青色，外為龍文花欄，橫額「大明通行寶鈔」，內上兩旁篆文八字：「大明寶鈔，天下通行。」中國錢貫，標明幣值一貫，下欄是：「中書省（十三年後改為戶部）奏准印造大明寶鈔，與銅錢通行使用，偽造者斬，告捕者賞銀二十五兩。（十三年後改為賞銀二百五十兩），仍給犯人財產。洪武年 × 月 × 日。」背和面都加蓋硃印。一貫的畫錢十串，五百文的五串，以下是四百文、三百文、二百文、一百文，共六種。規定每鈔一貫準錢一千文，銀一兩。四貫準黃金一兩。二十一年加造從十文到五十文的小鈔。[121]

為了保證寶鈔的流通，在發行時就以法律禁止民間不得以金銀物貨交易，違者治罪，告發者就以其物給賞。只准以金銀來掉換寶鈔。並規定商稅錢鈔兼收，比例為收錢十分之二，收鈔十分之七，一百文以下的止收銅錢。[122] 在外衛所軍士每月食鹽給鈔，各鹽場給工本鈔。十八年命戶部凡天下官祿

120《明史》卷八十一，《食貨志·鈔法》。

121《大明會輿》卷三十一，《鈔法》；《明史》卷八十一，《食貨志·鈔法》。

122《大明會典》卷三十一，《鈔法》。

米以鈔代給，每米一石給鈔二貫五百文。[123]

寶鈔的發行是適合當時人民需要的，對商業的繁榮起了很大作用。但是朱元璋繼承元朝的鈔法，只學了後期崩潰的辦法，沒有懂得元代前期鈔法的所以通行，受到廣大人民喜愛的道理。原來元初行鈔，第一，有金、銀和絲為鈔本，各路無鈔本的不發新鈔；第二，印造有定額，計算全國商稅收入的金銀和爛鈔兌換數量作為發行額數；第三，有收有放，出入一樣，丁賦和商稅都收鈔，鈔和金銀作用一樣；第四，可以兌換金銀，金銀可以買鈔；第五，鈔和金銀銅錢並行，遠地、大量的貿易用鈔比金銀銅錢更加方便。相反，元代典鈔法之所以崩潰，是因為把鈔本動用光了；無限制濫發造成惡性膨脹；只發行不收回；不能兌換金銀；爛鈔不能換新鈔。[124] 洪武鈔法以元代後期鈔法作依據，因之，雖然初行的幾年，由於行用方便和習慣，還能保持和物價的一定比例，但是，由於回收受限制，發行量沒有限制，發行過多，收回很少，不兌現紙幣充斥於市場，幣值便不能維持了。

寶鈔發行的情況，以洪武十八年二月二十五日到十二月止為例，寶鈔提舉司鈔匠五百八十名所造鈔共九百九十四萬六千五百九十九錠。[125] 明代以鈔五貫為一錠，這一年的發行額就是五千萬貫，合銀五千萬兩。明初每年國庫銀的收入，不過幾十萬兩，一年的發行額竟相當於銀的收入一萬倍

123《明太祖實錄》卷一百七十六。

124　參看吳晗：《元史食貨志鈔法補》、《大明通行寶鈔》二文。

125《大誥續誥》，鈔庫作弊第三十二。

左右，加上以前歷年所發，數量就更大了。更由於印制的簡陋，容易作假，偽鈔大量投入市場[126]，幣值就越發越低落了。二十三年兩浙市民以鈔一貫折錢二百五十文[127]，二十七年降到折錢一百六十文。[128] 到三十年杭州諸郡商賈，不論貨物貴賤，一以金銀定價，索性不用寶鈔了。[129] 元璋很着急，採用申明鈔法，三番五次講鈔一貫應折錢一千文；舊鈔可以換新鈔；禁用銅錢；禁用金銀交易等等辦法，還是不濟事，鈔值還是日益低落，不被人民所歡迎。到成化時（公元 1465-1487年）洪武錢民間全不通行，寶鈔只是官府在用，貫僅值銀三釐，錢二文，民間得之，毫無用處。[130]

由於對外貿易的發展，銀子流入國內的一天天增多了。這樣，在官府和市場就同時使用兩種貨幣，官府支出用價值極低的紙幣，收入要銀子，市場出入都用銀子。銀子終於逐漸代替了寶鈔成為全國通行的通貨。

·　　三、人民的義務

紅軍起義的目的，就民族解放戰爭而說，洪武元年解放

126《大誥》偽鈔第四十八：「寶鈔通行天下，便民交易。其兩浙江東西民有偽造者，句容縣民楊饅頭本人起意，縣民合謀者數多，銀匠密修錫板，文理分明，印紙馬之戶同謀刷印，捕獲到官。自京至於句容，所梟之屍相望。」
127《明太祖實錄》卷二百零五。
128《明太祖實錄》卷二百三十四。
129《明太祖實錄》卷二百五十一。
130 陸容：《菽園雜記摘抄》卷五。

大都，蒙古統治集團北走，民族壓迫的政權被推翻，這一歷史任務是光輝地完成了。但是，另一個目的，解除階級壓迫的任務，卻不可能完成。一部分舊的地主參加了新政權，出身農民的紅軍將領也由於取得政權而轉化成新的地主階級了，其中朱元璋和他的家族便是新地主階級的代表人物。

元末紅軍起義對舊地主發生了淘汰的作用，一部分地主被戰爭所消滅了，一部分地主卻由於戰爭而鞏固和上升了他的地位。

元末的農民，大部分參加了革命戰爭。他們破壞了舊秩序和壓迫人民的統治機構。地主們正好相反，他們要保全自己的生命財產，就不能不維護舊秩序，就不能不擁護舊政權，階級利益決定了農民和地主分別站在敵對的陣營。在戰爭爆發之後，地主們用全力組織武裝力量，稱為「民」軍或「義」軍，建立堡砦，抵抗農民軍的進攻。現任和退休的官吏、鄉紳、儒生和軍人是地主軍的將領，他們受過教育，有文化，有組織能力，在地方上有威望，有勢力。雖然各地方的地主軍人各自為戰，沒有統一指揮和作戰計劃，軍事力量也有大小強弱的不同，但因為數量多，分佈廣，作戰頑強，就成為反對紅軍的主要的敵人了。經過二十年的戰爭，長江南北的巨族右姓，有的死於戰爭，有的流亡到外地[131]，參加擴廓帖木兒、孛羅帖木兒兩支地主軍的湖、湘、關、陝、魯、豫等地的地主，也隨着這兩支軍隊的消滅而消滅了。一部分

---

131 貝瓊：《清江集》卷八，《送王子淵序》。

地主為戰爭所消滅，另一部分地主如劉基、宋濂、葉琛、章溢等則積極參加了紅軍，共同建立新政權，成為大明帝國新統治集團的組成部分，和由農民起義轉化的新地主們一起，繼續對廣大農民進行壓迫和剝削。

　　朱元璋和他的將領都是農民出身的，過去曾親身經受過地主的壓迫和剝削。但在革命戰爭過程中，本身的武裝力量不夠強大，為了壯大自己，孤立敵人，又非爭取地主們參加不可，浙東這幾家大族的合作，是他們所以取得勝利基本條件之一。到了他自己和將領們都轉化成為大地主以後，和舊地主們的階級利益一致了，但又發生了新的矛盾，各地地主用隱瞞土地面積、蔭庇漏籍人口等手段和皇家統治集團爭奪土地和人力，直接危害到帝國的財政稅收，地主階級內部矛盾的深化，促成了帝國賦役制度的改革。

　　元璋於龍鳳四年取金華後，選用寧越（金華）七縣富民子弟充宿衞，名為御中軍。[132] 照當時的軍事形勢看來，這是很重要的軍事措施，因為把地主們的子弟徵發為禁衞軍人，隨軍征戰，等於作質，就不必擔心這些地區地主的軍事反抗了。洪武十九年選取直隸應天諸府州縣富民子弟赴京補吏，凡一千四百六十人 [133]，也是一樣作用。對地主本身，洪武三年作的調查，以田稅多少比較，浙西的大地主數量最多，以蘇州一府為例，每年納糧一百石以上到四百石的四百九十戶，

132《明太祖實錄》卷六。
133《明太祖實錄》卷一百七十九。

五百石到一千石的五十六戶，一千石到二千石的六戶，二千
石到三千八百石的二戶，共五百五十四戶，每年納糧十五萬
一百八十四石。[134] 三十年又作了一次調查，除雲南、兩廣、
四川以外，浙江等九布政司，直隸應天十八府州，地主們田
在七頃以上的共一萬四千三百四十一戶。編了花名冊，把名
冊藏於內府印綬監，按名冊以次召來，量才選用。[135]

　　對地主的政策，雙管齊下，一是任為官吏、糧長；一是
遷到京師。在科舉法未定之前，選用地主作官，叫作稅戶人
才，有作知縣、知州、知府的，有作布政使以至朝廷的九卿
的。[136] 又以地主為糧長，以為地方官都是外地人，不熟悉本
地情況，吏胥土豪作弊，任意尅削百姓。不如用有聲望的
地主來徵收地方賦稅，負責運到京師，可以減少弊病。[137] 洪
武四年九月命戶部計算土田租稅，以納糧一萬石為一區，
選佔有大量田地納糧最多的地主為糧長，負責督收和運交
稅糧。[138] 如浙江行省人口一百四十八萬七千一百四十六戶，
每年納糧九十三萬三千二百六十八石，設糧長一百三十四
人。[139] 糧長下設知數一人，斗級二十人，運糧夫一千人。[140]
並規定對糧長的優待辦法，凡糧長犯雜犯、死罪和徒流刑

---

134 《明太祖實錄》卷四十九。
135 《明太祖實錄》卷二百五十二、卷二百五十四。
136 吳寬：《匏翁家藏集》卷七十五，《施孝先墓表》。
137 宋濂：《朝京稿》卷五，《上海夏君新壙銘》；吳寬：《匏翁家藏集》卷
　　五十二，《恭題糧長敕諭》。
138 《明太祖實錄》卷六十八。
139 《明太祖實錄》卷七十。
140 《明太祖實錄》卷八十五。

的可以納鈔贖罪。[141] 三十年又命天下郡縣每區設正副糧長三名，編定次序，輪流應役，周而復始。[142] 凡糧長按時運糧到京師的，元璋親自召見，合意的往往留下作官。[143] 元璋把徵糧和運糧的權力交給地主，以為「這個辦法是以良民治良民，必無侵漁之患」[144]。「免地方官科擾之弊，於民甚便。」[145] 事實上恰好相反，地主作了糧長以後，在原來對農民剝削的基礎上，更加上了國家賦予的權力，如虎傅翼，農民的痛苦更深更重了。如糧長邾阿乃起立名色，科擾民戶，收舡水腳米、斛面米、裝糧飯米、車腳錢、脫夫米、造冊錢、糧局知房錢、看米樣中米等等，通計斂米三萬二千石，鈔一萬一千一百百貫。正米止該一萬，邾阿乃個人剝削部分竟達米二萬二千石，鈔一萬一千一百貫。農民交納不起，強迫以房屋准折，揭屋瓦，變賣牲口，以及衣服、段匹、布帛、鍋灶、水車、農具等等。[146] 又如嘉定縣糧長金仲芳等三名巧立名色徵糧附加到十八種。[147] 農民吃夠了苦頭，無處控訴。[148] 朱元璋也發覺糧長之弊，用嚴刑制裁，儘管殺了一些人，糧長的作惡，農民的被額外剝削，依然如故。[149]

141《明太祖實錄》卷一百零二。

142《明太祖實錄》卷二百五十四。

143《明史》，《食貨志》二，《賦役》；《鮑翁家藏集》卷四十三，《尚書嚴公流芳錄序》。

144《明太祖實錄》卷六十八。

145《明太祖實錄》卷一百二。

146《大誥續誥》四十七。

147《大誥續誥》二十一。

148 黃省曾：《吳風錄》。

149 宋濂：《朝京稿》卷五，《上海夏君新壙銘》。

　　除任用地主做官收糧以外，同時還採用漢高祖徙天下豪富於關中的政策，洪武二十四年徙天下富戶五千三百戶於南京。[150] 三十年又徙富民一萬四千三百餘戶於南京，稱為富戶。元璋告訴工部官員說：「從前漢高祖這樣做，我很不以然。現在想通了，京師是全國根本，事有當然，確是不得不這樣做。」[151]

　　地主們對作官作糧長當然很高興，感激和支持這個維護本階級利益的政權。但同時也不肯放棄增加田土和人力的機會，用盡一切手段逃避對國家的賦稅和徭役，兩浙地主所用的方法，把自己田產詭托（假寫在）親鄰佃僕名下，叫作「鐵腳詭寄」，普遍成為風氣，鄉里欺州縣，州縣欺府，奸弊百出，叫作「通天詭寄」[152]。此外，還有灑派、包荒、移丘換段等等手段。元璋在處罰這些地主以後，氣憤地指出：

　　　　民間灑派、包荒、詭寄、移丘換段，這等都是奸頑豪富之家，將次沒福受用財賦田產，以自己科差灑派細民；境內本無積年荒田，此等豪猾買囑貪官污吏及造冊書算人等，其貪官污吏受豪猾之財，當科糧之際，作包荒名色徵納小戶，書算手受財，將田灑派、移丘換段，作詭寄名色，以此靠損小民。[153]

150《明太祖實錄》卷二百十。
151《明太祖實錄》；《明史》卷七十七，《食貨志》一。
152《明太祖實錄》卷一百八十。
153《大誥續誥》，靠損小民第四十五。

地主把負擔轉嫁給貧民，結果是富的更富，窮的更窮。[154]地主階級侵佔了皇家統治集團應得的地租和人力，農民加重了負擔，國家一方面田租和徭役的收入、供應減少，一方面農民更加窮困飢餓，動搖了、侵蝕了統治集團的經濟基礎，階級內部發生矛盾，鬥爭展開了。

經過元末二十年的戰爭，土地簿籍多數喪失，保存下來的一部分，也因為戶口變換，實際的情況和簿籍不相符合。大部分土地沒有簿籍可查，逃避國家賦役；有簿籍的土地，登記的面積和負擔又輕重不一，極不公平。朱元璋抓住這中心問題，向地主進行鬥爭。方法是普遍丈量土地和調查登記人口。

洪武元年正月派周鑄等一百六十四人往浙西核實田畝，定其賦稅。[155]五月六月派使臣到四川丈量田畝。[156]十四年命全國郡縣編賦稅黃冊。二十年命國子生武淳等分行州縣，編制魚鱗圖冊。[157]前後一共用了二十年的時間，才辦好這兩件事。

丈量土地所用的方法，是派使臣往各處，隨其稅糧多少，定為幾區，每區設糧長四人，會集里甲耆民，量度田畝方圓，次以字號，登記田主姓名和田地丈尺四至，編類成冊，冊子形狀像魚鱗，名為魚鱗圖冊。

154《明太祖實錄》卷一百八十。
155《明太祖實錄》卷二十九。
156《明太祖實錄》卷七十四。
157《明太祖實錄》卷一百三十五、卷一百八十。

　　人口普查的結果，編定了賦役黃冊。把戶口編成里甲，以一百一十戶為一里，推丁糧多的地主十戶作里長，餘百戶為十甲。每甲十戶，設一甲首。每年以里長一人，甲首一人，管一里一甲之事。先後次序根據丁糧多少，每甲輪值一年。十甲在十年內先後輪流為國家服義務勞役，一甲服役一年，有九年的休息。在城中的叫坊，近城的叫廂，鄉都的叫里。每里編為一冊，里中有鰥寡孤獨不能應役的，帶管於一百一十戶之外，名曰畸零。每隔十年，地方官以丁糧增減重新編定，因為冊面用黃紙，所以叫作黃冊。

　　魚鱗圖冊是訂定地租的根據，賦役黃冊是徵發徭役的根據，通過土地和人戶的普查，制定了這兩種簿籍，頒佈了租稅和徭役制度。不但大量漏落的土田人口被登記固定了，國家增加了物力和人力，穩定了鞏固了統治的經濟基礎，同時，也有力地打擊了一部分地主階級，從他們手中奪回對一部分土地和人口的控制，從而大大增強了皇家統治集團的權力，更進一步走向高度的集中、專制。朱元璋的政權，比過去任何一個時代，都更加強大、集中、穩定、完備了。

　　對城鄉人民，經過全國規模的土地丈量，定了租稅，在冊上詳細記載土地的情況，原坂、墳衍、下隰、沃瘠、沙鹵的區別，並規定凡置買田地，必須到官府登記稅糧科則，免掉貧民產去稅存的弊端；十年一次的勞役，使人民有輪流休息的機會，這些措施，確實減輕了人民的負擔，鼓舞了農民的生產情緒，對於社會生產力的推進，起了顯著的作用。

　　對破壞農業生產的吏役，用法律加以制裁，例如：「松江

一府坊廂中不務生理，交結官府者一千三百五十名，蘇州坊廂一千五百二十一名，皆是市井之徒，不知農民艱苦，幫閒在官，吏有正吏、主文、寫發；皂隸有正皂隸、小弓兵、直司；牢子有正牢子、小牢子、野牢子等名色，又有自名小官、幫虎等。不問農民急務之時，生事下鄉，攪擾農業。芒種之時，栽種在手，農務無隙，此等遊民齎執批文，直到農村，或就水車上鎖人下車，或就手內奪去秧苗鎖人出田⋯⋯於城市鄉村擾害人民。」[158] 元璋下令加以清理，除正牢子合應正役以外，其他一概革除，如松江府就革除了小牢子、野牢子等九百餘名。[159] 一個地方減少了四分之三為害農民的吏役，這對於農民正常進行生產有很大好處。

　　朱元璋雖然對一部分地主進行了鬥爭，對廣大農民作了讓步，一部分地主力量削弱了，農民生產增加了。但是，這個政權畢竟是地主階級的政權，首先為地主階級服務，即使對農民採取了一些讓步的措施，其目的也還是為了鞏固和強化整個地主階級的統治權。無論是查田定租，無論是編戶定役，執行丈量的是地主，徵收糧米的還是地主，當里長甲首的依然是地主，在地方和朝廷作官的更非地主不可，從下而上，從上而下的重重地主統治：地主首先要照顧的是自己家族和親友的利益，決不會照顧到小自耕農和佃農。由於憑借職權的方便，剝削舞弊都可以通過國家治權來進行，披上合

158《大誥續誥》，罪除濫役第七十四。
159《大誥續誥》，松江逸民為害第二。

法的外衣，農民的痛苦越發無可申訴；而且，愈是大地主，愈有機會讓子弟受到教育，通過科舉和稅戶人才等等成為官僚紳士，官僚紳士享有合法的免役權，洪武十年朱元璋告訴中書省官員：「食祿之家，與庶民貴賤有等，趨事執役以奉上者，庶民之事也。若賢人君子，既貴其家，而復役其身，則君子野人無所分別，非勸士待賢之道。自今百司見任官員之家有田土者，輸租稅外，悉免其徭役，著為令。」十二年又下令：「自今內外官致仕還鄉者，復其家終身無所與。」[160] 連鄉紳也享有免役權了。在學的學生，除本身免役外，戶內還優免二丁差役。[161] 這樣，現任官、鄉紳、生員都豁免差役，有辦法逃避租稅，完糧當差的義務，便完全落在自耕農和貧農身上了。他們不但要出自己的一份，連官僚、紳士、地主的一份，也得一併承當下來。官僚、紳士越多的地方，人民的負擔就越重。

人民的負擔用朱元璋的話叫作「分」，即應盡的義務。洪武十五年他叫戶部出榜曉諭兩浙、江西之民說：「為吾民者當知其分，田賦力役出以供上者，乃其分也。能安其分，則保父母妻子，家昌身裕，為忠孝仁義之民。」不然呢？「則不但國法不容，天道亦不容矣！」應該像「中原之民，惟知應役輸稅，無負官府」。只有如此，才能「上下相安，風俗淳美，共享太平之福」[162]。

160《明太祖實錄》卷一百十一、卷一百二十六。
161 張居正：《太岳集》卷三十九，《請申舊章飭學政以振興人才疏》。
162《明太祖實錄》卷一百五十。

朱元璋要求人民盡應役輸稅的義務,定下制度,要官吏奉公守法,嚴懲貪污,手令面諭,告誡諄諄,期望上下相安,共享太平之福。但是官吏並不肯照他的話辦事,地主作官只是管百姓,並不想替百姓辦事,結果許多制度命令都成為空文,官僚政治的惡果當時便有人明確地指出:

> 今之守令,以戶口、錢糧、獄訟為急務。至於農桑、學校,王政之本,乃視為虛文而置之,將何以教養斯民哉!
>
> 以農桑言之,方春,州縣下一白帖,里甲回申文狀而已,守令未嘗親視種藝次第,旱澇戒備之道也。
>
> 以學校言之,廩膳諸生,國家資之以取人才之地也。今四方師生缺員甚多,縱使具員,守令亦鮮有以禮讓之實,作其成器者。
>
> 朝廷切切於社學,屢行取勘師生姓名,所習課業。乃今社鎮城郭,或但置立門牌,遠村僻處則又徒存其名,守令不過具文案備照刷而已。上官分部按臨,亦但循習故常,依紙上照刷,未嘗巡行點視也。
>
> 興廢之實,上下視為虛文,小民不知孝悌忠信為何物,而禮義廉恥掃地矣。

官吏辦的是公文,公文上辦的事應有盡有,和實際情況全不相干。上官按臨地方檢查的也是公文,上下都以公文辦

事,「法出而奸生,令下而詐起」。這是洪武九年的情形。[163]
十二年後,解縉奉詔上萬言書,也說:

> 臣觀地有盛衰,物有盈虛,而商稅之徵,率皆定額,
> 是使其或盈也,奸黠得以侵欺;其歉也,良善困於補納。
> 夏稅一也,而茶椒有糧,果絲有稅,既稅於所產之
> 地,又稅於所過之津,何其奪民之利至於如此之密也。且
> 多貧下之家,不免拋荒之咎。今日之土地無前日之生殖,
> 而今日之徵集有前日之稅糧,或賣產以供稅,產去而稅
> 存;或賠辦以當役,役重而民困。土田之高下不均,起科
> 之輕重無別,膏腴而稅反輕,瘠鹵而稅反重。[164]

道理也清楚得很,正因為是「貧下之家」,才被迫拋荒,
地主負擔特別輕,是不會拋荒的。膏腴之田是地主的,瘠鹵
之田是貧民的,地主自己定的稅額,當然是膏腴輕而瘠鹵重。
嚴懲貪污,貪污還是不能根絕,用朱元璋自己的話來證
明吧,他說:

> 浙西所在有司,凡徵收害民之奸,甚如虎狼。且如折
> 收秋糧,府州縣發放,每米一石折鈔二貫,巧立名色,取
> 要水腳錢一百文,車腳錢三百文,口食錢一百文。庫子又

163《明史》卷一百三十九,《葉伯巨傳》。
164《明史》卷一百四十七,《解縉傳》。

要辨驗錢一百文，蒲簍錢一百文，竹簍錢一百文，沿江神佛錢一百文。害民如此，罪可宥乎！[165]

折糧是便民的措施，浙西運糧一石到南京，要花四石運費，百姓困苦不堪。[166] 改折為鈔，減輕了浙西農民五分之四的負擔。鈔是用不着很大運費和蒲、竹簍包裝的，但地方官還是照運糧的辦法苛斂，急得朱元璋只是跺腳，說：「我欲除貪贓官吏，奈何朝殺而暮犯！今後犯贓的，不分輕重都殺了！」[167]

洪武一朝，「無幾時不變之法，無一日無過之人」[168]。是歷史上對貪污進行鬥爭最激烈的時代，殺貪官污吏最多的時代。雖然隨殺隨犯，不可能根本清除貪污，但是朱元璋下定決心，隨犯隨殺，甚至嚴厲到不分輕重都殺，對貪污的減少是起了作用的，對人民有好處，人民是感謝他，支持他的。

165《大誥》，折糧科斂第四十一。

166 宋濂：《芝園續集》卷四，《故岐寧衛經歷熊府君墓銘》。

167 劉辰：《國初事跡》。

168《明史》卷一百四十七，《解縉傳》。

第六章
統治階級的內部矛盾

一、胡藍黨案

以朱元璋為首的淮西農民武裝集團，在取得勝利以後，都轉化為擁有大量土地、佃戶的大地主，成為皇帝、國公、列侯，高官顯爵，治理六千萬臣民的統治階級了。

洪武四年統計，韓國公李善長、魏國公徐達、鄭國公常茂、曹國公李文忠、宋國公馮勝、衛國公鄧愈六個國公和延安侯、吉安侯等二十八侯，都擁有大量莊田，佃戶凡三萬八千一百九十四戶。[1]

皇帝是淮人，丞相李善長、徐達和大部分公侯、朝廷要官都是淮人。遠在朱元璋初據集慶時，詩人貝瓊的詩就說：「兩河兵合盡紅巾，豈有桃源可避秦？馬上短衣多楚客，城中高髻半淮人。」[2] 到建國稱帝以後，淮人在政治上、在軍事上越發佔壓倒優勢，非淮人很難露頭角了。

功臣以血戰立功封公侯，擁有部曲、義子和大量奴僕，

1　《明太祖實錄》卷六十八。

2　《清江詩集》卷五，《秋思》。

他們又和各地衞所軍官有過統率關係，在和平環境裏，這種雖然數量不大的武裝力量和袍澤關係，卻有可能成為傾覆皇家統治的因素。

管理國家的機構中書省，是從元朝繼承下來的。中書省丞相綜理政事，職權很重。相權重了，皇帝的權力就相對削弱了。有長期歷史傳統的丞相制度，對皇帝的權力運用起了牽製作用。

貴族地主對人民的高度剝削，對國家賦役的隱蔽侵佔；淮人集團對非淮人的排擠、打擊；軍事貴族可能發生叛變的威脅；相權和君權的衝突，這些內部矛盾的各種因素，隨着勝利的獲得與國家的和平安定而日益發展，衝突日益嚴重，最後達到不可調和的地步，朱元璋運用檢校和軍隊，並採取流血手段，鞏固了自己的政權。洪武十三年殺丞相胡惟庸，二十六年殺功臣藍玉，胡惟庸和藍玉的關聯人犯被殺的稱為胡黨、藍黨，人數在四萬人左右。

貴族地主侵犯人民和國家利益的事實，洪武五年六月申誠公侯的鐵榜曾加以列舉：

> 凡公侯之家，強佔官民山場湖泊、茶園、蘆蕩及金銀銅場、鐵冶；倚恃權豪，欺壓良善，虛錢實契，侵奪人田地房產孳畜；受人田土，曚曨投獻物業；
>
> 凡公侯功臣之家，屯田佃戶、管莊幹辦、火者、奴僕，及其親屬人等，倚勢在鄉欺毆人民，倚勢凌民，侵奪田產財物；私托門下，影蔽差徭。

逐項規定了處罰和處刑的法律。[3] 朱元璋必須制定專門法律來制裁公侯功臣和他們的管莊人等，說明了鐵榜所舉事實已經是普遍而嚴重了。具體事例如：湯和的姑丈席某隱瞞常州田土，為元璋所殺。[4] 立鐵榜以後，藍玉嘗佔東昌民田，百姓向御史告狀，御史依法審訊，藍玉一頓亂棍把他打走。[5] 又令家人私買雲南鹽一萬餘引，倚勢兌支，侵奪民財，阻壞鹽法。[6] 郭英私養家奴百五十餘人，又擅殺男女五人等等。[7] 可見法律對這些貴族地主的約束力並不大。

淮人官僚集團的中心人物是李善長。他是朱元璋起兵時的幕府書記，稱王時的右相國，稱帝時的左丞相、左丞相，在朝廷上位列第一，兒子是駙馬都尉。他的親戚同鄉胡惟庸也繼為丞相。從李善長到胡惟庸先後執政，排擠非淮人不使當權。開國功臣劉基為李善長所忌，洪武四年即告老還鄉，八年被胡惟庸毒死。[8] 山西陽曲人楊憲官御史台中丞，元璋嘗說：「楊憲可居相位。」楊憲和凌說、高見賢、夏煜輪番向元璋訴說李善長無宰相才，要擠掉善長，元璋說：「善長雖無相才，但是與我同鄉；一起兵就跟我，經過艱險；勤勞簿書，功勞很多。我做皇帝，他自然該做宰相，今後不要再說了。」嘴上雖這般說，卻又和劉基商量，要用楊憲為相。胡惟庸聽

3　《明太祖實錄》卷七十四。
4　劉辰：《國初事跡》。
5　《明太祖實錄》卷二百二十五。
6　劉辰：《國初事跡》。
7　《明史》卷一百三十，《郭英傳》。
8　《明史》卷一百二十八，《劉基傳》。

得風聲，連忙告訴善長說，「楊憲為相，我等淮人不得為大官矣。」合力傾陷，楊憲終於被殺，凌說、高見賢、夏煜也先後處死。[9]

軍事貴族對皇家統治的威脅，從龍鳳八年邵榮案發以後，就使元璋十分警惕，用盡一切方法來維護自己的統治。

邵榮驍勇善戰，是濠州舊將，戰功和徐達不相上下。因事對元璋不滿，和參政趙繼祖一起發牢騷埋怨，知道有人要告發，乘元璋到三山門外閱兵，兩人伏兵門內，不料元璋從另一條路回宮，命壯士執邵榮、趙繼祖，當面審問，邵榮承認：「我等同年出外，取討城池，多受勞苦，不能在家與妻子相守同樂，所以舉此謀。」兩人都被殺抄家。[10]

元璋對將領不敢信任，以其家屬作質，將領因此怨望。邵榮死後，元璋對諸將越發不放心，倚靠檢校偵察將士私事，將領人人自危。徐達、湯和為人十分小心謹慎，也被猜疑，朝臣紛紛傳說，越發造成緊張氣氛。洪武五年鐵榜用法律形式規定：凡內外各指揮、千戶、百戶、鎮撫並總旗、小旗等，不得私受公侯金帛、衣服、錢物；內外各衞官軍，非當出征之時，不得輒於公侯門首侍立聽候；公侯等官，非奉特旨，不得私役官軍。[11]元璋對公侯大將的防制愈嚴密，矛盾就愈深，裂痕也愈大。

最後，統治階級內部矛盾集中表現為君權和相權的鬥爭。

9　劉辰：《國初事跡》。

10　劉辰：《國初事跡》；《明太祖實錄》卷十一。

11　《明太祖實錄》，卷七十四。

　　胡惟庸是元璋在和州時的帥府奏差，因李善長的舉薦，
洪武三年拜中書省參知政事，六年拜右丞相，進左丞相。深
得元璋信任，權勢日盛。生死人命和升降官員等大事，有時
獨斷專行，不向元璋報告。內外諸司的報告有對自己不利的
就扣壓不報。各地想做官、升官的，功臣、軍人失意的都奔
走門下，送金帛、名馬、玩好不計其數。做了七年宰相，門
下故舊僚友結成了龐大的集團。

　　中書省綜掌全國大政，丞相對一切庶務有權專決，統率
百官，只對皇帝負責。在胡惟庸以前，丞相李善長小心謹慎，
徐達經常統兵在外，和朱元璋的衝突還不十分明顯，接着是
高郵人汪廣洋，文人愛喝酒，庸庸碌碌沒主張，不大管事，
以罪被殺。胡惟庸在中書最久，權最重，已經使元璋覺得礙
事。特別是得罪被譴責的功臣吉安侯陸仲亨、平涼侯費聚都
和惟庸密相往來，衝突便越發嚴重了。[12] 朱元璋直接統率軍
隊和檢校，洪武十三年以擅權枉法的罪狀殺胡惟庸，並罷中
書省，由皇帝直接管理國家政事。立下法度，以後不許再設
丞相。二十八年下令：「自古三公論道，六卿分職。自秦始
置丞相，不旋踵而亡。漢、唐、宋因之，雖有賢相，然其間
所用者多有小人，專權亂政。我朝罷相，設五府、六部、都
察院、通政司、大理寺等衙門，分理天下庶務，彼此頡頏，
不敢相壓，事皆朝廷總之，所以穩當。以後嗣君並不許立丞

12　《明史》卷三百八，《胡惟庸傳》。

相,臣下敢有奏請設立者,文武羣臣即時劾奏,處以重刑。」[13]
罷相以後,府、部、院、司分理庶務,目的是把權力分散,
「不敢相壓」,一切權力都由皇帝總之,「所以穩當」。從中
書省綜掌政權一變而為皇帝親自管理庶政,封建專制的政權
從此更加集中,集中於一人之手,皇帝便成為總攬一切的獨
裁者了。

　　殺胡惟庸是為了「穩當」,二十六年又以有人告藍玉謀
反,族誅藍玉。藍玉,定遠人,常遇春婦弟,在遇春麾下,
驍勇善戰,多立戰功。洪武二十年以征虜左副將軍從大將軍
馮勝征納哈出,馮勝得罪,即軍中代為大將軍。二十一年率
師十五萬伐蒙古,直至捕魚兒海,元主脫古思帖木兒以數十
騎遁去,大勝而回,封涼國公。常遇春、徐達死後,藍玉繼
為大將,總軍征戰,立了大功,元璋待他極厚,藍玉就驕傲
自滿起來,蓄莊奴假子數千人,乘勢暴橫。在軍擅自黜陟將
校,進止自事,不聽命令。又嫌官小,不樂意在傅友德、馮
勝之下,所提意見,元璋多不採納,越發怏怏不滿。總兵多
年,麾下驍將十數人,威望很高。洪武二十六年元璋的特務
組織錦衣衞官員首告藍玉謀反,說他和景川侯曹震等公侯要
在元璋出去籍田時起事,審訊結果,連坐被族誅的一萬五千
人。這一案把軍中勇武剛強之士差不多殺個乾淨。

　　從胡惟庸被殺以後,胡案成為朱元璋進行政治鬥爭的方
便武器,凡是怨望的、跋扈的,對皇家統治有危險性的文武

13 《明太祖實錄》卷二百三十九。

官員，都陸續被羅織為胡黨，處死抄家。胡惟庸的罪狀也隨着統治階級內部矛盾的發展而發展，隨時擴大。最初增加的罪狀是私通日本，接着又是私通蒙古，日本和蒙古是當時兩大敵人，通敵當然是謀反了。後來又發展為串通李善長謀反，最後是藍玉案。被殺的都以家族作單位，殺一人也就是殺一家。死於胡案的有御史大夫陳寧、中丞涂節、太師韓國公李善長、延安侯唐勝宗、吉安侯陸仲亨、平涼侯費聚、南雄侯趙庸、滎陽侯鄭遇春、宜春侯黃彬、河南侯陸聚、宣德侯金朝興、靖寧侯葉昇、申國公鄧鎮、濟寧侯顧敬、臨江侯陳鏞、營陽侯楊通、淮安侯華中；大將毛驤、李伯昇、丁玉、和宋濂的孫子宋慎等，宋濂也被牽連，貶死茂州。死於藍黨的有吏部尚書詹徽、戶部侍郎傅友文、開國公常升、景川侯曹震、鶴慶侯張翼、舳艫侯朱壽、東莞伯何榮、普定侯陳桓、宣寧侯曹泰、會寧侯張溫、懷遠侯曹興、西涼侯濮瑛、東平侯韓勛、全寧侯孫恪、瀋陽侯察罕、徽先伯桑敬和都督黃輅、湯泉等人。胡案有《昭示奸黨錄》、藍案有《逆臣錄》，把口供和判案詳細記錄公佈，讓全國人都知道他們的罪狀。[14]

　　李善長被牽涉到胡惟庸案後，欽天監說有星變，得殺大臣應災，連妻女弟侄家口七十餘人一起殺掉，這年善長已經七十七歲了。一年後有人上疏替他喊冤說：

14　錢謙益：《太祖實錄辨證》；潘檉章：《國史考異》；吳晗：《胡惟庸黨案考》，載《燕京學報》十五期。

善長與陛下同心，出萬死以取天下，勛臣第一，生封公，死封王，男尚公主，親戚拜官，人臣之分極矣。藉令欲自圖不軌，尚未可知，而今謂其欲佐胡惟庸者，則大謬不然。人情愛其子，必甚於兄弟之子，安享萬全之富貴者，必不僥倖萬一之富貴。善長與惟庸，猶子之親耳，於陛下則親子女也。使善長佐惟庸成，不過勛臣第一而已矣，太師國公封王而已矣，尚主納妃而已矣，寧復有加於今日？且善長豈不知天下之不可幸取？當元之季，欲為此者何限，莫不身為齏粉，覆宗絕祀，能保首領者幾何人哉！善長胡乃身見之，而以衰倦之年身蹈之也？凡為此者，必有深仇激變，大不得已。父子之間，或至相挾，以求脫禍。今善長之子祺，備陛下骨肉親，無纖介嫌，何苦而忽為此？若謂天象告變，大臣當災，殺之以應天象，則尤不可。臣恐天下聞之，謂功如善長且如此，四方因之解體也。今善長已死，言之無益，所願陛下作戒將來耳。

元璋看了，無話可駁，只好算了。[15]

二案以外，開國功臣被殺的，洪武八年德慶侯廖永忠以僭用龍鳳不法等事賜死；十三年永嘉侯朱亮祖父子被鞭死；十七年臨川侯胡美以犯禁死；二十五年江夏侯周德興以帷薄不修曖昧的罪狀被殺；二十七年殺定遠侯王弼、水平侯謝

---

15 《明史》卷一百二十七，《李善長傳》。

成、潁國公傅友德；二十八年殺宋國公馮勝。[16]

　　不但列將以次被殺，甚至堅守南昌七十五日，力拒陳友諒的義子親侄朱文正也以「親近儒生，胸懷怨望」被鞭死。[17]義子親甥李文忠南征北伐，立下大功，也因為左右多儒生，禮賢下士，被毒死。[18]徐達為開國功臣第一，洪武十八年生背疽，據說這病最忌吃蒸鵝，病重時元璋卻特賜蒸鵝，徐達流淚當着使臣的面吃下，不多日就死了。[19]

　　功臣宿將僥倖得以善終的有幾個例子：一個是湯和交還兵權，他是元璋同村子人，一塊兒長大的看牛夥伴。徐達、李文忠死後，元璋想要解除諸宿將兵權，不好意思說出口，湯和懂得老夥伴心事，首先告老。元璋大喜，立刻派官給他在鳳陽蓋府第，賞賜禮遇，特別優厚。[20]另一個例子是曹國公李景隆、武定侯郭英歸還莊田和佃戶，洪武二十三年崇山侯李新建議：「公侯家人和儀從戶都有規定數目，超過的應該歸還國家。」元璋正對這批貴族地主不滿意，聽了很高興，下令叫把超過規定的人戶都發鳳陽為民。還叫禮部編一部《稽制錄》，嚴禁公侯奢侈逾越。二十六年李景隆交還莊田六所，田地山塘池蕩二百餘頃。郭英交還佃戶，依法納稅。這兩人

16　王世貞：《史乘考誤》；錢謙益：《太祖實錄辨證》；潘檉章：《國史考異》。

17　劉辰：《國初事跡》；孫宜：《大明初略》三；王世貞：《史乘考誤》一。

18　王世貞：《史乘考誤》一；錢謙益：《太祖實錄辨證》五；潘檉章：《國史考異》二。

19　徐禎卿：《翦勝野聞》。

20　《明史》卷一百二十六，《湯和傳》。

在洪武朝都沒有出事。[21]

二、空印案和郭桓案

對地方官貪污害民的，朱元璋用極嚴厲的手段懲處，進行了長期的殘酷的鬥爭。

對朝廷和地方的官僚奸貪舞弊嚴重損害了國家利益的，朱元璋集中力量，全面地大規模地加以打擊。洪武十五年的空印案，十八年的郭桓案，兩案連坐被殺的達七八萬人，追贓牽連到的各地地主，都弄得破家蕩產。

照規定，每年各布政使司和府、州、縣都得派計吏到戶部，核算錢糧、軍需等賬目，必需府報省，省報部，一層層上報，一直到部裏審核數目對了，准許報銷，才算手續完備結了案。錢、穀數字如有分、毫、升、合對不攏，整個報銷冊便被駁回，重新填造。布政使司離京師有的六七千里，有的三四千里，重造冊子還不要緊，問題是重造的冊子要蓋上原衙門的印信才算合法，為了蓋這顆印，來回時間就得好幾個月。為了免除部裏挑剔，減省來回奔走的麻煩，上計吏照習慣都帶有事先預備好蓋過印的空白文書，遇有部駁，隨時填用。洪武十五年朱元璋忽然發覺這秘密，大發雷霆，以為一定有弊病，下令地方各衙門的長官主印的一律處死，佐貳官杖一百充軍邊地。其實上計吏所帶的空印文書蓋的是騎縫

---

21 《明史》卷一百三十二，《李新傳》；朱國楨：《大政記》。

印，不能作別的用途，預備了也不一定用得着。全國各地方衙門的人都明白這道理，連戶部官員也是照例默認的，算是一種上下一致同意的通行辦法。但是案發後，朝廷上誰也不敢說話，有一個老百姓拼着死命上書把事情解釋清楚，也不中用，還是把地方上的長吏一殺而空。當時最有名的好官方克勤（建文朝大臣方孝孺的父親）也死在這案內，上書人也被罰做苦工。[22]

郭桓官戶部侍郎。洪武十八年有人告發北平二司官吏和郭桓通同舞弊，從六部左右侍郎以下都處死刑。追贓糧七百萬石，供詞牽連到各直省官吏，死的又是幾萬人。追贓又牽連到全國各地地主，中產以上的地主破產的很多。宣佈的罪狀是：

> 戶部官郭桓等收受浙西秋糧，合上倉四百五十萬石。其郭桓等只收六十萬石上倉，鈔八十萬錠入庫，以當時折算，可抵二百萬石，餘有一百九十萬石未曾上倉。其桓等受要浙西等府鈔五十萬貫，致使府、州、縣官黃文通等通同刁頑人吏邊源等作弊，各分入己；
>
> 其應天等五府、州、縣數十萬沒官田地夏秋稅糧，官吏張欽等通同作弊，並無一粒上倉，與同戶部官郭桓等盡行分受；
>
> 其所盜倉糧，以軍衛言之，三年所積賣空。前者榜上

22　《明史》卷九十四《刑法志》，卷一百三十九《鄭士利傳》。

若欲盡寫恐民不信，但略寫七百萬耳。若將其餘倉分並
十二布政司通同盜賣見在倉糧，及接受浙西等府鈔五十萬
張賣米一百九十萬不上倉，通算諸色課程魚鹽等項，及通
同承運庫官范朝宗偷盜金銀，廣惠庫官張裕妄支鈔六百
萬張，除盜庫見在金銀寶鈔不算外，其賣在倉稅糧及未上
倉該收稅糧及魚鹽諸色等項，共折米算，所廢者二千四百
餘萬（石）精糧。[23]

據同時人和地主子孫的記錄：「三吳巨姓，享農之利而不
親其勞，數年之中，既盈而覆，或死或徙，無一存者。」[24] 如
蘇州「城東，鄉人多被謫徙，或死於刑，鄰里迨空」[25]。華亭趙
氏「以富豪於一方，竟罹法禁」[26]。吳江莫氏「所與通姻，皆極
一時富豪，後黨禍起，父子相繼死於法，餘謫戍、幽閉，一
家無能免者」[27]。無錫華氏「家故多田，富甲邑中，盡散所積以
免禍」[28]。胡案起後，「時嚴通財黨與之誅，犯者不問實不實，
必死而覆其家。當是時，浙東西巨室故家多以罪傾其宗」[29]。經

23 《明史》卷九十四，《刑法志》；《大誥》二十三《郭桓賣放浙西秋糧》，四十九
《郭桓盜官糧》。

24 貝瓊：《清江集》卷十九，《橫塘農詩序》。

25 吳寬：《匏翁家藏集》卷六十一，《先考封儒林郎翰林院修撰府君融墓志》；
卷五十七《先世事略》。

26 吳寬：《匏翁家藏集》卷七十四，《山西提刑按察司副使朱公墓表》。

27 吳寬：《匏翁家藏集》卷五十八，《莫處士傳》。

28 吳寬：《匏翁家藏集》卷七十三，《怡隱處士墓表》。

29 方孝孺：《遜志齋集》卷二十二，《採苓子鄭處士墓碣》。

過幾次黨案大獄，「豪民巨族，剗削殆盡」[30]。這些記載，雖然不免誇大，但是也反映了一部分地主被消滅的情況。這樣嚴重的打擊，當然會引起地主階級和官僚的恐慌和抗議，他們不能申說買賣官糧這一嚴重犯法行為是合法的，應該的，只能指斥、攻擊、告發處理這個案件的御史和法官，議論沸騰，情勢嚴重。元璋一面以手詔公告郭桓等罪狀，講清道理，一面把原審法官也殺了，作為對地主階級和官僚的讓步，結束了這件大案。[31]

空印案和郭桓案之外，還有洪武四年錄天下官吏；十三年連坐胡黨；十九年逮官吏積年為民害者；二十三年罪妄言者，四次有系統的誅殺。[32]

四十年中，據朱元璋的著作，《大誥》、《大誥續編》、《大誥三編》、《大誥武臣》的統計，所列凌遲、梟示、種誅有幾千案，棄市（殺頭）以下有一萬多案。《三編》所定的案件算是最寬容的了：「進士監生三百六十四人，愈見奸貪，終不從命，三犯四犯而至殺身者三人，三犯而誹謗殺身者三人，姑容戴斬、絞、徒流罪在職者三十人，一犯戴死罪、徒流罪辦

30　《鮑翁家藏集》卷五十八《莫處士傳》：「吳自唐以來，號稱繁雄。延及五代，錢氏跨有浙東西之地，國俗侈靡，用度不足。則益賦於民，不勝其困。宋興，錢氏納士，賴其臣湛其籍於水，更定賦法，休養生息，至於有元極矣。民既習見故俗，而元政更弛，賦更薄，得以其利自私，服食宮室，僭以逾制，卒之徒足以資寇兵而已。皇明受命，政令一新，豪民巨族，剗削殆盡，蓋所以鑒往弊而矯之也。」

31　《明史》卷九十四，《刑法志》。

32　《明史》卷一百三十九，《周敬心傳》。

事者三百二十八人。」[33] 戴死罪和徒流罪辦事是元璋新創的辦法，有御史戴死罪，帶着腳鐐坐堂審案的，有打了八十大棍回衙門作官的。

凌遲是最野蠻最殘酷的刑法，處死的犯人被殺三千三百五十七刀，每十刀一歇一吆喝。[34] 梟示也叫梟令，用鐵鈎鈎住犯人脊骨，橫掛在竿上。種誅就是族誅，論家論族地殺。此外有刷洗，把犯人光身子放在鐵床上，澆開水，用鐵刷刷去皮肉；有秤桿，把犯人縛在竿上，另一頭掛石頭對稱；有抽腸，用鐵鈎鈎入谷門把腸子鈎出；有剝皮，還有黥刺、剕、劓、閹割、挑膝蓋、錫蛇游種種名目。[35] 種種酷刑，造成朝官中的恐怖氣氛，人人提心吊膽。據說在上朝時，朱元璋是否將下決心大批殺人很容易看出來，要是這一天他的玉帶高高帖在胸前，大概殺人不多。要是撳玉帶在肚皮底下，便是大風暴的信號，準有大批官員被殺，滿朝官員都嚇得臉無人色，個個發抖。[36] 朝官照規矩每天得上朝，天不亮起身梳洗穿戴。在幾件大案發作以後，朝官在出門以前，和妻子訣別，吩咐後事，要是居然活着回家，便闔家慶賀，算是又多活一天了。[37]

用重刑懲治違法官僚，效果還是不大，洪武十八年朱元

---

33 《大誥三編》二，進士監生戴罪辦事。

34 鄧之城：《骨董瑣記續記》卷二十，磔條，引《張文寧年譜》；計六奇：《明季北略・記鄭鄤事》。

35 呂毖：《明朝小史》卷一，《國初重刑》。

36 徐禎卿：《翦勝野聞》。

37 《廿二史札記》卷三十二，《明祖晚年去嚴刑》條，引《草木子》。

璋慨歎說：「朕自即位以來，法古命官，佈列華夷。豈期擢用之時，並效忠貞，任用既久，俱系奸貪。朕乃明以憲章，而刑責有不可恕。以至內外官僚，守職維艱，善能終是者寡，身家誅戮者多。」[38] 郭桓案發後，他又說：「其貪婪之徒，聞桓之奸，如水之趨下，半年間弊若蜂起，殺身亡家者人不計其數。出五刑以治之，挑筋、剁指、刖足、髡髮、文身，罪之甚者歟！」[39] 他沒有也不可能懂得封建專制的獨裁統治，地主階級專政的統治，官僚政治和貪污舞弊是分不開的，單純的用嚴刑重罰、流血手段來根絕貪污，是不可能有甚麼效果的。

　　誅殺以外，較輕的犯罪官員，罰作苦工，洪武九年，單是官吏犯笞以下罪，謫戍到鳳陽屯田的便有一萬多人。[40]

　　朝官被殺有記載可查的，有禮部侍郎朱同、張衡、戶部尚書趙勉、吏部尚書余熂、工部尚書薛祥、秦逵、刑部尚書李質、開濟、戶部尚書茹太素、春官王本、祭酒許存仁、左都御史楊靖、大理寺卿李仕魯、少卿陳汶輝、御史王樸、紀善白信蹈等。[41] 外官有蘇州知府魏觀、濟寧知府方克勤、番禺知縣道同、訓導葉伯巨、晉王府左相陶凱等。[42] 茹太素性情剛直，愛說老實話，幾次為了說話不投機被廷杖、降官，

38　《明朝小史》卷二。

39　《大誥三編》，逃囚第十六。

40　《明史》卷一百三十九，《韓宜可傳》。

41　《明史》卷一百三十六，《朱昇傳》，卷一百三十七《劉三吾傳》、《宋訥傳》、《安然傳》，卷一百三十八《陳修傳》、《楊靖傳》、《薛祥傳》，卷一百三十九《茹太素傳》、《李仕魯傳》、《周敬心傳》。

42　《明史》卷一百四《魏觀傳》，卷二百八十一《方克勤傳》，卷一百四十《道同傳》，卷一百三十九《葉伯巨傳》，卷一百三十六《陶凱傳》。

甚至鐐足治事。一天，在便殿賜宴，元璋賜詩說：「金杯同汝飲，白刃不相饒。」太素磕了頭，續韻吟道：「丹誠圖報國，不避聖心焦。」元璋聽了倒也很感動。不多時還是被殺。李仕魯是朱熹學派的學者，勸皇帝不要太尊崇和尚道士，想學韓文公辟佛，發揚朱學。元璋不理會，仕魯着急，鬧起迂脾氣，當面交還朝笏，要告休回家。元璋大怒，當時叫武士把他摜死在階下。陶凱是御用文人，一時詔令封冊歌頌碑志多是他寫的，作過禮部尚書，參加制定軍禮和科舉制度。只為起了一個別號叫「耐久道人」，元璋恨他「自去爵祿之名，怪稱曰耐久道人，是其自賤」。「忘君爵而書耐久。」借題目殺了，還特別寫兩篇文章罵他。[43] 員外郎張來碩諫止取已許配的少女作宮人，說「於理未當」，被碎肉而死。參議李飲冰被割乳而死。[44]

對內外官僚的殘酷刑罰，引起了官僚集團的反對，洪武七年便有人抗議，說是殺得太多了，「才能之士，數年來幸存者百無一二」[45] 九年葉伯巨以星變上書，論用刑太苛說：

> 臣觀歷代開國之君，未有不以任德結民心，以任刑失民心者，國祚長短，悉由於此……議者曰宋、元中葉，專事姑息，賞罰無章，以致亡滅。主上痛懲其敝，故製不

43 《明太祖文集》卷十六，《辯答祿異名洛上翁及謬贊》、《設大官卑職館閣山林辯》。

44 劉辰：《國初事跡》。

45 《明史》卷一百三十九，《茹太素傳》。

宥之刑，權神變之法，使人知懼而莫測其端也。臣又以為
不然。開基之主，垂範百世，一動一靜，必使子孫有所持
守。況刑者國之司命，可不慎歟！夫笞、杖、徒、流、
死，今之五刑也，用此五刑，既無假貸，一出乎大公至正
可也。而用刑之際，多裁自聖衷，遂使治獄之吏，務趨求
意旨，深刻者多功，平反者得罪，欲求治獄之平，豈易得
哉！近者特旨雜犯死罪，免死充軍，又刪定舊律諸則，減
宥有差矣。然未聞有戒飭治獄者，務從平恕之條，是以法
司猶循故例，雖聞寬宥之名，未見寬宥之實。所謂實者，
誠在主上，不在臣下也。故必有罪疑唯輕之意，而後好
生之德洽於民心，此非可以淺淺期也。何以明其然也？
古之為士者以登仕為榮，以罷職為辱，今之為士者以湮跡
無聞為福，以受玷不錄為幸，以屯田工役為必獲之罪，以
鞭笞捶楚為尋常之辱。其始也，朝廷取天下之士，網羅捃
摭，務無餘逸，有司敦迫上道，如捕重囚，比到京師，而
除官多以貌選，所學或非有用，所用或非其所學。洎乎居
官，一有差跌，苟免誅戮，則必在屯田工役之科，率是為
常，不少顧惜。此豈陛下所樂為哉！誠欲人之懼而不敢
犯也。竊見數年以來，誅殺亦可謂不少矣，而犯者相踵，
良由激勸不明，善惡無別，議賢議能之法既廢，人不自勵
而為善者怠也。有人於此，廉如夷、齊，知如良、平，少
戾於法，上將錄長棄短而用之乎？將捨其所長苟其所短
而置之法乎？苟取其長而捨其短，則中庸之才爭自奮於
廉智；倘苟其短而棄其長，則為善之人皆曰某廉若是，某

智若是，朝廷不少貸之，吾屬何所容其身乎？致使朝不謀夕，棄其廉恥，或自培克，以備屯田工役之資者，率皆是也。若是，非用刑之煩者乎。漢嘗徙大族於山陵矣，未聞實之以罪人也，今鳳陽皇陵所在，龍興之地，而率以罪人居之，怨嗟愁苦之聲，充斥園邑，殆非所以恭承宗廟意也。

元璋看了氣極，連聲音都發抖了，連聲說這小子敢如此！快逮來！我要親手射死他，隔了些日子，中書省官趁他高興的時候，奏請把葉伯巨下刑部獄，不久死在獄中。[46]元璋晚年時所最喜歡的青年才子解縉，奉命說老實話，上萬言書，也說：

臣聞令數改則民疑，刑太繁則民玩。國初至今將二十載，無幾時不變之法，無一日無過之人。嘗聞陛下震怒，鋤根翦蔓，誅其奸逆矣，未聞褒一大善，賞延於世，復及其鄉，始終如一者也⋯⋯陛下進人不擇賢否，授職不量重輕，建「不為君用」之法，所謂取之盡錙銖；置朋奸倚法之條，所謂用之如泥沙。監生進士經明行修，而多屈於下僚；孝廉人才冥蹈瞽趨，而或佈於朝省。椎埋嚚悍之夫，闒茸下愚之輩，朝捐刀鑷，暮擁冠裳；左棄筐篋，右綰組符。是故賢者羞為之等列，庸人悉習其風流，以貪婪苟免為得計，以廉潔受刑為飾辭。出於吏部者無賢否之分，入

於刑部者無枉直之判。天下皆謂陛下任喜怒為生殺，而
不知皆臣下之乏忠良也……夫罪人不孥，罰弗及嗣，連坐
起於秦法，孥戮本於偽書，今之為善者，妻子未必蒙榮，
有過者里胥必陷其罪，況律以人倫為重，而有給配婦女之
條，聽之於不義，則又何取夫節義哉！此風化之所由也。

話說得很露骨，但是他把這一切都歸咎於「臣下之乏忠
良」，元璋讀了很舒服，連說「才子！才子！」[47]

在鞭笞、苦工、剝皮、挑筋以至抄家滅族的恐怖氣氛中，
凡是作官的，不論大官小官，近官遠官，隨時隨地都會有不
測之禍，人人在提心吊膽，戰戰兢兢過日子。太緊張了，太
可怕了，有人實在受不了，只好辭官，回家做老百姓。這樣
又刺着元璋的痛處，說是不肯幫朝廷做事：「奸貪無福小人，
故行誹謗，皆說朝廷官難做。」大不敬，非殺不可。[48] 真弄得
官僚們「知懼而莫測其端」了。

也有個別得罪的官僚以裝瘋倖免的，一個是御史袁凱。
有一次元璋要殺許多人，叫袁凱把案卷送給皇太子復訊，皇
太子主張從寬。袁凱回報，元璋問：「我要殺人，皇太子卻要
寬減，你看誰對？」袁凱不好說誰不對，只好回答：「陛下要
殺是守法，皇太子要赦免是慈心。」元璋大怒，以為袁凱兩
頭討好，老滑頭，要不得。袁凱嚇得要死，假裝瘋癲。元璋

47　《明史》卷一百四十七，《解縉傳》。
48　《大誥》，奸貪誹謗第六十四。

說瘋子不怕痛，叫人拿木鑽來刺他的皮膚，袁凱咬緊牙齒，忍住不喊痛。回家後，自己用鐵鍊鎖住脖子，蓬頭垢面，滿口瘋話。元璋還是不相信，派使者召他做官，袁凱瞪眼對使者唱月兒高曲，爬在籬笆邊吃狗矢，使者回報果然瘋了，才不追究。這一回朱元璋卻受了騙，原來袁凱預先叫人用炒麵拌糖稀，捏成段段，散在籬笆下，救了一條命，朱元璋哪裏會知道。[49] 另一個例子是外戚郭德成，郭寧妃的哥哥。一天他陪元璋在後苑喝酒，醉了爬在地上去冠磕頭謝恩，露出稀稀的幾根頭髮。元璋笑着說：「醉瘋漢，頭髮禿到這樣，可不是酒喝多了？」德成說：「這幾根還嫌多呢，剃光了才痛快。」元璋不作聲。德成酒醒，知道闖了大禍，索性裝瘋，剃光了頭，穿了和尚衣，成天唸佛。元璋信以為真，告訴寧妃說：「原以為你哥哥說笑話，如今真個如此，真是瘋漢。」不再在意。黨案起後，德成居然漏網。[50]

吳人嚴德珉由御史升左僉都御史，因病辭官，犯了忌諱，被黥面充軍南丹（今廣西），遇赦放還，到宣德時還健朗。一天因事被御史所逮，跪在堂下，供說也曾在台勾當公事，頗曉三尺法度來。御史問是何官，回說洪武中台長嚴德珉便是老夫。御史大驚謝罪，第二天去拜訪，卻早已挑着舖蓋走了。有一個教授和他喝酒，見他臉上刺字，頭戴破帽，問老人家犯了甚麼罪過，德珉說了詳情，並說先時國法極

49 《明史》卷二百八十三，《袁凱傳》；徐禎卿：《翦勝野聞》；陸深：《金台紀聞》。

50 《明史》卷一百三十一，《郭興傳》。

嚴，作官的多半保不住腦袋，說時還北面拱手，嘴裏連說：
「聖恩！聖恩！」[51]

元璋有一天出去私訪，到一破寺，裏邊沒有一個人，牆
上畫一布袋和尚，有詩一首：「大千世界浩茫茫，收拾都將一
袋藏，畢竟有收還有放，放寬些子又何妨。」墨跡還新鮮，
立刻派人搜索作畫題詩的人，已經不見了。[52]

洪武二十八年五月，元璋下令：「朕自起兵至今四十餘
年，親理天下庶務，人情善惡真偽，無不涉歷。其中奸頑刁
詐之徒，情犯深重，灼然無疑者，特令法外加刑，意在使人
知所警懼，不敢輕易犯法。然此特權時措置，頓挫奸頑，非
守成之君所用長法。以後嗣君統理天下，止守《律》與《大
誥》，並不許用黥、刺、剕、劓、閹割之刑。臣下敢有奏用
此刑者，文武羣臣即時劾奏，處以重刑」[53]。

三、文字獄

統治階級內部矛盾的另一方面，是一部分文人和新興皇
朝臣屬關係的鬥爭，他們拒絕和新朝合作。

一部分封建地主階級出身的文人，對由紅軍發跡的朱皇
帝，懷有深刻的憎恨，如貴溪儒士夏伯啟叔侄，斬斷手指，
立誓不作官，被逮捕到京師，元璋問：「昔世亂居何處？」回

---

51 《明史》卷一百三十八，《周禎傳》。
52 徐禎卿：《翦勝野聞》。
53 《明太祖實錄》卷二百三十九。

說：「紅寇亂時，避居於福建、江西兩界間。」元璋大怒：「朕知伯啟心懷憤怒，將以為朕取天下非其道也。特謂伯啟曰：爾伯啟言紅寇亂時，意有他憤。今去指不為朕用。宜梟令籍沒其家，以絕狂愚夫仿效之風。」特派人押回原籍處死。[54]

有的人自命清高，不肯作官，如蘇州人姚潤、王謨拒絕應徵都被處死刑，全家籍沒。[55]

有的人怕捶打殺頭，謝絕徵召；勉強應徵，還是拒絕作官：如山陰楊維楨，號鐵崖，詩名擅一時，號鐵崖體。洪武二年被徵，婉辭不去。三年又被地方官敦促上路，賦《老客婦謠》明志，說快死的老太婆不能再嫁人了，皇帝如不見諒，只好跳海。元璋因他名望很大，不好勉強。維楨到南京住了幾個月，便求回家，宋濂贈詩說：「不受君王五色詔，白衣宣至白衣還。」[56] 江陰王逢自稱席帽山人，張士誠據吳，其弟士德用逢計北降於元以拒西吳，士誠亡，逢隱居烏涇。洪武十五年以文學被徵，虧得他的兒子在朝廷作官，向皇帝磕頭哭求，才放回去。[57] 也有抗拒不了，被迫非作官不可的，如大名秦裕伯避亂居上海，兩次徵不出，最後元璋親自寫信說：「海濱民好鬥，裕伯智謀之士而居此地，堅守不起，恐有後悔！」情勢嚴重，只好入朝。[58]

---

54 《大誥三編》，秀才剁指第十；《明史》卷九十四，《刑法志》。

55 《明史》卷九十四，《刑法志》。

56 《明史》卷二百八十五，《楊維楨傳》。

57 《明史》卷二百八十五，《戴良傳》附《王逢傳》。

58 《明史》卷二百八十五，《張以寧傳》附《秦裕伯傳》。

有的人曾經作過元朝、東吳的官，堅決不作新朝官吏，如回族詩人丁鶴年自以家世仕元，不忘故國，晚年學佛法，到永樂時才死。[59] 長樂陳亮自以為曾是元朝儒生，明初屢徵不出，終身不仕。[60] 山陰張憲學詩於楊維楨，仕張士誠為樞密院都事，東吳亡，憲改姓名，寄食杭州報國寺以死。[61]

總之，在明初，除了一部分大地主出身的文人如劉基、章溢等人已經參加了新興統治集團以外，中小地主出身的文人可以分做兩類：一類是得到了新朝統治的好處，決心和新朝合作，有官便做，甚至想盡辦法鑽營，要升官發財，光宗耀祖的；另一類便是對新朝抱着抗拒態度，不肯合作的，人數雖不甚多，但對當時的社會和政治卻有相當影響。

元璋對付這些不肯合作的文人，採用嚴峻的刑法，特別制定一條法律，「率土之濱，莫非王臣，寰中士大夫不為君用，是自外其教者，誅其身而沒其家，不為之過」[62]。

士大夫不肯為元璋所用，元璋便用法律、監獄、死刑，以至抄家滅族一套武器，強迫士大夫來作官。一方面不肯合作，一方面非強迫合作不可，這樣便展開了長期的流血鬥爭。

地主文人不滿意朱元璋，朱元璋也因為自己的出身歷史，忌諱很多，怕人戳着他的痛處，階級的對立情緒加上文字和口頭的禁忌，造成洪武時代的文字獄。

59　《明史》卷二百八十五，《戴良傳》附《丁鶴年傳》。
60　《明史》卷二百八十六，《林鴻傳》附《陳亮傳》。
61　《明史》卷二百八十五，《陶宗儀傳》附《張憲傳》。
62　《大誥二編》，蘇州人才第十三；《明史》卷九十四，《刑法志》。

　　所謂禁忌，含義是非常廣泛的。例如朱元璋從小窮苦，當過和尚，和尚的特徵是光頭，沒有頭髮，因之，不但「光」、「禿」這類字對他是犯忌諱的，就連「僧」這個字也刺眼，推而廣之，連和「僧」同音的「生」字也不喜歡。又如他早年是紅軍的小兵，紅軍在當時元朝政府，和地主官僚的口頭上、文字上，是被叫做「紅賊」、「紅寇」的，做過紅軍的人，最恨人罵他是「賊」，是「寇」，推而廣之，連和「賊」字形、音相像的「則」看着也有氣了。

　　對事物的許多禁忌，是自卑心理的一面。另一方面的表現便是賣弄身份。歷代開國帝王照例要拉扯古代同姓名人做祖先，朱元璋的父祖都是佃農，外祖是巫師，沒有甚麼可以誇耀的。據說，當他和文臣們商量修玉牒（家譜）的時候，原來打算拉宋朝的朱熹作祖先的。恰好一個徽州人朱典史來朝見，他打算拉本家，就問：「你是朱文公的後人嗎？」這官兒不明底細，怕撒謊闖禍，只好直說不是。他一想，區區的典史小官尚且不肯冒認別人作祖宗，而且幾代以來也從沒聽說和徽州朱家有過瓜葛，萬一硬認上，白給人作子孫倒也罷了，被識破落人笑話，如何使得。[63] 只好打消了這念頭，不作名儒的後代，卻向他的同鄉漢高祖去看齊，索性強調自己是無根基的，不是靠先人基業起家的，在口頭上，文字上，一開口，一動筆，總要插進「朕本淮右布衣」，或者「江左布衣」，以及「匹夫」，「起自田畝」，「出身寒微」一類的話，強

63　《明朝小史》卷一。

烈的自卑感表現為自尊，自尊為同符漢高祖。不斷的數說，
賣弄他赤手空拳，沒一寸土地打出來的天下。可是，儘管他
自己這樣賣弄，卻又忌諱別人如此說，一說又以為是挖他的
根基了。結果是一場血案。

地方三司官和知府、知縣、衛所官，逢年過節和皇帝生
日以及皇家喜慶時所上的表箋，照例由學校教官代作，雖然
都是陳辭濫調的頌揚話，朱元璋偏喜歡閱讀。他原來不是使
小心眼的人，也不會挑剔文字。從渡江以後，很得到文人的
幫忙。開國以後，朝儀、軍衛、戶籍、學校等制度規程又
多出於文人之手，使他越發看重文人，以為治國非用文人不
可。文人得勢了，百戰功高的公侯們不服氣，以為武官流血
打的天下，卻讓這班瘟書生來當家，多少次向皇帝訴說，都
不理會。公侯們商量了個主意，一天又向皇帝告狀，元璋還
是老一套，世亂用武，世治宜文，馬上可以得天下，不能治
天下，總之，治天下是非文人不可的。有人就說：「您說得
是。不過，文人也不能過於相信，否則會上當的。一般的文
人好挖苦、毀謗，拿話諷刺人。例如張九四一輩子寵待文人，
好第宅，大薪水，三日一小宴，五日一大宴，把文人捧上天。
做了王爺後，要起一個官名，有人替他起名士誠。」元璋說：
「好啊，這名字不錯。」那人說：「不然，上大當了！《孟子》
上有：『士，誠小人也。』這句話也可以讀成：『士誠，小人
也。』罵張士誠是小人，他哪裏懂得。給人叫了半輩子小人，

到死還不明白，真是可憐。」[64] 元璋聽了這番話，正中痛處。從此更加注意臣下所上表箋，果然滿紙都是和尚賊盜，句句都好像罵他，有的成語，轉彎抹角揣摩，也是損他的。武臣和文臣爭權鬥爭的發展，使他在和一部分不合作的文人對立的基礎上，更增加了對一般文人文字動機的懷疑，用他自己的政治尺度來讀各種體裁的文字，盛怒之下，叫把作這些文字的文人，一概拿來殺了。

文字獄的著名例子，如浙江府學教授林元亮替海門衛官作《謝增俸表》，有「作則垂憲」一句話，北平府學訓導趙伯寧為都司作《賀萬壽表》，有「垂子孫而作則」一語；福州府學訓導林伯璟為按察使撰《賀冬至表》的「儀則天下」；桂林府學訓導蔣質為布按二使作《正旦賀表》的「建中作則」；澧州學正孟清為本府作《賀冬至表》的「聖德作則」；元璋把所有的「則」都唸成「賊」。常州府學訓導蔣鎮為本府作《正旦賀表》，有「睿性生知」，「生」字被讀作「僧」；懷慶府學訓導呂睿為本府作《謝賜馬表》：「遙瞻帝扉」，「帝扉」被讀成「帝非」；祥符縣學教諭賈翥為本縣作《正旦賀表》的「取法象魏」，「取法」被讀作「去髮」；亳州訓導林雲為本州作《謝東宮賜宴箋》：「式君父以班爵祿」；「式君父」被唸成「失君父」，說是咒詛；尉氏縣教諭許元為本府作《萬壽賀表》：「體乾法坤，藻飾太平」，更嚴重了，「法坤」是「髮髡」，「藻飾太平」是「早失太平」；德安府訓導吳憲為本府作《賀立太孫

64　黃溥：《閒中今古錄》。

表》：「永紹億年，天下有道，望拜青門。」「有道」說是「有
盜」，「青門」當然是和尚廟了，作表箋的人一概處死。甚至
陳州學訓導周冕為本州作《賀萬壽表》的「壽域千秋」，唸不
出花樣來，還是被殺。[65]

象山縣教諭蔣景高以表箋誤被逮赴京師斬於市。[66] 杭州
府教授徐一夔賀表有「光天之下，天生聖人，為世作則」。元
璋讀了大怒說：「生者僧也，罵我當過和尚。光是剃髮，說我
是禿子。則音近賊，罵我作過賊。」把禮部官嚇得要死，求
皇帝降一道表式，使臣民有所遵守。[67] 洪武二十九年特命翰
林院學士劉三吾、左春坊右贊善王俊華撰慶賀謝恩表式，頒
佈天下諸司，以後凡遇慶賀謝恩，如式錄進。[68] 照規定表式
抄錄，只寫官銜姓名，文人的性命才算有了保障。

文字獄從洪武十七年到二十九年，前後十三年。[69] 唯一
倖免的文人是翰林編修張某，此人在翰林院時說話不小心，
被貶做山西蒲州學正，照例作慶賀表，元璋記得他的名字，
看表詞裏有「天下有道」、「萬壽無疆」兩句話，發怒說：「這
老兒還罵我是強盜！」差人逮來面訊，說：「把你送法司，更
有何話可說？」張某說：「只有一句話，說了再死也不遲。陛
下不是說過，表文不許杜撰，都要出自經典，有根有據的話

---

65 趙翼：《廿二史札記》卷三十二，《明初文字之禍》，引《朝野異聞錄》。

66 黃溥：《閒中今古錄》。

67 徐禎卿：《翦勝野聞》。

68 《明太祖實錄》卷二百四十六。

69 黃溥：《閒中今古錄》。

嗎？天下有道是孔子說的，萬壽無疆出自詩經，說臣誹謗，不過如此！」元璋無話可說，想了半天，才說：「這老兒還這般嘴強，放掉罷。」左右侍臣私下議論：「幾年來才見容了這一個人！」[70]

蘇州知府魏觀把知府衙門修在張士誠的宮殿遺址上，犯了忌諱，被人告發。元璋查看新房子的上梁文有「龍蟠虎踞」四字，大怒，把魏觀腰斬。[71]

僉事陳養浩作詩：「城南有嫠婦，夜夜哭征夫。」元璋恨他動搖士氣，取到湖廣，投在水裏淹死。[72] 翰林編修高啟作題宮女圖詩：「小犬隔花空吠影，夜深宮禁有誰來？」元璋以為是諷刺他的，記在心裏。高啟退休後住在蘇州，魏觀案發，元璋知道《上梁文》又是高啟的手筆，舊恨新罪都發，把高啟腰斬。[73] 有一個和尚叫來復，討好皇帝，作了一首謝恩詩，有「金盤蘇合來殊域」和「自慚無德頌陶唐」兩句，元璋大生氣，以為殊字分為歹朱，明明罵我。又說「無德頌陶唐」，是說我無德，雖欲以陶唐頌我而不能，又把這亂巴結的和尚斬首。[74]

地方官就本身職務，有所建議，一字之嫌，也會送命。盧熊做兗州知州，上奏本說州印兗字誤類袞字，請求改正，

70　李賢：《古穰雜錄》。

71　黃瑋：《蓬窗類紀・國初紀》；顧公燮：《消夏閒記摘鈔》六，《高青丘》。

72　劉辰：《國初事跡》。

73　黃瑋：《蓬窗類紀・國初紀》；朱彝尊：《靜志居詩話》；《明史》卷二百八十，《高啟傳》。

74　顧公燮：《消夏閒記摘鈔》下，《冤殺詩僧》；《廿二史札記》卷三十二，《明初文字之禍》。

元璋極不高興，說：「秀才無理，便道我袞哩！」原來又把袞字纏作滾字了。不久，盧熊以黨案被殺。[75]

從個人的禁忌進一步便發展為廣義的禁忌了。洪武三年禁止小民取名用天、國、君、臣、聖、神、堯、舜、禹、湯、文、武、周、漢、秦、晉等字，二十六年出榜文禁止百姓取名太祖、聖孫、龍孫、黃孫、王孫、太叔、太兄、太弟、太師、太傅、太保、大夫、待詔、博士、太醫、太監、大官、郎中字樣，並禁止民間久已習慣的稱呼，如醫生止許稱醫士、醫人、醫者，不許稱太醫、大夫、郎中，梳頭人止許稱梳篦人或稱整容，不許稱待詔，官員之家火者，止許稱閽者，不許稱太監，違者都處重刑。[76]

其他文人被殺的，如處州教授蘇伯衡以表箋論死；太常卿張羽坐事投江死；河南左布政使徐賁下獄死；蘇州經歷孫蕡曾為藍玉題畫，泰安州知州王蒙嘗謁胡惟庸，在胡家看畫，王行曾做過藍玉家館客，都以黨案被殺；郭奎曾參朱文正軍事，文正被殺，奎也論死；王彝坐魏觀案死；同修《元史》的山東副使張孟兼、博野知縣傅恕、福建僉事謝肅都坐事死；曾在何真幕府的趙介，死在被逮途中；曾在張士誠處作客的戴良，得罪自殺。不死的，如曾修《元史》的張宣，謫徙濠州；楊基罰作苦工；烏斯道謫役定遠；顧德輝父子在張士誠亡後，並徙濠梁，都算是十分僥倖了。[77]

75　葉盛：《水東日記摘鈔》卷二。

76　《明太祖實錄》卷五十二；顧起元：《客座贅語》卷十，《國初榜文》。

77　《明史》卷二百八十五，《蘇伯衡傳》、《高啟傳》、《王冕傳》附《郭奎傳》、《孫

明初的著名詩人吳中四傑：高啟、楊基、張羽、徐賁，都曾和張士誠來往，楊基、徐賁做過張士誠的官，四人都不得善終。臨海陳基曾參張士誠軍事，明初召修《元史》，洪武三年卒。基在張士誠幕府時，所寫書檄罵朱元璋的很多，士誠死，曾做士誠官的文人多被殺，陳基幸虧死得早而漏網。[78]

※　　　　※　　　　※

朱元璋用嚴刑重法，殺了十幾萬人，殺的是國公、列侯、大將；宰相、部院大臣、諸司官吏、州縣胥役；進士、監生、經生、儒士、文人、學者；僧、道；殺的是富人、地主；沒有殺過一般老百姓，在所有記載中，找不出有隨便殺平民百姓的材料。

內部敵人清除了，朱元璋的統治鞏固了。大明帝國的基礎安定了。

賁傳》、《王蒙傳》、《趙壎傳》、《陶宗儀傳》附《顧德輝傳》；《廿二史札記》卷三十二，《明初文人多不仕》。

78　《明史》卷二百八十五，《趙壎傳》附《陳基傳》。

第七章
家庭生活

一、馬皇后

元璋的大老婆馬氏，原來是紅軍元帥郭子興的養女，後來元璋作了鎮撫、總管、元帥、丞相、吳國公、吳王，直到了作皇帝，馬氏妻以夫貴，從夫人成為皇后。但是，在元璋剛結婚時，情形相反，是夫以妻貴的，做了元帥養婿以後，軍中才稱為朱公子。[1]

馬皇后的父親馬公的名字無人知道[2]，馬皇后的名字也是一樣。在歷史文獻上記她嫁人後的稱呼是馬夫人，丈夫稱帝後的名號是馬皇后，死後被諡為孝慈高皇后。

兩人結婚時的年齡，男的二十五歲，女的二十一歲，照那時候的習俗說，都已經過了結婚年齡了。

馬皇后雖然沒有上過學，長得也不很好看，卻是一個好妻子，賢內助。

1　談遷：《國榷》。
2　《明史》卷三百，《外戚傳·馬公傳》。

　　郭子興性情暴躁，忌才護短，不能容人，又好聽閒話，做事遲疑沒決斷；朱元璋精細耐心，有魄力有擔當，做事果決，說話有分量，兩人性格、作風都不對頭，子興和同僚、部下都弄得不和氣，互相猜忌；元璋卻處事周到，上上下下都誇他，人緣好。也正因為元璋的人緣好，子興越發不喜歡。又有人在中間播弄是非，郭子興對這乾女婿越發不放心，成天挑錯處，呼來喝去，沒有好臉色。軍情緊急的時候，子興擺佈不開，元璋一刻也離不得身，比親兒子還親。到了情勢好轉，可以過安逸日子了，子興的臉孔又拉長了，乾女婿就變成童養媳，成天得捱罵、受氣。元璋身邊幾個能幹親信的將校和幕僚，一個接一個被調走，帶的部隊也另派了指揮官，元璋知道子興犯了疑心，越發小心謹慎，加意侍候，逆來順受。馬夫人出主意巴結小張夫人，把私房錢帛拿出來孝敬，求她在子興面前替丈夫分解說好話。[3] 一天，子興發怒禁閉元璋在空屋裏，不許送茶飯進去，馬夫人背着人偷剛出爐的炊餅給他，把胸口都燙焦了。平時總準備些乾糧醃肉，寧願自己捱餓，想法子讓丈夫吃飽。[4] 渡江時領着將士家眷留守和州，長江交通線被元軍切斷，和州孤立，她鼓勵將士，撫慰眷屬，穩定後方。打下集慶以後，帶着婦女們替戰士縫戰衣，做鞋子。陳友諒兵臨城下，應天的官員居民有的人打算逃難，有的人忙着窖藏金寶，有的人在囤積糧食，她毫不驚

3　《明太祖實錄》卷一，《皇朝本紀》。

4　《明史》卷一百十三，《孝慈高皇后傳》。

慌，反而拿出宮中金玉布帛，犒勞有功將士。[5]

在軍中她見有文書就求人教認字，暗地裏照樣子描寫；作了皇后，要女官每天教讀書，記得許多歷史上有名婦女的故事。元璋有寫札記的習慣，每天隨時隨地，甚至在吃飯的時候，想起甚麼事該辦的，甚麼事該怎樣辦，用紙片記錄下來，省得忘掉，到了晚上，往往塞了一口袋，馬皇后細心整理，等查問時，立刻檢出，省了元璋很多精力。[6]元璋時常對臣下說皇后的賢德，提起當年的炊餅，比之為蕪蔞豆粥，滹沱麥飯。又比之為唐太宗的長孫皇后。回宮後當家常話提起，她說：「我怎敢比長孫皇后，但是，常聽說，夫婦容易相保，君臣相保就難了，陛下不忘和我貧賤時過的日子，也願不忘和羣臣過的艱難日子，常時這樣想，有始有終，才是好事呢！」[7]

她心地仁慈，總是替人求人情，說好話。元璋在前殿辦事要殺人，她知道了隨時解說，婉轉疏勸。朱文正被猜忌得罪，幕僚多人被殺，部下隨從行事頭目五十多人割斷腳筋，元璋當面訊問明白，要殺文正，她苦勸說：「這孩兒縱然驕慣壞了，也看在渡江以來，取太平，破陳野先，下集慶，有多少功勞的份上；也虧他堅守洪都，擋住陳友諒；況且只有這一個親骨肉，縱然做錯事，也該看他年輕，饒他一次。」文正雖然免死，禁不住發牢騷，又被告發，她又勸說：「文正只

5　《明太祖實錄》卷一百四十七。

6　《明太祖實錄》卷一百四十七；徐禎卿：《翦勝野聞》。

7　《明太祖實錄》卷一百四十七。

是性子剛直，說話不檢點，造反是決不會的。他母親苦一輩子，指望着他。」[8] 李文忠守嚴州，楊憲告他有不法的行為，元璋要立時召回。馬皇后以為嚴州和敵人接境，輕易掉換守將，於軍事不便。況且文忠向來小心謹慎，楊憲的話也不可輕信。學士宋濂的孫子宋慎被告發是胡黨，宋濂連坐要處死刑，她又求情說：「百姓家替子弟請先生，對待極恭敬，好來好去，何況是皇家的師傅？而且宋濂一向住在原籍，一定不知情。」元璋不許。到用餐時，發覺皇后不喝酒，也不吃肉，驚問是不舒適還是不對口味？回說是心裏難過，替宋先生修福。元璋也傷感了，放下筷子。第二天特赦宋濂，免死安置茂州（今四川茂縣）。吳興財主沈萬三（秀）多年來在海外做買賣，是全國第一富戶，捐獻家財助修南京城牆三分之一，城修好了，檢校們還是不時尋事。又忍痛捐錢犒勞軍隊，不料觸了忌諱，元璋大怒，以為平民百姓要犒勞皇帝的軍隊，是何居心！這般亂民不殺，還殺誰來？皇后勸以平民富可敵國，不是好事。上天自然會降罰於他，沈萬三充軍雲南，家產籍沒。[9] 諸王師傅李希顏脾氣古怪，教鄉下孩子慣了，諸小王有頑皮不聽話的，常用體罰懲治。一次，把一個小王的額角打起了一個大包，小王哭着到父親處告狀，元璋一面用手摸孩子，變了臉要發作。她又勸解：「師傅拿聖人的道理管教孩子，怎麼能生氣呢。」元璋釋然，不把這事放在心上。[10]

8　劉辰：《國初事跡》。

9　《明史》卷一百十三，《高皇后傳》；《吳江縣志》。

10　《明史》卷一百三十七，《桂彥良傳》附《李希顏傳》。

　　她平時常勸元璋不要以一時喜怒來賞功罰罪，消極的賑災不如多貯存糧食，得寶貨不如得賢才。又說：「驕縱生於奢侈，危亡起於細微。」「法屢更必弊，法弊則奸生；民數擾必困，民困則亂生。」朝官在殿中賜食，她使人取來嘗了，菜飯都不可口，告訴皇帝申飭光祿寺改善。替國子生立紅板倉，積糧贍養學生家眷。對人事事體貼周到，自己卻非常節省，衣服穿到破了都不肯換新的。親自料理丈夫的膳食，對諸子不偏愛。元璋要訪求她的同族人做官，以為朝廷爵祿不可以私外家，力辭不肯。可是每次提到父母早死，卻忍不住傷心流淚。

　　洪武十五年八月，馬皇后病死，年五十一歲。病時怕連累醫生得罪，不肯服藥。臨死還勸元璋求賢才，聽直言，慎終如始。元璋慟哭，不再立皇后。養子沐英鎮守雲南，得到消息，哭得吐血。宮人追念她的慈愛，作歌追頌道：

　　　我后聖慈，化行家邦，撫我育我，懷德難忘！
　　　懷德難忘，於斯萬年，毖彼下泉，攸攸蒼天。[11]

二、皇子皇孫

　　多妻是統治階級特權之一，皇帝的配偶除正妻為皇后以

11　《明史》卷一百十三《高皇后傳》，卷一百二十六，《沐英傳》。

外,有無數的妾,封為貴妃、妃、嬪等名號。

元璋的妃嬪很多,生有二十六個兒子,十六個女兒。

妃嬪中有高麗人[12],蒙古人。[13] 來源有陳友諒的妃嬪,有從元宮接收來的,有從民間徵選的。內中胡妃是濠州人,守寡在家,元璋要娶,胡妃的母親不肯,隔一些時,知道胡家避兵在淮安,寫信給平章趙君用,叫把母女二人一起送來。龍鳳元年娶青軍馬元帥的義女孫妃。[14] 關於陳友諒的妃子,他在《大誥》中曾經自白:

> 朕當未定之時,攻城略地,與羣雄並驅十有四年餘,軍中未嘗妄將一婦人女子。惟親下武昌,怒陳友諒擅以兵入境,既破武昌,故有伊妾而歸。朕忽然自疑,於斯之為,果色乎?豪乎?知者監之。[15]

這一件事情後來衍變成一個故事,說是陳友諒妻闍氏入宮後不久,生遺腹子潭王,到成年封國時,闍氏哭着吩咐:「兒父是陳友諒,兒父被殺,國被滅,我被俘辱,忍死待兒成年。兒他日當為父報仇,為母雪恥。」後來潭王果然起兵造反,元璋派徐達之子統兵征討,潭王緊閉城門,在銅牌上寫

12　《明史》卷一百二十一《公主傳》:「含山公主,母高麗妃韓氏。」嚴從簡《殊域周咨錄》一《朝鮮》:「初元主嘗索女子於高麗,得周誼女,納之宮中,後為我朝中使攜歸時,宮中美人有號高麗妃者。」

13　吳晗:《明成祖生母考》,載《清華學報》十卷三期。

14　劉辰:《國初事跡》。

15　《大誥》,論官無作非為四十三。

着：「寧見閻王，不見賊王！」擲於城外，闔宮舉火自焚，抱着小兒子投隍塹而死。其實這故事是捏造的，因為第一潭王是達定妃所生，和齊王同胞，生母並非闍氏；第二，陳友諒死於龍鳳九年，潭王生於洪武二年，前後相隔六年；第三，潭王因妃父於顯攀入胡黨被殺，奉詔入朝，疑懼自殺，和陳友諒全不相干。[16] 另一關於代王生母的故事，說代王母親是邠人，元璋戰敗，逃到民家躲避，這家的女人問：「你是朱某人嗎？人家說你要做皇帝呢！」留住了一晚。第二天臨別時說：「將來有孩子怎樣辦？」元璋留下一舊梳子做憑證，她也拿首飾贈行。到元璋即位後，這女人帶着長大的孩子和木梳來認夫認父，元璋叫工部替她另蓋木頭房子，不讓進宮。代王出封後，帶生母一同就國。這故事也是假的，因為代王的生母是郭子興的女兒郭惠妃，代王生於洪武七年，這時元璋已經做了七年皇帝了，從何戰敗落荒逃走？[17]

諸妃中蒙古妃和高麗妃都生有子女，傳說明成祖即蒙古妃所生。[18] 元璋子孫中有蒙古的、高麗的血統，是毫無問題的。

元璋深恨自己年輕時沒有機會上學，因此，他對諸子的教育特別重視。在宮中特建大本堂，貯藏古今圖籍，徵聘四方名儒教育太子和諸王，輪班講課，挑選才俊青年伴讀，常時賜宴賦詩，談古說今，討論文字。師傅中最著名的人物是

16　皇甫錄：《近峯聞略》；王世貞：《史乘考誤》卷一；《明史》卷一百十六，《諸王傳》。

17　徐禎卿：《翦勝野聞》；王世貞：《史乘考誤》卷一；《明史·諸王傳》。

18　吳晗：《明成祖生母考》，載《清華學報》十卷三期。

宋濂，前後十幾年，專負教育皇太子的責任，一言一動都以禮法諷勸，講到有關政教和前代興亡事跡，拱手剴切說明，指出某事該這樣做，不該那樣做，皇太子也盡心受教，言必稱師父。[19] 博士孔克仁奉命為諸王講授經書，功臣子弟也奉詔入學。[20] 元璋特地對儒臣指出皇子們的教育方針說：「有一塊精金，得找高手匠人打造，有一塊美玉，也要有好玉匠才會成器。人家有好子弟，不求明師，豈不是愛子弟反不如愛金玉？好師傅要做出好榜樣，因材施教，培養出人才來。我的孩子們將來是要治國管事的，諸功臣子弟也要作官辦事。教的方法，要緊的是正心，心一正萬事都辦得了，心不正，諸慾交攻，大大的要不得。你每要用實學教導，用不着學一般文士，光是記詞章，一無好處。」[21]

學問要緊，德性尤其要緊，皇太子的教育，除了儒生、經師以外，又選了一批有德行的端人正士，作太子賓客和太子諭德，職務是把「帝王之道，禮樂之教，和往古成敗之跡，民間稼穡之事，朝夕講說」[22]。

到皇太子成年後，溫文儒雅，儼然是個儒生。接着第三步的教育是政事實習。洪武十年令自今政事，並啟太子處分，然後奏聞。面諭太子：「從古開基創業的君主，經歷艱難，通達人情，明白世故，辦事自然妥當。守成的君主，生

---

19 《明史》卷一百二十八，《宋濂傳》。
20 《明史》卷一百三十五，《孔克仁傳》。
21 《明太祖實錄》卷四十；黃佐：《南廱志》卷一。
22 《明太祖實錄》卷三十一。

長於富貴，錦衣肉食，如非平時學習練達，辦事怎能不出毛病。我所以要你每日和羣臣見面，聽斷和批閱各衙門報告，學習辦事。要記住幾個原則：一是仁，能仁才不會失於疏暴；一是明，能明才不會惑於奸佞；一是勤，只有勤勤懇懇，才不會溺於安逸；一是斷，有決斷，便不致牽於文法。這四個字的運用，決於一心。我從有天下以來，從沒偷過懶，一切事務，惟恐有毫髮不妥當，有負上天付托。天不亮就起牀，到半夜才得安息，這是你天天看見的。你能夠學我，照着辦，才能保得住天下。」[23]

為了元代前期不立太子，引起多次政變，元璋在吳王時代便立長子標為世子，即皇帝位後又立為太子。為了前代太子的東宮臣僚自成系統，和廷臣容易鬧意見，甚至宮廷對立，便以朝廷重臣兼任東宮臣僚。[24] 一心一意，用盡一切辦法，要訓練出理想的繼承人，能幹的第二代皇帝，維持和鞏固大一統的政權。

洪武二十五年四月，太子病死，九月立太子第二子允炆為皇太孫。對太孫的教育還是老辦法，學問和德性並重，批閱章奏，平決政事，學習如何做皇帝。

諸子中除長子立為太子，第九子和第二十六子早死，其他二十三子都封王建國。由於平時注意家庭教育，諸王成年以後都很能幹，會辦事。洪武二十六年以後，元勛宿將殺完

23　《明史》卷一百十五，《興宗孝康皇帝傳》。
24　宋濂：《洪武聖政記》，定大本第二。

了，北邊對蒙古的軍事任務，就不能不交給第二子秦王、第三子晉王、第四子燕王指揮。其他封在邊疆的幾個小王也領兵跟着兄長巡邏斥堠，校獵沙漠。[25] 在文學方面有成就的，如第五子周王好學能詞賦，著《元宮詞》百章；又研究草類，選其可以救飢的四百多種，畫為圖譜，加以疏解，著成《救荒本草》一書，對植物學很有貢獻。[26] 十七子寧王撰《通鑒博論》、《漢唐秘史》、《史斷》、《文譜》、《詩譜》等著作數十種。八子譚王、十子魯王、十一子蜀王、十六子慶王都好學禮士，對文學有興趣。十二子湘王尤為傑出，文武全才，讀書常時到半夜，膂力過人，善弓馬刀槊，馳馬若飛；在藩開景元閣，招納文士，校讎圖籍，行軍時還帶着大批圖書閱讀，到出水勝處，往往徘徊終日；喜歡道家那一套，自號紫虛子，風度襟懷，儼然是個名士。不爭氣的也有兩個，一個是十三子代王，早年作了許多蠢事不必說了，到晚年頭髮花白了，還帶着幾個不肖子，窄衣禿帽，遊行市中，袖錘斧殺傷人，幹些犯法害理的勾當；末子伊王封在洛陽，喜歡使棒弄刀，成天挾彈露劍，怒馬馳逐郊外，人民逃避不及的親自斫擊。又喜歡把平民男女剝得精光，看人家的窘樣子，以為笑樂。

元璋對諸子期望大，管教嚴，從不姑息，二子秦王多過失，屢次訓責，皇太子多方救解，才免廢黜。死後親自定諡為「愍」，諡冊文說：「哀痛者父子之情，追諡者天下之公。

25　《明史》卷一百十九，《晉王樉傳》。

26　《明史》卷一百十九，《周王傳》。

朕封建諸子，以爾年長，首封於秦，期永綏祿位，以藩屏帝
室。夫何不良於德，竟殞厥身，其謚曰愍。」十子魯王服金
石藥求長生，毒發傷目，元璋很不喜歡，死後追謚為「荒」。[27]

　　皇族的祿餉一律由國家支給。洪武九年定諸王公主年
俸，親王米五萬石，鈔二萬五千貫，錦四千匹，紵絲三百匹，
紗羅各一百匹，絹五百匹，冬夏布各千匹，綿二千兩，鹽
二百引，茶一千斤，馬料草月支五十匹；公主已受封，賜莊
田一所，每年收糧一千五百石，並給鈔二千貫；郡王米六千
石；郡主米千石；以下按比例遞減。[28]親王嫡長子年及十歲，
立為王世子，長孫立為世孫，世代承襲；諸子封郡王；郡王
嫡長子承襲，諸子封鎮國將軍，孫封輔國將軍，曾孫奉國將
軍。帝女封公主，親王女封郡主，郡王女封縣主。公主婿號
駙馬，郡主縣主婿號儀賓。凡皇族出生，由禮部命名，成人
後由皇家主婚，一生的生活到死後的喪葬全由國家負擔。[29]
到洪武二十八年，皇族人口日益增加，原定的祿餉數量太
大，如照數支出，國家財政負擔不了，又改定為親王年俸萬
石，郡王二百石，鎮國將軍千石；公主和駙馬二千石，郡主
和儀賓八百石，以下依次遞減。儘管皇族的俸餉減少了好
幾倍，但是皇族孳生的人口卻增加了百千倍，一百多年後，
皇族人口達到五萬多人，明世宗嘉靖二十九年（公元 1550
年）皇族近十萬人。嘉靖四十一年統計，全國每年供應京師

27　以上並據《明史‧諸王傳》。
28　《明史》卷八十二，《食貨志‧俸餉》。
29　《明史》卷一百十六，《諸王傳序》。

糧四百萬石，諸王府祿米則為八百五十三萬石，比供應京師的多出一倍。以洪武后期歲收最多時的數字做基數，諸王府祿米竟佔全國收入的四分之一以上。以山西為例，存留地方的糧食一百五十二萬石，可是當地的皇族俸祿就要二百十二萬石[30]；河南地方存留只有八十四萬三千石，皇族俸祿卻要一百九十二萬石，即使把地方存留糧食全數都拿來養活皇族，也還缺少一半，只好打折扣和欠支，郡王以上的底數大，還可以過日子，郡王以下就不免啼飢號寒了。即使這樣，國家財政還是無法應付，又就原數裁減，疏遠的皇族越發不能過活。[31] 這些皇族法律規定既不能應科舉，作官吏，又不許務農、作工、經商，只許吃官糧，不勞而食。地位高的親王、郡王在地方上多數為非作惡，不但凌虐平民，也侵暴官吏；疏遠卑下的皇族有的窮極無聊，欺騙敲詐，無惡不作，擾亂破壞社會秩序。[32] 而且，人數過多，國家照顧不過來，禮部命名怕重複，用金木水火土作偏旁，隨便配上一些怪字，作為賜名，叫人哭笑不得。[33] 皇族沒錢賄賂禮部官吏的，不但一輩子沒有名字，甚至到頭髮白了還不能婚嫁。[34] 一直到明朝末年，才感到這樣不是辦法，把政治和科舉的封鎖開放了，

30　鄭曉《今言》：「今宗室凡五萬餘。」陸楫《蒹葭堂雜著》：「我太祖高皇帝二十四子，傳至今百八十年矣。除以事削籍外，尚有十五府及列聖所封，親支星布海內，共三十三府，今玉牒幾十萬口。」

31　《明史》卷八十二，《食貨志‧俸餉》。

32　沈德符：《野獲編》卷四，《廢齊之橫》、《遼王貴烚罪惡》；《明史》卷一百十八，《韓王松傳》；趙翼：《廿二史札記》卷三十二，《明分封宗藩之制》。

33　《野獲編》卷四，《宗室名》。

34　《明史》卷二百五十一，《何如寵傳》。

皇族可以參加考試，可以作官[35]，但是，不久就亡國了。

三、思想和生活

朱元璋出身農民，作過遊方和尚，到處叫化。從軍以後和儒生文人接近，努力學習，會談古論今，接受歷史上有益的經驗教訓。自以出身貧賤，要故作神奇，神道設教，嚇唬老百姓，和道士和尚串通，假造許多神跡。三十多年中，儒生、道士、和尚，三教九流，都被充分利用，作為鞏固統治的工具。

先從儒家的作用說起。

從渡江到建國，和幕府中的儒生，如范常、陶安、夏煜、孫炎、楊憲、秦從龍、陳遇、孔克仁、范祖幹、葉儀、吳沈、許幹、葉瓚玉、胡翰、汪仲山、李公常、戴良、劉基、宋濂諸人，朝夕討論，講述經史。經過十幾年的努力學習，中年以後，元璋不但懂得經義，能寫通俗的口語文字，並且也能作詩，作有韻的文字，能夠欣賞、批評文學作品的好壞了。

在稱帝以前，閒時常和儒生文士列坐賦詩，范常總是交頭卷，元璋笑說：「老范詩質樸，極像他的為人。」[36]初下徽州，朱昇請題字，親寫「梅花初月樓」橫匾。[37]和陶安論學術，

35　《野獲編》卷四，《郡王建白》、《宗室通四民業》；《明史》卷一百十九，《鄭王傳》；《廿二史札記》卷三十二，《明分封宗藩之制》。

36　《明史》卷一百三十五，《范常傳》。

37　黃瑜：《雙槐歲抄》。

親制「國朝謀略無雙士，翰苑文章第一家」門帖子賜他。[38]
出征陳友諒，過長沙王吳芮祠，見胡閏所題詩，大為愛好，
即時召見；到洪武四年胡閏以郡舉秀才來見，元璋還記得清
楚，說：「這書生是那年題詩鄱陽廟牆上的。」授官都督府都
事。[39] 鄱陽湖大勝，和夏煜等草檄賦詩。[40] 宋濂不會喝酒，勉
強灌醉了，作《楚詞》以賜，又賜以良馬，作《白馬歌》。[41]

　　即位後更加喜歡弄筆墨，毛騏、陶安、安然死，親寫祭
文。[42] 桂彥良作晉王傅，作文送行。[43] 宋訥讀書時烤火不小心，
燒了衣服傷脅，作文勸誡。張九韶告老還鄉，又作文贈行。[44]

　　他會寫散文，主張文章應該寫得明白清楚，通道術，達
時務。[45] 讀曾魯的文章，很喜歡，說：「讀陶凱文後，已起人
意，魯又如此，文運其昌乎！」[46] 劉三吾主考會試，榜發後考
取都是南方人，考生告狀，元璋大怒，親撰策問復試，尋取
六十人全是北方人，當時稱為南北榜，也叫春夏榜。[47] 喜歡
研究音韻，元末《陰氏韻府》手頭常用，以舊韻出江左，命

38　《明史》卷一百三十六，《陶安傳》。

39　《明史》卷一百四十一，《胡閏傳》。

40　《明史》卷一百三十五，《宋思顏傳》附《夏煜傳》。

41　《明史》卷一百二十八，《宋濂傳》。

42　《明史》卷一百三十五《郭景祥傳》附《毛騏傳》，卷一百三十六《陶安傳》，
　　卷一百三十七《安然傳》。

43　《明史》卷一百三十七，《桂彥良傳》。

44　《明史》，《宋訥傳》附《張美和傳》。

45　《明史》卷一百三十六，《詹同傳》。

46　《明史》卷一百三十六，《曾魯傳》。

47　《明史》卷一百三十七，《劉三吾傳》。

樂韶鳳參考中原音韻訂定，名《洪武正韻》。[48]時常作詩[49]，如《菊花詩》：

> 百花發時我不發，我若發時都嚇殺；要與西風戰一場，遍身穿就黃金甲。

《不惹庵示僧》：

> 殺盡江南百萬兵，腰間寶劍血猶腥，山僧不識英雄漢，只憑曉曉問姓名。

《征東至瀟湘》：

> 馬渡沙頭首蓿香，片雲片雨過瀟湘，東風吹醒英雄夢，不是咸陽是洛陽。[50]

也會作賦，和儒臣歡宴大本堂，自作《時雪賦》。[51]親撰《鳳陽皇陵碑》，口語直說，通篇用韻。又會作駢體文，徐達初封信國公，親作誥文：「從予起兵於濠上，先存捧日之心，

---

48 《明史》卷一百四十七《解縉傳》，一百三十六《樂韶鳳傳》。
49 《明史》卷一百三十七《劉三吾傳》，《桂彥良傳》，卷一百三十八《周禎傳》附《李質傳》。
50 《明太祖文集》卷二十。
51 《明史》卷一百十五，《興宗孝康皇帝傳》。

來茲定鼎於江南，遂作擎天之柱。」又說：「太公韜略，當宏一統之規；鄧禹功名，特立諸侯之上。」居然是個四六作家了。[52]

對歷史特別愛好，《漢書》、《宋書》都是常讀的書。吳元年十一月和侍臣討論：「漢高祖以追逐狡兔比武臣，發蹤指示比文臣，譬諭雖切，語意畢竟太偏。我以為建基立業，猶之蓋大房子，剪伐斲削，要用武臣，藻繪粉飾，就非文臣不可。用文而不用武，譬如連牆壁都未砌好，如何粉刷？用武而不用文，正如只有空間架，粗粗糙糙，不加粉刷彩畫，不像樣子，偏了都不對。治天下的要文武相資，才不會壞事。」[53] 讀《宋史》到宋太宗改封椿庫為內藏庫，批評宋太宗：「作皇帝的以四海為家，用全國的財富，供全國之用，何必分公私？太宗算是宋朝的賢君，還這樣小家子氣，看不開。至如漢靈帝的西園，唐德宗的瓊林大盈庫，括國家的錢做私人的蓄積，更不值得責備了。」[54] 告訴張信以翰林的職務，引唐陸贄、崔羣、李絳作例子。[55] 教官吳從權說不知民間事務，駁以宋胡瑗教學生，特別看重時事的例子。[56] 他熟習歷史的目的，是為了吸取古人成敗的經驗，作為自己行事的根據。

研究經學，跟宋濂讀《春秋》、《左傳》，陳南賓讀《洪

52 《廿二史札記》卷三十二，《明祖文義》條，引《稗史匯編》。
53 《明太祖實錄》卷二十二。
54 《明太祖實錄》卷一百七十九。
55 《明太宗實錄》卷二百四十九。
56 《明史》卷一百三十九，《蕭岐傳》。

範》、《九疇》。讀《蔡氏書傳》時，發現所說象緯運行和朱子
書傳不同，特地徵召諸儒生訂正。著有《御注洪範》，多用陳
南賓說。[57]

　　即位以後，崇敬佛教。詔徵東南戒德名僧，在蔣山大開
法會，和羣臣頂禮膜拜。僧徒中有應對稱意的，頒賜金襴袈
裟衣，召入禁中，賜坐講論。吳印、華克勤等和尚都還俗作
大官。元璋以為和尚與塵世絕緣，無所牽涉，寄以心腹，用
作耳目，使其檢校官民動靜，因之僧徒得意橫行；元璋所不
快意的文武大臣，都被中傷得罪。僧徒倚仗告發的功勞，請
為佛教創立職官，改善世院為僧錄司，設左右善世、左右闡
教、左右講經、覺義等官，高其品秩。道教也照樣設置。渡
僧尼道士數萬人。[58] 他自己還著有《集注金剛經》，一卷。[59]

　　道士替元璋做工作的有周顛和鐵冠子。周顛的事跡，據
元璋所寫的《周顛仙人傳》說：周顛十四歲時得了顛病，在
南昌市上討飯，三十多歲時，正當元朝末年，凡新官上任，
一定去求見，說是「告太平」，元璋取南昌，瘋瘋癲癲來告太
平，元璋煩了，灌以燒酒不醉，又叫人拿缸蓋住，用蘆薪圍
住火燒，燒了三次，只出一點汗。叫到蔣山廟裏寄食，和尚
來告，顛和小沙彌搶飯吃，鬧脾氣有半個月不吃東西了，元
璋親自去看，擺一頓筵席，請顛大吃一頓。又給關在空屋裏，
一個月不給飯吃，也不在乎。這故事傳開了，諸軍將士搶着

57　《明史》，《宋濂傳》、《桂彥良傳》附《陳南賓傳》、《趙俶傳》附《錢宰傳》。

58　《明史》卷一百三十九，《李仕魯傳》。

59　《明史》卷九十八，《藝文志》三，《釋家》。

做主人，請顛吃酒飯，隨吃隨吐，只有跟元璋吃飯時，才規規矩矩。大家都信服了，以為是仙人。

顛見元璋唱歌：「山東只好立一個省。」用手畫地成圈，指着對元璋說：「你打破個桶（統），做一個桶。」

元璋西征九江，行前問顛：「此行可乎？」應聲說：「可！」又問「友諒已稱帝，消滅他怕不容易？」顛仰頭看天，稽首正容說：「上面無他的。」到安慶舟師出發無風，說：「只管行，只管有風，無膽不行便無風。」果然一會兒大風起來，一氣直駛小孤山。

十多年後，元璋害熱症，幾乎要死，赤腳僧覺顯送藥來，說是天眼尊者和周顛仙人送的，服了當晚病好。[60]

以上這些神跡都是元璋自己說出和寫出的。鐵冠子姓張名中，好戴鐵冠。平章邵榮、參政趙繼祖被殺，是他告發的。征陳友諒時也在軍中，據說是他算定南昌解圍和大捷的時日，用洞元法祭風，舟師直達鄱陽湖。和周顛同是元璋愚弄臣民的工具。[61]

元璋常讀的道教經典是《道德經》，著有《御注道德經》二卷。[62] 他對《道德經》的看法，以為「斯經乃萬物之至根，王者之上師，臣民之極寶，非金丹之術也」。當作政治理論經典，在所寫《道德經序》上說：「自即位以來，罔知前代哲王之道，宵晝遑遑，慮穹蒼之切鑒，於是問道諸人，人皆我

---

60 《紀錄匯編》卷六。
61 《明史》，《方伎傳・張中傳》。
62 《明史》卷一百四十七，《解縉傳》；卷九十八，《藝文志》三，《道家》。

見，未達先賢一日，試覽羣書，檢間有《道德經》一冊，見本
經云：『民不畏死，奈何以死懼之。』當是時天下初定，民頑
吏弊，雖朝有十人棄市，暮有百人而仍為之，如此者豈不應
經之所云。朕乃罷極刑而囚役之。」[63] 由此可見明初「屯田、
工役之科」和《道德經》的關係。

元璋利用僧道的秘密，後來被人指出。洪武十一年解縉
上萬言書說：

> 陛下天資至高，合於道微，神怪誕妄，臣知陛下洞矚
> 之矣。然猶不免所謂神道設教者，臣謂必不然也。一統
> 之輿圖已定矣，一時之人心已服矣，一切之奸雄已懾矣，
> 天無變災，民無患害，聖躬康寧，聖子聖孫，繼繼繩繩，
> 所謂得真符者矣。何必興師以取寶為名，諭眾以神仙為
> 徵應者哉![64]

「興師以取寶為名」，指的是北伐蒙古，元璋在元主北走
後，嘗說：「如今天下一家了，尚有三事未了，掛在心頭：一
件少傳國璽，一件王保保未擒，一件元太子無音問。」[65] 取寶
的寶就是歷史上相傳的秦始皇傳國璽，由此可見洪武初年北
征蒙古是以取傳國璽為名的。「諭眾以神仙為徵應」，指的就
是元璋向臣民宣揚周顛、鐵冠子的神跡。其實元璋又何嘗不

---

63 《明太祖文集》卷十五。
64 《明史》卷一百四十七，《解縉傳》。
65 《草木子・餘錄》；《庚申外史》。

懂得，正因為他很懂得，他才用神仙徵應來服人心，懾奸雄，定一統，他在《心經序》上說得很清楚：

> 所以相空有六……其六空之相，又非真相之空，乃妄想之相為之空相，是空相愚及世人，禍及今古，往往愈墮彌深，不知其幾。斯空相，前代帝王被所惑而幾喪天下者：周之穆王、漢之武帝、唐之玄宗、蕭梁武帝、元魏主燾、李後主、宋徽宗，此數帝廢國怠政，惟蕭梁武帝、宋之徽宗以及殺身，皆由妄想飛升及入佛天之地。其佛天之地未嘗渺茫，此等快樂，世嘗有之，為人性貪而不覺，而又取其樂，人世有之者何？且佛天之地，為國君及王侯者，若不作非為善，能保守此境，非佛天者何？如不能保守而偽為，用妄想之心，即入空虛之境，故有如是。[66]

他是腳踏實地的人，認為佛天之境就是現實生活，能保守現實生活，就是到了佛天之境。離開現實，妄想飛升，用妄想之心，入空虛之境，不是幾喪天下，就是殺身。他曾經告訴宋濂：「秦始皇、漢武帝好神仙，寵方士，想求長生，末了一場空。他們假使能用這份心思來治國，國怎會不治？依我看來，人君能夠清心寡慾，做到百姓安於田里，有飯吃，有衣穿，快快活活過日子，也就是神仙了。」[67] 有道士來獻長

66　《明太祖文集》卷十三。
67　《明太祖實錄》卷二十九。

生的法子，他說：「我所要的是全國人民的長壽和快樂。」不肯接受。[68] 又有人學宋朝大中祥符年間的辦法獻天書，證明「上位」確是真命天子，反而被殺。[69] 總之，他一面對臣民佯談神仙，一面又不許別人對他談神異，講長生，獻天書。他的頭腦是清醒的，「諭眾以神仙為徵應」是為了政治的效果。雖然如此，從解縉揭露以後，他就不再利用佛道兩教，也不再佯談神異徵應了。

　　經過洪武初年的長期佯談神仙，民間流傳着許多神異故事，以為朱元璋是真命天子。傳說中主要的一個是：天上有二十八宿，輪流下凡作人主。元天曆元年，元璋生的那一年，天上婁宿失蹤了，到洪武三十一年元璋死，婁宿復明。洪武帝是婁宿下凡的。[70] 當時不在市場流通的洪武錢，後世的鄉下人很重視，給孩子們佩在身上，以為可以闢邪。鄉間豆棚瓜下，老祖父、祖母們對孩子講的故事，也多半說的是洪武爺放牛時的種種神話。

　　元璋生長農村，經過窮苦日子，深知物力艱難，生活樸素，講究節儉。不喜飲酒。[71] 有回回商人獻番香阿剌吉，華言薔薇露，說可以治心疾，也可以調粉為婦人容飾，元璋說：「中國藥物可以治病的很多，這玩意兒只是裝飾品，把人打

68　《明太祖實錄》卷二百三十。
69　《明太祖實錄》卷四十。
70　王文祿：《龍興慈記》。
71　《明太祖實錄》卷十二、卷九十一。

扮得好看些，養成奢靡的習慣。」拒絕不受。[72] 龍鳳十二年營建宮室，管工程的人打好圖樣，他把雕琢考究的部分都去掉了。[73] 完工以後，樸素無裝飾，只畫了許多觸目驚心的歷史故事，和宋儒的《大學衍義》。有個官兒巴結，說某處出產一種很美的石頭，可以鋪地，被痛切教訓了一頓。[74] 車輿服用諸物該用金飾的，用銅代替。司天監把元順帝費盡心機作成的自動宮漏進獻，他說：「不管政務，專幹這個，叫做以無益害有益。」陳友諒有一張鏤金床，極為考究，江西行省送給皇帝，元璋說：「這和孟昶的七寶溺器有何區別。」都叫打碎。[75] 他不但自己節儉，對人也是如此。有一天，看見內侍穿着新靴在雨中走路，另一舍人穿一套值五百貫鈔新衣，都着着實實罵了一頓。[76] 屏風上寫着唐李山甫《上元懷古詩》：「南朝天子愛風流，盡守江山不到頭，總為戰爭收拾得，卻因歌舞破除休，堯將道德終無敵，秦把金湯可自由？試問繁華何處在，雨花煙草石城秋。」朝夕吟誦，引起警惕。[77]

生活樸素、節儉的原則也應用在外交上，龍鳳十二年派參政蔡哲到蜀報聘，臨行前特別指示說：「蜀使者來，多飾浮辭，誇其大國，取人不信。你到後，千萬不要學他，有問題

72 《明太祖實錄》卷七十九。
73 《明太祖實錄》卷十二。
74 《明太祖實錄》卷二十。
75 《明太祖實錄》卷二百二十五、卷三十一、卷十四。
76 《明太祖實錄》卷二百二十五。
77 《明太祖實錄》卷十七、卷八十五；祝允明：《野記》。

提出，只可說老實話。」[78] 也不講祥瑞，洪武二年，有獻瑞麥一莖三穗和五穗的，羣臣稱賀，他說：「我做皇帝，只要修德行，至太平，寒暑適時，就算國家之瑞，倒不在乎以物為瑞。記得漢武帝獲一角獸，產九莖芝，好功生事，使海內空虛。後來宣帝時又有神爵甘露之瑞，卻鬧得山崩地裂，漢德於是乎衰。由此看來，祥瑞靠不住，災異卻是不可不當心的。」命令今後或有災異，無論大小，地方官即時報告。[79]

執法極嚴，令出必行。初起兵時，糧食不足，下令禁酒，胡大海統軍攻越，其子犯令，王愷請勿殺以安大海心，元璋以為寧可使大海叛我，不可使法不行，親自執行死刑。[80] 趙仲中是起兵時的舊將，奉令守安慶，陳友諒攻城，棄城逃走，常遇春求情，元璋說：「法不行，無以懲後。」用弓弦縊死。[81] 末年駙馬都尉歐陽倫出使，販帶私茶，違犯國法，雖然是親女婿，也依法賜死。[82]

四、辛勤的一生

朱元璋用他的全部精力、時間，管理他所手創的帝國。

全國大大小小的政務，都要親自辦理，天不亮就起牀

78　《明太祖實錄》卷十六。

79　《明太祖實錄》卷四十。

80　《明史》卷一百三十三，《胡大海傳》。

81　《明史》卷一百二十九，《廖永忠傳》附《趙庸傳》。

82　《明太祖實錄》卷二百五十三。

辦公，一直到深夜，沒有休息，沒有假期，也不講究調劑精神的娛樂。照習慣，一切事務處理，臣僚建議，都用書面的奏章，成天成年看奏章，有時也難免感覺厭倦，尤其是有些賣弄學問經濟，冗長而又不中肯，說了一大堆而又不知所云的報告。洪武九年刑部主事茹太素上萬言書，讀到六千三百七十字，還沒說到具體事實，元璋大怒，把太素打了一頓。第二天晚上，又叫人讀到一萬六千五百字以後，才涉到本題，建議五事，有四事可取，元璋即刻命令主管部門施行。同時指出這五件事情五百多字就可以講清楚，卻說了一萬七千字，這是繁文之過。自己厭聽繁文，打了人也承認是過失，並表揚茹太素為忠臣。為了教育天下官民，把這事情經過親寫文章公佈，規定建言格式，文章說：

> 洪武九年，朕見災異萬端，餘無措手，於是特佈告臣民，許言朕過……是以近臣刑部主事茹太素以五事上言，其書一萬七千字，朕命中書郎王敏立而誦之，至字六千三百七十，乃云才能之士，數年以來，幸存者百無一二，不過應答辦集。又云所任者多半迂儒俗吏。言及至斯，未睹五事實跡，意其妄言，故召問之：爾為刑部之官，彼刑部官吏二百有餘，爾可細分迂儒俗吏乎？彼乃不答。使分之而又無知其人者。於是撲之。

> 次日深夜中，朕臥榻上，令人誦其言，直至一萬六千五百字後，方有五事實跡，其五事之字止是五百有零。朕聽至斯，知五事之中，四事可行。當日早朝，敕中

書都府御史台著跡以行。吁，難哉！……今朕厭聽繁文
而駁問忠臣，是朕之過。有臣如此，可謂忠矣。

因如是，故立上書陳言之法，以示天下。若官民有言
者，許陳實事，不許繁文，若過式者問之。[83]

經過這番整頓以後，奏章只陳實事，從此讀章奏省了
不少精力，工作效率提高了。到廢中書省以後，六部府院
直接對皇帝負責，政務越發繁忙，以洪武十七年九月間的
收文為例，從十四日到二十一日，八天內，內外諸司奏札凡
一千六百六十件，計三千三百九十一事[84]，平均每天要看或聽
二百多件報告，要處理四百多件事。

他早年過的是缺少衣食的窮苦日子，中年在軍隊裏，在
兵火喧天、白刃相接的戎馬生活中渡過，四十歲以後，把全
副精力處理國事，緊張疲勞，五十歲以後，體力支持不住了，
害了心跳很快的病症，宋濂勸他清心寡慾。[85] 又時發高熱，
做幻想、怪夢，在夢中看到天上神仙宮闕。[86] 有時喜怒不常，
暴怒到失去常態。[87] 特別使他感覺痛苦，影響精神體力的是
家庭之間、父子之間的矛盾。

元璋的大兒子標，生性忠厚，長期接受儒家教育，被教

---

83 《明太祖文集》卷十五，《建言格式序》。
84 《明太祖實錄》卷一百六十五。
85 《明史》卷一百二十九，《宋濂傳》。
86 《御製周顛仙人傳》，《紀夢》。
87 姚福：《青溪暇筆》。

養成儒生型的人物。老皇帝過了五十歲以後，精力有點不
濟事了，要皇太子幫他裁處一般政務。一來是分勞，二來也
訓練這下一代皇帝辦事的能力，指望他兒子是漢文帝，不是
漢惠帝。但是，父子倆出身不同，所受教育不同，思想作風
自然不同，老皇帝運用法庭、監獄、特務和死刑，要鎮懾
臣民，使人識懼而莫測其端，皇太子卻大講其周公、孔子之
道，講仁政，講慈愛，殺人愈少愈好；老皇帝要用全力消滅
內部的敵對力量，鞏固皇家統治，皇太子卻要照顧將相過去
的汗馬功勞，照顧親戚情誼，兄弟友愛，向父親講情爭執；
一個嚴酷，一個寬大；一個從政治出發，一個從情感出發，
父子倆的分歧日漸擴大，有時也不免發生衝突。明朝的野史
家傳說，宋濂得罪，皇太子哭救，元璋發怒說：「等你作皇帝
赦他！」皇太子惶懼投水，左右赴救得免。又說皇太子諫元
璋：「陛下殺人過濫，恐傷和氣。」元璋不作聲，第二天故意
把一條棘杖放在地下，叫皇太子拿起，皇太子面有難色，元
璋說：「你不敢拿，我把這些刺都弄乾淨了，再交給你，豈不
是好？我所殺的都是天下的壞人，內部弄清楚了，你才能當
這個家。」皇太子說：「上有堯舜之君，下有堯舜之民。」元
璋大怒，拿起椅子就擯，皇太子逃走。[88] 這兩個故事雖然不
一定真實，但是卻明確指出父子之間的矛盾情況。

　　好容易經過多少次大血案，元璋把棘杖的刺都弄乾淨
了，卻又發生意外，皇太子於洪武二十五年病死。六十五歲

88　徐禎卿：《翦勝野聞》。

的老皇帝受了這嚴重的打擊，傷心之至，身體一天天軟弱下去，頭髮鬍子全變白了。

皇太子死後，立皇太子嫡子允炆為皇太孫，才十六歲。

皇太孫的性格極像他的父親，元璋擔心他應付不了這個局面，諸將大臣將來會不服調度，只好再一次斬除荊棘，傅友德、馮勝這幾個僅存的元勛宿將，也給殺光了。

元璋的政治經驗，以為皇位繼承是維持帝國安全的根本制度，必須有規定嚴密的法則，才不會引起家族間的紛爭，造成政變。最好的辦法是宗法制度下的嫡長承襲制。在皇太子正位後，為了要使諸王安分，保護和維持大宗，洪武五年命羣臣採漢、唐以來藩王善惡事跡可為勸誡的，編作一書，名為《昭鑒錄》，頒賜諸王。皇太孫正位以後，又編一書，叫作《永鑒錄》。二十八年又頒佈《皇明祖訓》條章，把一切皇帝、藩王和臣下所應遵守的、不該做的事，都詳細列舉。並定制後代有人要更改祖訓的以奸臣論，殺無赦。[89] 希望用教育的方法，用制度、法律，使藩王大臣忠心服從這未來的小皇帝，朱家的族長。

但是，元璋的安排和教育並不能發生作用，權力的爭奪引起兄弟之間和父子之間更深刻的矛盾。第二子秦王在藩多過失，「不良於德」二十四年召還京師。第三子晉王多智數，性驕，在國多不法，有人告發他有異謀，元璋大怒，皇太子力救，二人才得免罪。二王都靠不住，元璋才特派太子到關

---

89 《明史‧太祖本紀》。

陝巡視，帶晉王回朝，痛加訓誡以後，二王答應改過，才許回藩。[90] 太子死後，二十八年秦王死，三十一年晉王死，都死在元璋之前。太孫即位後不久，第四子燕王棣起兵南下，援引祖訓，以靖難為名，建文四年（公元 1402 年）佔領南京自立為皇帝，是為明成祖，離老皇帝之死，還不到五年。

洪武三十一年，元璋已經七十一歲了。五月間病倒，躺了三十天，離開他手創的帝國，安靜地死去。葬在南京城外鍾山山下，名為孝陵，謚曰高皇帝，廟號太祖。

遺囑裏有一段話：「朕膺天命三十一年，憂危積心，日勤不怠，務有益於民。奈起自寒微，無古人之博知，好善惡惡，不及遠矣。今得萬物自然之理，其奚哀念之有。」[91]「憂危積心，日勤不怠」這八個字寫出了他辛勤的一生；「務有益於民」也說出了他主觀的努力。

元璋的相貌不很體面，曾經找了許多畫工，畫像十分逼真，總不滿意。後來有一個聰明畫家，畫的輪廓有點像，卻一臉和氣，看着很仁慈，這才傳寫了很多本子，分賜給諸王。[92] 這兩種不同的畫像，到現在都有傳本。

一九五四年四月二十日改寫
一九五五年四月二十二日寫完
（據中國科學院圖書館藏油印稿本）

---

90 《明史》卷一百十六，《諸王傳》。
91 《明史・太祖本紀》。
92 陸容：《菽園雜記》。